ヤン・ネーデルフェーン・ピーテルス
原田太津男・尹春志 訳

グローバル化か帝国か

Globalization or Empire?

Jan Nederveen Pieterse

法政大学出版局

Jan Nederveen Pieterse
Globalization or Empire?

目　次

日本語版への序文

本書は帝国とグローバル化を均等に取り扱っている。グローバル化についての章では、ほぼ長期的な趨勢の分析に取り組み、帝国にかんする章では、流動的でより時間に左右されやすい政治的諸過程に関心を注いだ。二〇〇四年に本書が世に出てからの展開は、出版時点で立てた展望をどの程度追認するものとなっているのか、あるいはそれを裏切ってきたのか。そして、いま、修正や追加があるとすれば、それは何なのだろうか。

新たな戦争（テロとの戦いや、アフガニスタン、そしてイラクにおける戦争）が誤報にもとづいた惨憺たる失敗であるというのがいまや主流の見方であり、それはアブグレイブ刑務所、交戦規則、ハリバートン社、復興の失策などについてあちこちに流布する情報によって確認されている。ハリケーン・カトリーナがルイジアナ州を襲って以後に取り扱われるようになったのは、「ミシシッピー川のバグダッド」、あるいはイラクとニューオリンズにおけるアメリカ政府の途方もない無関心と愚劣さが類似しているという主題である。そして両者はともに現在もつづいている。

ミアシャイマーとウォルトの重要な論文およびジェイムズ・ペトラスの近著をふまえて[1]、この序文ではイスラエルとアメリカのイスラエル・ロビーの役割をさらに重視しておきたい。それがアメリカの中東政策に影響を及ぼし、その行動計画と思考様式の骨格を形づくっているからだ。イスラエル・ロビーは、アメリカの諸政党に大いに幅を利かせ、イスラエルは諜報活動、軍事訓練、そして協力を行なってきた。この要素を加え、多くの断片をつなぎ合わせてみれば、ネオコン的なアメリカ新世紀プロジェクトという点とアメリカの中東にたいする軍事的関心という点を線で結ぶことが、いっそう容易になるはずである。

第2章では、単一の原因に帰する解釈ではなく複数の観点から見る立場から、新たな戦争を論じている。中枢を取り巻く意志決定者たち、政治家、安全保障の専門家、さらには同盟国、シンク・タンク、イデオローグ、そしてメディアの側には、多様な影響の回路が作用している。さまざまなアクターの動機が存在し、その寄せ集めを（資源戦争や「石油をめぐる血で血を洗う闘い」といった）単一の単純な等式に還元することなどできない。

アメリカ例外主義にかんする第8章は、アメリカの権力の長期的趨勢を論じている。程度の差はあるものの、外交、軍事、諜報、歳入にかんする主要な議会委員会はもちろん超党派で構成され、アメリカの権力は依然として超党派的プロジェクトである。二〇〇六年一一月の選挙で民主党が議会において多数派を占めるにいたって、戦争の持続期間を制限するイラク戦争支出法案などの政策変更がなされた。ネオコンを「不必要なもの」として描く本書で予言したように、「ネオコンの時代」は過去のものとなっている。だが、このことはアメリカの政策の基盤を変化させているのだろうか。アメリカの政策の定数と基調、つまりウォール街、ペンタゴン、そしてイスラエルにたいする支援という点からすれば、二〇〇八年の大統領選挙を主導する候補者たちが、これまでのところ根本的な変更を申し出ているわけではないのだ。

最終章である第9章は、本書のなかでもっとも前向きで、それゆえにもっとも批判を呼ぶ箇所であろう。結果論ではあるが、エンロン事件の重要性を誇張しすぎたとは思っていない。ビジネス・スキャンダルは、ヨーロッパや日本、そして新興経済諸国でも噴出している。当然のことながら、一般原則からいって、市場の諸力にたいする規制のタガが緩み説明責任が緩和されるほど、詐欺的商法の機会は多くなる。エンロン・スキャンダル後に制定されたアメリカの会計慣行を規制するサーベンス・オクスリー法は、いまや攻撃にさらされている。過剰な規制のためにウォール街がロンドンのシティにたいする金融上の優位性を喪失しつつあるというのが、そのひとつの立論である。これは正しくないと考えている。ウォール街が優位性を失いつつあるのは、成長によって生まれた新たなマネーがアジアになだれ込み、グローバルな商品市況ブームがヨーロッパ、香港、上海、ドバイに新たな金融上の結びつきと拠点を見いだしているからなのだ。

資本主義、新自由主義、グローバル化といった集合体的概念を用いることは、ある程度までは理解を得ることができる。「資本主義」はジョン・メイナード・ケインズとミルトン・フリードマンの双方を、いいかえればF・D・ローズヴェルトとレーガンをともに包含している。「新自由主義」は、市場原理主義のイデオロギーだけでなく、新しいビジネス慣行や規制政策のことも指している。「グローバル化」はあらゆる状況に当てはまるもうひとつの概念である。

大前研一のようなハイパー・グローバル化の提唱者は、グローバル化は国民経済間の差異を侵食してゆくと主張する。だが、グローバル化や新たな技術の影響力を認めることと、これを、行く手にあるあらゆるものを平らにする蒸気ローラーであるかのように考えるのとは別の話である。中国やインドの台頭は、「自由市場」の経路やIMF・世界銀行の規定にしたがったものではない。二五年におよぶ新自由主義を経てもなお、各国の制度間の差異が重要であることに変わりはない。さもなければ、世界銀行が「パラダイム維持」のためにあれほどまでのエネルギーを傾注していることに説明がつかないだろう。

右翼であれ左翼であれ、資本主義の多様性は二の次の問題であると考えている。右翼的な見方からすれば、自由市場の価値の優越性は普遍的なものである。左翼の側からは、資本主義は資本主義であるのだから、制度的な差異などは不可避的に後景に退くか、さほど重要なものではないとの主張が放たれる。こうした見方はともに資本主義を同質的なものと捉え、制度上の偏差を過小評価している。

ビジネス・スクールや経営の知識は、資本主義の創意、反射性、弾力性を高めており、また、国際金融や証券取引場が毎日二四時間三六五日回線でつながれることによって、絶えざるミクロな調整が可能となっている。クレジット・デリヴァティヴやヘッジ・ファンドの巨大な成長は、グローバル金融のデジタル技術を活用して調和が図れた結果の一部である。しかしながら、ヘッジ・ファンドは監督諸機関にとって不透明で、クレジット・デリヴァティヴは価格設定がきわめて困難になるほど複雑になってしまった。国家的な観点からみれば、それらは浮動性を高める。したがって安定化傾向と不安定化傾向がともに存在するのである。

アメリカ経済は、予想に違わず、住宅市場（二二〇〇万の家族、とりわけアフリカ系アメリカ人が差し押さえのために家を失うかもしれない）、不動産貸し付けを行なう銀行（一〇〇〇億ドルがリスクにさらされている）、貿易赤字と経常収支赤字の増大、そしてドルの弱体化といった弱みを抱えて、脆弱なのである。

第9章で論じたアジアとヨーロッパの対話と協力は、本書のもっとも前向きな部分である。二〇〇七年の時点で、それはまだ現実味を帯びてはいない。ヨーロッパ連合（EU）は、依然として拡大に没頭しており、経済政策では分裂し、国際問題では優柔不断で、中東では消極的な姿勢をとっている。WTOやドーハ・ラウンドの場で、アメリカとヨーロッパ連合は、日本とともに貿易行動計画の進展にとっての障碍であり保守的な権力である。国際金融や国際開発との関連では、EUとアメリカの立場の違いはわずかなものでしかない。

ワシントン・コンセンサスはもはや存在せず、IMFや世界銀行は新たな原理を探し求めている。債務国は早期に債務を弁済する。その結果、IMFへの利払いは著しく減少し、そして世界銀行も同様に流動性危機に直面している。この二つの機関は過去の開発の舵取りに失敗し、信頼を喪失してしまった。この裂け目を縫い合わせるために何か手をほどこさなければならない。そのことが、ふたたびアジアーヨーロッパ間の対話の可能性を開いている。だがそれは、出現しつつあるシナリオではない。「貿易の新しい地理学」によって、アジアの台頭と商品市況ブーム、新しい協力のパターンが生まれている。たとえば、中国とASEANの自由貿易協定といったアジア諸国の密接な協力関係、またインド、ブラジル、南アフリカの自由貿易協定計画やアフリカ、中東、ラテン・アメリカと中国の協力、増大する地域協力、ベネズエラの南の銀行〔発展途上国銀行〕(Bank of the South)[1]構想など、途上国間の協力がそれである。巨大な石油タンカーのようにゆっくりではあるが、グローバルな貿易、商品、金融関係、そして投資の軸心は、南‐北枢軸から東‐南枢軸に傾きつつある。

アメリカは、対内投資ではなく軍事的な支配の経路を選択することによって、一二〇カ国で七三七の基地と三七万人の兵力を活用しても戦争の泥沼から抜け出すことができず、自らを周縁へと追いやっている。二一世紀には、武力はもはやかつての実用性を失っている。アメリカが帝国に焦点を当てることによって、グローバル化のなかに複数の新たな方向性が急速に生まれようとしている。帝国の背後でグローバル化は新しい力学を展開しているのである。

ヤン・ネーデルフェーン・ピーテルス

イリノイ、二〇〇七年三月

謝辞

まず本書の編集の労をとってくれたリサ・チェイスン、ならびに研究助手を務めてくれたエミン・アダムスとカルロス・ゼイゼルに感謝の言葉を申し上げたい。

大部分の章はセミナー、講義や会議で発表されたものであるが、それらの参加者の皆さんからいただいたコメントにもお礼を申し上げたい。いくつかの章は、以前に論文として公刊され、この機会に加筆修正したものである。第3章と第4章のもとになったさまざまな原稿は、イリノイ大学アーバナ・シャンペーン校文芸批評学部で、ベルファストのクィーンズ大学、ビンガムトン大学、ハーグのオランダ社会科学大学院大学、ニューヨーク大学での会議、CUNY大学院センター、そして二〇〇二、二〇〇三年にロンドンのイギリス国際研究学会にて、発表された。第4章は、別のかたちで、二〇〇四年『セオリー、カルチャー、ソサエティ』誌に掲載されたが、ここでの論文の転載許可をセージ社からいただだいた。グローバルな不平等にかんする第5章は、以前、別のかたちで『サード・ワールド・クォータリー』誌に載ったものである。キース・グリフィスとハワード・ワクテルのコメントに感謝する。第6章のもとになったのは、一九九八年のサセックス大学における「グローバル化、国家、そして暴力」にかんする会議であった。その前身となったのが、『レヴュー・オブ・インターナショナル・ポリティカル・エコノミー』（第九巻第一号）に掲載された論考だった。マイケル・ハンフリー、アナンタ・ガリ、ウォーリック大学グローバル化とリージョナリゼーション研究センター、そしてイリノイ大学社会学部アーバナ・シャンペーン校におけるセミナー参加者の皆さん、そして査読者の方々のコメントに感謝する。第7章は、二〇〇〇年のミュンヘンにおける「グローバル化とアメリカ化」にかんする会議で報告されたのが最初である。その後、ウルリッヒ・ベック、ネイサン・スナイダー、そしてライナー・ウィンターによって編集された巻の『ニュー・ポリティカル・エコノミー』誌に掲載された。ジェフ・パウエル、ジョースト・スメイヤーのコメントに感謝する。第9章は、二〇〇二年、レンヌにおける「アイデンティティと民主主義」にかんする会議で報告された。その後、『アジアン・ソーシャル・サイエンス・ジャーナル』誌のフランス語版で発表した。エミン・アダ、ルース・アギレラ、ウォールデン・ベロー、そしてアミット・プラサートのコメントに感謝する。また、いくつかの章は、二〇〇三年、バンコクのチュラロンコン大学ならびにタマサート大学の講義で発表したものである。

グローバル化か帝国か

凡例

一、本書は、Jan Nederveen Pieterse, *Globalization or Empire?*, New York & London: Routledge, 2004 の全訳である。
一、訳文中の（ ）、［ ］は原著者によるものである。
一、原文中の（ ）、——については、一部取り外して訳出した。
一、原文中の引用符は「 」で括り、大文字で記された文字についても「 」で括った箇所がある。
一、原文中でイタリック体で記された箇所には、原則として傍点を付した。
一、訳者が補足した語句等は〔 〕で示した。
一、原註は（1）というかたちで記し、巻末に一括掲載した。
一、訳註については、一部は文中に〔 〕で括って挿入した。また、最低限必要と思われる用語には、〔1〕というかたちで章ごとに通し番号を付し、各章の原註のあとにつづけて挿入した。
一、引用文献中で邦訳のあるものは適宜参照したが、訳文は必ずしもそれに拠らない。
一、邦訳の書誌情報は、できる限り参考文献一覧に示した。
一、原著の明らかな間違いや体裁の不統一については、一部は原著者に確認したが、訳者の判断で整理した箇所もある。
一、索引は原著をもとに作成したが、一部訳者のほうで整理した部分がある。

はじめに

一九九〇年代をつうじて、社会科学と政策論の中心的な課題はグローバル化であった。二〇〇〇年代に現われたテーマは帝国主義である。明白な問題となるのは、グローバル化は帝国にどのように関係しているのかということである。帝国主義を、グローバル化の一局面あるいは一様式として理解するべきなのだろうか、それとも根本的に異なる力学として理解するべきなのだろうか。私のみるところ、グローバル化とは、帝国よりはるかに長い時期または歴史的継続期間の力学のことである。グローバル化とは、世界規模におけるより大きな相互連結関係の長期の歴史的トレンドである。帝国の出現はこのトレンドの一部であるから、帝国はグローバル化の一部なのだ。グローバル化はまた、不平等な権力関係のなかで進展するのと同時に生まれてくる諸変化を旗幟鮮明に示す用語であるが、帝国とは不平等な権力関係がとるひとつの形態でしかない。帝国は興亡するが、グローバル化は継続するのだ。

しかし、グローバル化が継続するとすれば、問題は、それがどのようなグローバル化なのかということになる。アメリカ資本主義は独自の形象をまとって、つまり新自由主義的グローバル化として、現代のグローバル化を形成するのに大きな役割を果たしてきたが、この影響は特定の帝国主義的な介入よりも重大であるかもしれない。現在を理解するためには過去を再検討しなければならないし、帝国を理解するためにはグローバル化を再検討しなければならない。最新のグローバル化のプロジェクト、すなわち新自由主義的グローバル化は、経済的単独行動主義と政治的多国間主義を結びつけたパックス・アメリカーナの豪華版なのだ。

アメリカの政策における近年の好戦的な単独行動主義は、たんに過去の政策の拡張なのだろうか、あるいは力学の根本的な変化なのだろうか。帝国主義が二一世紀に返り咲くことは興味深い。ここにいたるまでにアメリカでさまざまな事態が進展してきたが、この行程がとられるべきであったということも、それが継続してゆくということも、明らかではない。「グローバル化」のために、長年つづけてきた帝国主義の研究をあきらめることは喜ばしいことだった。帝国へと立ち返ることは、タイム・トラヴェルに似た感情をかきたてる。私の考える帝国は、出現しつつある布置連関の一部であるが、必然的なものではない。新自由主義的グローバル化の依然として利用可能な道具（金融的・経済的規律）と帝国の多大な犠牲とリスクを所与とすれば、領土志向的な帝国主義への回帰は例外的でありうる。

グローバル化と帝国主義は多元的で万華鏡的なので、そのとおりに理解すべきである。グローバル化の断片的なアプローチ、たとえば、グローバル化と国家、文化、政治経済、開発、南などといったように並列するアプローチは、社会科学の原理的な分断を反映している。それは理解可能だが、時代遅れである。私は、いろいろな見方や主題を融合し混ぜ合わせることによって、この断片化を克服したい。政治学や国際関係の観点からではなく、経済的力学とグローバルな不平等、技術変化と軍事問題、そして文化的態度と言説といった観点から、グローバル化とアメリカの政策を捉えることは、単一の原理にもとづく見方よりも現実的である。現実のグローバル化を理解するには、歴史的な掘り下げを含む掘り下げと視野の拡大の双方が必要となる。この本を特徴づけるもうひとつの考え方は、北を超えてグローバルな観点から南を捉えるというところにある。こうした研究課題は、グローバル化にかんする対話をつうじて、多くの国々と大陸で着想を得たものである。

第1章は、新自由主義的グローバル化を検討し、アメリカ資本主義を再形成するにあたって、とりわけアメリカ南部が果たした役割と、現実の新自由主義が形成されるさいの冷戦状況に焦点を当てる。

第2章は、ブッシュ政権の政策と、それらを理解する多様な方法を形成したシナリオとを明らかにする。もしこれらの政策が帝国的であったとしても、それは短期の帝国の出現のことなのだろうか、それとも長期にわたる帝国の属性のことなのだろうか。

第3章は、グローバル化と帝国の相違を議論する分析上の間奏曲である。この相違が、現代のグローバル化はそもそも帝国主義であるとみなす多くの議論の見方のなかで、論争を呼ぶ問題なのである。

第4章では、アメリカの政策が帝国的だとすれば、それはどのような類の帝国かを問う。かつて新自由主義的グローバル化を特徴づけたアメリカの経済的単独行動主義が、いまや政治的・軍事的単独行動主義と結びつきつつあるのか。私は、企業と戦争の論理を融合させようと試みる、ひとつの新たな歴史的構成体ならびに一種のハイブリッドとして、新自由主義的帝国を捉える。

第2章と第4章（そして第9章の一部）は、ブッシュの政策に焦点を当てる。ほかの章では、新自由主義的グローバル化の基礎にある諸傾向をより緻密に検証し、権力の最新の計画がどのように進展するかどうかにかかわりなく、多かれ少なかれ重要な力学を検討する。第5章では、グローバルな不平等と新自由主義的グローバル化が、世界の大多数の人びとに及ぼす経済的悪影響について考察する。貧困緩和に重点的に取り組む国際的な政策は、国内的ならびに国際的に不平等を拡大する新自由主義的政策と共存してしまっている。本章では、伝統的な理解はどこでその事実を捉えそこなっているのかを検証する。グローバルな不平等が突きつけるリスクをグローバルな周縁部に封じ込めることが可能だとの信念は、環境破壊、移民、国際犯罪、そしてテロリズムの国境を越えた効果によって、事実上、反駁されている。開発および金融規律、周縁化、そして封じ込めという相互作用する諸政策は、階層的な統合の一部として捉えることができるだろうが、それは社会不安の土壌となる。

第6章では、生産、戦争、そして政治の世界で進展する技術変化の観点から、紛争と安全保障を捉える。本章の焦点は、技術、非対称的な紛争、およびグローバル化の地政学の背景的役割にある。技術に焦点をおくということは、グローバル化にかかわる出来事からグローバル化の下部構造に関心を移すのに役立つ。暴力を考えることは、グローバル化の暗部に照準を合わせることを意味する。グローバル化の加速が封じ込め政治の深みにしっかりとはまり込んでしまうのは、いったいどのようにしてだろうか。紛争とグローバル化に焦点を合わせることによって、グローバル化のヤヌスの双面が明らかとなる。技術、紛争と安全保障の政治経済、そして地政学という主要な諸次元の交差点となるのが、非対称的な紛争なのである。

技術変化は紛争の能力を高めるが、こうした能力は文化的な文脈から離れると無意味なものである。それは、権力への意志あるいは変化への意志を生みだすさまざまな文化的態度や物語を必要とするのである。第7章では、北と南のグローバル化にたいする文化的な見方を論じる。従属、帝国主義、社会的排除、陰謀理論、文明の衝突、原理主義といった既存の分析的枠組みや語りは、不均等なグローバル化を上手く取り扱うことができない。幾層にも屈折した態度が「繁栄の熱狂的な忠誠」を覆い隠している。南と北では状況が異なると診断するのはひとつのやり方だが、同じく重要なのは、こうした相違どうしの関係であり、異なった状況の接合である。

第8章の問いは、アメリカ例外主義にたいする主張を真剣に受けとめるなら、アメリカのヘゲモニーにとってそれは何を意味するのか、つまり、自らを歴史的例外であり特殊事例であるという自己認識をもつ国が世界のためのルールを設定するとき、それは何を意味するのかということである。アメリカ例外主義の主要な諸次元とは、自由企業、政治的保守主義、アメリカニズム、社会的不平等、軍部の大きな役割、そして超・超大国の地位である。それらは、アメリカの世界的なリーダーシップにとってどのような意味をもつのだろうか。アメリカ方式としてのグローバル化は、世界的規模で勝者独り占めのアメリカ的なパターンを再生産し、グローバルな規模で、そして諸社会内で不平等を増幅させている。アメリカ例外主義は一種の自己戯画化であり、われわれは対抗策をいくつか考えなければならない。しかし現在の力関係では、内部から大きな変化を引き起こすことは不可能である。

ゼロから変化を引き起こしうる展望とはどのようなものだろうか。最終章では、アジアとヨーロッパの異なる資本主義に目を向けることによって、別の選択肢の存在を明らかにする。アメリカのエンロン事件とアメリカの好戦性の観点から、アジア－ヨーロッパ間の対話と両者の関係が深まれば、グローバル・オルターナティヴを形成するのに貢献しうるだろうか。その焦点は、アジアとヨーロッパにおかれるが、問題は世界規模で同時進行しており、現代のグローバル化がとりうる全体的な進路にかかわってくるのである。

第1章　新自由主義的グローバル化

過去二〇年間、支配的な政策アプローチは新自由主義的グローバル化であった。といっても、グローバル化に向かうすべてのものが新自由主義的だという意味ではなく、新自由主義的グローバル化がグローバルな体制になったという意味での話である。グローバル化にたいする大部分の抵抗が新自由主義的グローバル化にかかわっており、しかも、おそらくまちがいなく、グローバル化そのものというよりも、むしろこうしたかかわり方のほうが現実の問題となっているのである。現代のグローバル化は、いうなれば、情報化（情報技術の適用）、柔軟化（生産と労働組織における脱標準化）、そして地域化や国家再編のような多様な変化を含む総合政策である。一九八〇年代以降、新自由主義的政策の影響が大きくなるにつれて、その実施はグローバルな規模で行なわれるようになった。つまり、規制緩和（自由化、民営化）、市場化（市場諸力の解放）、金融化と証券化（資産を取引可能な金融手段に転換すること）、そして小さな政府というイデオロギーのかたちで行なわれてきたのである。本章では、いかにしてこうした現状が生まれてきたのかを考察し、アメリカ国内から生まれグローバルな意味での南へと波及した経済的・政治的な転換、冷戦と新自由主義の結びつき、そしてワシントン・コンセンサスを中心に取り上げてみたい。

さまざまな研究分野でなされる一般的説明によれば、シカゴ学派の経済思想とロナルド・レーガンならびにマーガレット・サッチャーの諸政策とが融合したものとして、新自由主義が出現したとされている。ワシントン・コンセンサス、つまり、一九九〇年代にＩＭＦと世界銀行を政策的に主導し、新自由主義をグローバルな政策へと転換させた経済の正統的思考が、その一要素としてあげられることもある。

アダム・ティッケルとジェイミー・ペックはこれに詳細な説明を加えて、新自由主義の発展には三つの局面があると論じている。すなわち、主要な思想が形成された一九四〇年代から七〇年代にかけての原‐新自由主義という初期、アメリカとイギリスの政府政策となった一九八〇年代における新自由主義の巻き返し期、そして、多国間組織においてヘゲモニーを握った一九九〇年代における新自由主義の普及期、という三つの局面である[1]。

多くの説明と同様、この見方は、経済思想（モンペルラン協会、フリードリヒ・フォン・ハイエク、そしてミルトン・フリードマン）ならびにレーガンとサッチャーの政策に注目したものである。しかし、シカゴ学派の思想と理論の領域に新自由主義の起源を求めることによって、彼らがかえって捉えそこなっているのは、レーガン時代の以前にすでに「現実の新自由主義」を形成していた実際の経済政策である。自由市場の信奉者たちが思い描いた低課税、低サーヴィス体制は、すでにアメリカ南部に存在していたのだ。一九七〇年代と八〇年代のアメリカにおける現実の新自由主義が意味したのは、南部経済の低賃金、低課税モデルを実施することであった。南部の保守主義者たちの政治的手腕と、南東部から逃避する企業に対する反労組の地＝南部という歓迎の垂れ幕こそ、「レーガン革命」に大きな浸透力と強烈さをもたらした。結局、この結果、アメリカ一国の趨勢として国家が有する規制的・社会的機能は、後退するにいたったのである。

新自由主義の物質的母体は、アメリカ南部である。こう考えるに値する理由がいくつかある。ソヴィエト社会を分析するには、マルクスの著作の読解ではなく現存社会主義の検討を行なうのとちょうど同じように、われわれは、新自由主義の理論的主張のみならず、物質的政治経済にも目を配らねばならない。もし低賃金、強搾取、そして反動的文化を有するアメリカ南部が経済成長のモデルとして喧伝されたならば、アメリカ南部は、「自由市場」が理論的に発したまことしやかな魅力をかえって損なったであろう。シカゴ学派の経済理論的根拠と知的な虚飾は、大多数の人びとにとっていまだに変わりないものであるが、後進的、保守的、そして困窮した経済状況にたいして向けられていた。新自由主義を理解するためにシカゴ学派を再検討するということは、結局、新古典派経済学者は同意しないだろうが、巧妙なトリックを再検討するということになる。新自由主義にかんする説明からもう一点抜け落ちているのは、それが冷戦状況を無視しており、新自由主義と冷戦戦略の親密な関係を糊塗しているということである。これら双方の要因が、新自由主義的グローバル化の現実の性格と、その結果生じた変質を理解するためには不可欠なのである。

ディクシー資本主義

アメリカ政治がこうむってきた長期的変化の趨勢は、近年急激な変貌をとげた。この趨勢を理解するには、アメリカ史を数十年溯行しなければならない。一九八〇年代のスタグフレーションへの対策として、アメリカ連邦準備銀行が利子率を引き上げたことをきっかけに、グローバルな意味での南で債務危機が発生した。その結果、ＩＭＦがその金融規律を強制することになり、そこから構造改革体制が生まれた。その一方で、アメリカでは、企業が利潤率を維持するために低賃金地域へ事業を展開しようと試みていたが、そこで最初に発見されたのはアメリカ南部であった。

アメリカ南部の経済戦略は、「低賃金・労働集約的・強搾取型生産、ならびに労組にたいする敵視にもとづいて」いたが、その起源は、南北戦争後に南部がアメリカに再統合された時期にあった。ニューディール期に農業中心の南部と西部が国家資本主義的大計画（テネシー渓谷開発公社がもっとも有名である）によって近代化された。しかし、その租税構造、労働法、そしてさまざまな制度は変化しなかったし、また南北戦争後に南部がアメリカに再統合されて以降の時期と同じ程度に、保守的で非自由主義的なままだった。一九七〇年代に、その産業政策を構成していたのは、「北西部と中西部における規制と労使関係のレジームと租税構造から逃れようとしている『根無し草の』資本にたいして、避難所を提供するということであった」。南部は、低い資本課税と限られたかたちの社会政策を推し進め、そして人種差別的な政治経済秩序を構築し保護する道具として、法律を利用する長い伝統を有していた。[2]

リベラル派が優勢だった一九六〇年代ならびに一九六四年の公民権法の成立時に期待されていたのは、フォード主義が南部に向けて拡大し、その結果、「ディクシーのアメリカ化」が生じるだろうというものであった。だが、それに代わって実際に生じたのは、「アメリカのディクシー化」であった。南部モデルは死滅しなかっただけではなく、一九七〇年代の経済危機から脱出する方法となり、レーガン革命のひな型となったのである。「アメリカで過去三〇年間実行されてきた経済発展政策は、南部で数十年間効果を発揮してきた政策の最新修正版の性格を帯びてきたのであった[3]」。南部流の経済政策の起源は、農村的な寡頭制と肉体労働を行なう低賃金労働力、つまり、奴隷、差別された黒人、ブラセロ計画のもとで流入してきた無権利状態のメキシコ人移民、一九六四年以降は多数の不法移民をともなうプランテーション経済にあった。経済学者スティーヴン・カミングスによると、「経済不安の道にアメリカ全体を陥れたのは、ニューディールと偉大な社会計画という北部のリベラル派の価値観の代わりに、南部の共和党支持者の保守的な経済的価値観を国中に輸出したことであった」。「南部は植民地時代からつづく保守的な経済思想にとって政治的温室となった[4]」。

レーガン革命は、労働運動や市民権運動を攻撃し、職場と環境にかんする規制を弱め、そして公共政策の支出を削減した。この経済的な構造再編（restructuring）は、反民主主義的な文化的・人種差別的反動をともなっていた。それは、一九六〇年代に南部のジョージ・ワレスが創始したものである。「ワレスが攻撃した集団が、社会でもっとも弱く（たとえば、福祉給付で生活する母親や外国人）、スケープゴートの標的にしやすい人たちだったのは、偶然ではなかった[5]」。一九七一年に、南部の囚人は北東部の二・二倍であった。現在、アメリカ一国全体の投獄率は、南部で長らくつづいてきた比率に近づきはじめた。企業内では管理が懲罰的なものとなった。すべての要素は、低賃金、強搾取にもとづく蓄積戦略に絡んでいる。こうした戦略を適用することが経済危機からの脱出法を提供し、時を経てアメリカの標準的な方法となったのだ。

物質的なひな型をもたらしたのがアメリカ南部だとすれば、その知的な輝きをもたらしたのがシカゴ学派の経済学であった。急激な技術革新の時期に新古典派経済学へ回帰したことで、近代主義的なミニマリズムの一解釈がうまれた。ハイエクは、市場諸力が情報の優れた流通をもたらすと主張することによって、サイバネティックな工夫を加えた。フリードマンのマネタリズムは、フォード主義とニューディール型の資本主義を攻撃した。ラッファー曲線（減税が景気を刺激し、より多くの税収を生むという説）は、政府を後退させるための理論的根拠を与えた。規制緩和と減税は、「競争力」と「柔軟性」を達成するための決まり文句となった。その一方で、結局、こうした変化は低賃金で強搾取的な体制を生みだすことに収束したのである。

一九二一年から一九三三年までの時期は、アメリカでは「史上初の保守的な時代」、つまり「減税、反労働組合、所得の二極分解等々といった、……南部を支配した新自由主義的なモデルによって特徴づけられる、現在と似かよった時期」として考えうるかもしれない。「二〇世紀の過去三〇年間における民主的な反乱、経済危機、そしてグローバル化の組み合わせによって、南部の蓄積戦略とそれに結びついた人種差別的な政治イデオロギーが一国全体に広がり、『自由経済と強い国家』の新自由主義的な結びつきをあらためて主張できる条件が生みだされた(6)」。イギリスの経済学者ウィル・ハットンが指摘したように、ワシントン・コンセンサスの起源は、南部の保守的なキャンペーンのなかにあった。

一九七九年までに、経済円卓会議がその宣言を発表したが、それは、本質的にのちに「ワシントン・コンセンサス」（均衡予算、減税、金融引き締め、規制緩和、反労働組合法）と呼ばれたものを支持する議論であった。モラル・マジョリティ（the Moral Majority）や全米ライフル協会（NRA）が保守的な社会問題にたいして熱心なキャンペーンを展開したように、保守派は……活動的だった。……政治的・経済的重心は、南部や西部に移動しつつあった。(7)

このように考えれば、アメリカ資本主義と社会の深部で進行する保守的な転回を説明できる部分もあるが、もうひとつの変数となっていたのはウォール街である。それは、一九二〇年代に破壊的な役割を果たし、一九二九年大恐慌をもたらした。レーガン政権は、一九二〇年代の投機的な金融行動をはっきりと抑制しようとして生まれたニューディールの規制構造を破壊し、金融部門を解放した。アメリカとヨーロッパの資本主義にかんする綿密な比較研究のなかでウィル・ハットンが説明したとおり、制度的制約がなくなったので、短期的な株価に没頭するウォール街主導の雰囲気は、アメリカ企業の性格を徐々に変化させた。

企業は四半期末ごとに利潤を示す必要が生まれたので、企業組織内の中心は金融部門へ移り、生産よりも金融業務の地位が高くなった。利益への執着の結果、詐欺が横行し、エンロンとそれに関連する一連のスキャンダルで頂点に達した。(8) 南部の強搾取的資本主義であれ、ウォール街の金融工学であれ、どちらの形態の資本主義も本質的には暴利をむさぼるものであり、アメリカの経済的成功の基盤となってきた生産的な資本主義とは根本的に異なっているのである。

ブッシュ政権は、南部のルイジアナ゠ミシシッピー・モデルにテキサス州という章をつけ加えているが、それは旧来のどの政権とも異なったエートスを反映したものである。テキサス流のアプローチとは、攻撃的な系譜に属する南部の保守主義である。それは石油の富を背景にしており、一般的な南部の保守主義よりも威勢がよい。ジョージ・W・ブッシュは南部、しかもテキサス州出身で、選挙で選ばれた史上初の大統領である。つまり「農村部の大統領選挙人団の数が多すぎたために、田舎の教会や地方の名士クラブの同盟がワシントンDCを占拠したのである」。さらにマイケル・リンドは、この文化をつぎのように説明している。

ブッシュの祖先は北東部にいたけれども、彼を生みだした文化はテキサス産のものである。すなわち、ハイテク製造業や科学的なR&Dよりも、綿花や石油生産のような一次産品資本主義企業を優遇する経済的アプローチに、プロテスタント原理主義と南部の軍人気質を結びつける文化のことである……(9)。

この説明はブッシュ政権の解明に役立つが、その一方で、リンドは図式的な判断に陥ってしまっている。ときに南部の特質を固定化してしまい、通時的な連続性をおおざっぱに想定し、テキサスのエリートを近代と前近代の党派に分類し、一部の南部エリートの態度を前近代的なものとして扱ってしまっている（たとえば、「伝統的なテキサスの実業家の精神的態度は、前近代の領主的エリートのそれである」）[10]。歴史家ピーター・アップルボウムは、こう述べている。「商業上、南部が共有するものの根っこには、南部が独自性をもつという神話と現実があった。つまり、アメリカのなかで制度化されたアパルトヘイトをもつ唯一の地域であるとともに、アメリカのなかで唯一敗戦経験をもつ地域なのだ」と[11]。

アメリカのなかの「国内オリエンタリズム」として作用するアメリカの「ディクシー型産業」は、「南部の神秘的雰囲気」を醸し出している。これには、近代的‐伝統的、合理的‐非合理的、世俗的‐原理主義的、都市的‐農村的、寛容な‐人種差別的な、といった北と南の二分法をたいていともなっているが、世界の他の地域と区別するという意味ではおなじみの図式である[12]。したがって、「南部例外主義」は、アメリカ例外主義のなかに織り込まれているとはいえ、単純な問題ではない。南部は内部に差別を抱え込んでおり、きわめて動態的である。数十年間、それは人口と経済成長の面でアメリカを主導してきた（「一九五〇年と一九七〇年のあいだに、北東部の中心地域の伝統的な製造業のシェアは三パーセント減少したが、サンベルト地域では五六パーセント成長した」[13]）。

伝統的な南部エリートはさまざまな政治経済を代表していたが、リンドのようにそれを「前近代的」と分類するのは、あまりに安易すぎる。それはもうひとつの近代性だと考えたほうがよい。というのも、その政治経済には独自の力学が存在し、たんに前近代的なパターンに経路が固定されているだけではないということがわかっているからである。だから、アメリカ南部の重要性を評価するということは、地域的な不均等発展をめぐる固定観念や諸指標を精査するという問題であるだけでなく、さまざまな表象を操作し、どういう核心を維持すべきかを決定するという問題でもある。

「国内オリエンタリズム」の罠を避けながら、アメリカ政治で現在進行中の変化を理解しようとすれば、いくつかの際だった特徴があることがわかる。第一に、低税地帯としてのアメリカ南部の経験からわかる環境である。つまり、あるテキサスの政治家が自負するところでは、「われわれは低税の、低サーヴィスの州である」[14]。第二に、一九七〇年代以降、実質的にアメリカ政治において南部の保守派が果たしたリーダーシップである。共和主義者はまた西部と北東部で主導的地位にあったが、共和党の人口上の重心は、はるかに人口密度が高い南部にあった。第三の状況は、長期にわたって、南部の保守派は、ニューディールの政治に一貫して反対しつづけてきたということである。彼らはニューディール、フェアディール、そして「偉大な社会」といった政策に反対した。彼らの現在の政治は、リンドが述べたように、つぎのようにみなければならない。すなわち、「ブッシュ政権は、国内政策の点でも外交政策の点でも、ニューディールにたいする七〇年間の反革命の頂点でもあった」[15]。

リンドと同様、経済進歩にたいする南部の見方が、イギリスとスペインの中世後期領主制のプランテーション経済に起源をもっていると考えることによって、誇張された事実を本質と取り違えてしまう恐れがある。しかし、今日、アメリカ南部は、「低賃金職種の最大の集中地であり、その経済は外部所有の子会社によって支配されており、……そして一〇〇年前と同様、天然資源、とりわけ石油とガスになお依存している」[16]。リンドにしたがえば、「いわゆる『南部独自の経済（Southernomics）』は、前近代的な農業経済と同様、内包的発展ではなくて外延的発展に依拠している」[17]。これは、豊富な資源と安価な余剰労働に適合する経済であり、危機にたいするその伝統的反応は、革新や生産方法の改善というより、むしろ資源や労働力のどちらかを増加させることなのだ。

アメリカは三〇年間、多様な源泉からとめどなく発せられる激しく保守的な攻撃にさらされてきた。南部の保守派は、社会的政府とニューディール体制を解体し、南部の低税、低賃金、そして低生産性水準にアメリカを変化させる方向に進んだ。シカゴ派経済学は自由市場と規制緩和の美徳を主張した。両者が合意していたのは、「規制削減＝成長促進＝雇用拡大」[18]という保守派の方程式である。こうした社会的にみて反動的な変化は、急激な技術変化の時期をつうじて促進され、情報化社会に取り残されないための進歩的手段として表明されたのであった。さまざまな新技術が用いられたのは、資本と労働の勢力均衡における根本的な変化を達成するためであったが、それは、『エコノミスト』誌や『ウォール・ストリート・ジャーナル』紙のような経済系メディアの情報操作によって、正当なものとして増幅されたのである。

イギリスのサッチャー政権期においては、新自由主義的総合政策は労働組合への一種の攻撃として受け入れられたが、つづくニューレイバー政権はこの再編を継続した。新しいアメリカにおけるニューデモクラートたちは、脱工業化・情報社会、柔軟性とニューエコノミーといった教義を認め、フォード主義やニューディール体制への関与を放棄し、ポスト・フォード主義へ向かった[19]。民主党は中道右派へと移行し、南部の保守派とは異なる理由があったにもかかわらず、レーガノミクスの中心部分は受け入れたのである。クリントン政権は、事業規制緩和、福祉改革、懲罰的な「スリー・ストライク、アウト」体制といった超党派的な政治課題として、レーガノミクスの要素を制度化し、それを国際的な規模で輸出した。ステークホルダー（利害関係者）資本主義という民主的なアプローチをとるかわりに、ニューデモクラートとニューレイバーは、右翼的で権威主義的な型の「柔軟性」を採用したのである[20]。

この説明によれば、アメリカの自由主義は、一九三三年以降、そしてニューディール体制以降、主導的な役割を果たしてきたが、一九六四年の公民権法から中絶を認めた一九七三年のロー＝ウェイド裁判までの期間のなかで頂点を迎えている。これはまた、労働運動、市民権運動、そして女性運動というアメリカの三つの進歩的な運動が何であったかを物語るものである。

いかにして南部の経済が波及しているのだろうか。低賃金モデルによって、二人の賃金稼得者がいるアメリカの家族数は増加したが、これに比例して賃金が増加しないまま労働時間は延びたのである。短期利益と株主利益だけを追求する態度は、アメリカ主要産業の主力製品が金融工学やペーパー企業家精神（つまり、各四半期末には確実に会計簿が高い数値を示すようにすること）となるほどまでに、経済的能力を台なしにしてしまった。保守派は、政府とニューディール体制を解体するのに躍起になっていたので、三〇年間の凋落を経験してきた現実のアメリカ経済に目を向ける余裕がなかった。

アメリカ経済の長期趨勢には、大規模な脱工業化、R＆D予算の減少、ならびに低生産性、低賃金、職の不安定性、そして長時間労働という特徴をもったサーヴィス業の成長が含まれる（「もしドイツが一九七二年と一九八三年のあいだに記録したのと同じ比率で、アメリカでサーヴィスの生産性が成長していたならば、アメリカのサーヴィス部門の雇用は、実際の一八七〇万人どころか、わずか三六〇万人の労働者の増加をみたにすぎないだろう」）[21]。企業のダウンサイジングは、結果的に、被雇用者の疎外と士気の低下を生みだした。所得の不平等は着実に拡大した。

安価な労働者に依拠して競争力をもとうとする試みの帰結は、アメリカの産業がいくつもの部門で国際競争力を喪失したということである[22]。このことは、アメリカの貿易赤字に反映され、家計、企業、都市、州、そして連邦政府というアメリカ経済のあらゆるレヴェルで負債が膨れ上がったことにも表われている。ウォール街の用語でいえば、最終損益は、維持不可能な水準に達した現在の経常収支赤字である。

世界の他の地域における景気後退や金融危機（これらは、一部はアメリカが導入した自由化のせいで生じたのだが）、クリントン時代の「ニューエコノミー」バブルのようなさまざまな状況が、その数値を引き上げることもときおりあった。構造的にアメリカの経済を前進させつづけているのは、拡張、政府の財政赤字支出、そして外資の流入といった要素の組み合わせである。拡張は、他の事業分野への企業進出（コングロマリットの場合と同様に、事業の失敗にいたることが多い）、M&Aの流行（たいていはより生産性の低い組み合わせに終わるけれどもウォール街で富を循環させる）、そして資本市場を開放しアメリカの金融工学を海外輸出する自由貿易協定によって他の市場を開放する、という形態をとる。政府が資金を提供する主要形態は、軍産複合体である。外資の流入は、第9章で論じるようにアメリカ経済の礎である。中国やアジアからの安価な財（サーヴィスもますます増えているが）の流入は、アメリカ人の所得が伸び悩むのに歩調を合わせて、物価を低く維持しつづける。また、とりわけメキシコからの安く使える移民および移民労働力の絶え間ない流入も重要である。

冷戦と新自由主義

「原‐新自由主義（proto-neoliberalism）」としての戦後期は、冷戦と同時に生まれた。この期間中、新自由主義のインフラは、経済思想とイデオロギー（自由市場）、シンク・タンク（ヘリテージ財団、カトー財団、アメリカ企業協会、ランド研究所、アダム・スミス協会、その他）、そして経済政策（チリとインドネシアの「シカゴ・ボーイズ」）に埋め込まれていた。実際、冷戦の続編として新自由主義をみなすことはできるのだろうか。

フレードリヒ・フォン・ハイエクの『隷従への道』やロストウの（「ひとつの反共産主義宣言」という副題をもつ）『経済発展の諸段階』のような基本綱領的文書は、もともとは反共産主義的な小冊子である。時がたつにつれて、反共的批判は「自由世界」政策となり、冷戦の地政学はグローバルな金融レジームへと転換され、かつての反共産主義的同盟は自由市場のヘゲモニー的妥協へと姿を変えた。その戦利品が勝利者の手に入るので、大勝利を収めた資本主義は、アングロ‐アメリカ型の「自由企業」資本主義であった。反共の一部として、世界中でアメリカは社会主義勢力を積極的に切り崩し、国際労働組合に圧力をかけ、新国際経済秩序のようなグローバルな規模での選択肢を妨害した。ヨーロッパの社会民主主義とアジアの国家支援型資本主義も同じく非難された。

冷戦と新自由主義の親和性はいくつかの形態をとって現われる。組合をもたないサンベルトでディク

表1-1　冷戦と新自由主義的グローバル化の連続性／変化

次　元	冷　戦	新自由主義
イデオロギー	自由世界 門戸開放 反共	自由市場 自由貿易 親アメリカ型資本主義
主要国家機関	ペンタゴン，CIA	財務省，商務省
経済的中心	軍産複合体，多国籍企業	多国籍企業，シリコンヴァレー，遠隔通信，メディア
発展途上国への圧力	自由世界への加盟	構造調整
圧力の手段	国家安全保障と経済的誘因	金融規律と経済的誘因
圧力をかける担い手	アメリカ政府，ペンタゴン	IMF，世界銀行，WTO
投資	サンベルト	安全となった第三世界
安全保障	強大なアメリカの軍事力	強大なアメリカの軍事力
封じ込め政策	軍事介入，機密諜報活動	人道的介入，国家建設
同盟	NATO，イスラエルなど。宗教運動（ムジャヒディーン，ハマスなど）。	NATO，イスラエルなど。「文明の衝突」つまり，敵としてのイスラーム。

シー資本主義が戦後に近代化できたのは、軍事向け税支出によってであった。したがって、ディクシー化と冷戦は、連携したプロジェクトだった。サンベルトは、現在ではもっとも軍事契約に依存した地域である。冷戦期に構築された安全保障同盟国の海外ネットワークは、新たな偏向をともなった新自由主義的統治のもとで再生産された。それは「ワシントン・コネクション」からワシントン・コンセンサスへの小さな一歩にすぎなかった。現在、ＩＭＦのコンディショナリティは、統治能力を失った国家に強制されている。ソ連邦に適用されたとき、フレッド・ハリディはこの過程のことを「第二の冷戦」と呼んだ。[23] 大部分のグローバルな意味での南における労働組合と民族主義的な政府を崩壊させることによって、アメリカの外交政策は、アメリカの資本にとって好ましい投資環境を創出するのに役立った。ひるがえって、アメリカの資本逃避はニューディール体制の支配力を弱め、かくして国内的ならびに超国際的へゲモニーのあいだに、二者択一の関係を打ち立てた。

冷戦期には、軍産複合体のなかで経済と軍事の利害が混ざり合っていた。ソヴィエト連邦が軍拡競争によって経済的に消耗したなら、このことは経済的な成果がでることで覆い隠されていたけれども、アメリカもまちがいなくそうなっていただろう。アメリカにとって、超大国間の軍拡競争の実際の負担は、軍産複合体への経路依存性が増大したことにある。アメリカの経済、政治、そして諸制度は、あまりに長いあいだ軍産複合体によって秘密裏に支配されてきたので、それは機能面で自律的な論理となってしまった。アメリカの軍国主義は政策を侵害してきた。チャーマーズ・ジョンソンが述べたように、これにともなって、職業軍人階級、行政における軍事・武器産業の優勢、そして政府政策の最優先課題としての軍事的な戦時体制が編成された[24]。そこで、冷戦の終結は、脅威がないままこの途方もない装置を維持する方法に比して、「敵役の不足」を生みだした。

冷戦崩壊期には、安全保障の利害は後景に退き、ワシントンに本拠を置く国際金融機関との協調のもと、財務省と商務省がもっとも目立つ政府機関となった。したがって、冷戦から新自由主義へ移行しても、強大なアメリカの軍事力、イスラエルのような戦略的同盟国に向けた支援のようないくつかの要素は残った。その一方で、ほかの面では強調点がはっきりと移行したのである（表1－1を参照せよ）。

ワシントン・コンセンサス

グローバルな意味での南における戦後のアメリカの開発政策は、国家建設つまり「強者に賭けること」、アメリカの非営利部門と適合した「コミュニティ開発」、そして業績志向を植えつけることを好んだ。すべては、近代化＝西洋化＝アメリカ化とみなす近代化論の要素であった[25]。「進歩のための同盟」のような政策は、冷戦戦略ならびに「ワシントン・コネクション」と相互作用した。

発展途上国のための経済的処方箋として一九八〇年代後半に登場したワシントン・コンセンサスは、冷戦イデオロギーの中核的主張を繰り返したものである。すなわち、自由市場と民主主義は両立する、という主張がそれである。ワシントン・コンセンサスの中心的教義は、マネタリズム、つまり政府支出と規制の減少、民営化、貿易自由化、金融市場、そして輸出志向型成長の促進である。相違は、戦後の近代化が対抗的プロジェクト、冷戦の競争者だったのにたいして、ワシントン・コンセンサスは圧力や反乱に抵抗するために、国家安全保障国家にもはや関心を寄せていないところにある。「歴史の終焉」には、国家安全保障国家の必要はほとんどなかった。したがって、近代化理論が国家中心の、開発思考における戦後の政府によるケインズ主義的合意の一部であったとすれば、ワシントン・コンセンサスは、政府の後退や規制緩和に向けて別のページを開いたのであり、国内政策から国際的プログラムへと格上げされた。この意味で、レーガン時代は、アメリカの冷戦における勝利の前兆であり、さらにその仕上げでもあり、どんなライヴァルも、競争もないことを認めたのである。この印象は、国際金融制度にかんする政策においてはつぎのことを示している。つまり、「冷戦の終結は、アメリカによるＩＭＦの政治化の進展と結びついてきた。一九九〇年以降になってはじめて、アメリカは進んで友人に報い、敵を罰するようになったという証拠がある[26]」。

ワシントン・コンセンサスは、ＩＭＦの安定化貸し付けと世界銀行の構造調整プログラムによって実施された。「ＩＭＦと世界銀行は、大部分アメリカ財務省の働きかけの結果として、ブレトンウッズ会議で合意されたものであった。その形態は国際的であったが、実質は一国によって支配された」[27]。これらの政策が、発展途上国の政府支出の削減とＮＧＯの成長という結果を生みだすにいたった。ワシントンに本部をもつ国際機関は、アメリカ経済政策の主流派と協調しながらウォール街 ‐ 財務省 ‐ ＩＭＦ複合体によって統治されてきた。したがって、新自由主義的グローバル化を単純明快に説明すれば、アメリカの経済的単独行動主義といえるのである[28]。

一九九〇年代は、アメリカ型資本主義とアジア型資本主義の競争の時代として描かれてきたが、アメリカがその競争に勝利を収めた[29]。レーガン政権時の規制緩和によって解放された投機的資本とヘッジ・ファンドは、一九九七年のアジア経済危機とそれにつづいた金融危機に決定的な役割を果たした。アメリカでは、アジア危機がアジア経済のさらなるアメリカ化の機会として歓迎された[30]。アメリカによって促進された輸出志向型成長策によって、新興市場はアメリカ市場へのアクセスとその貿易政策に依存するようになった。ワシントン・コンセンサスが自由貿易と輸出志向型成長を主張する一方で、自由貿易の旗のもとで行なわれた実際の政策は、（関税を撤廃したり新規に課したり、最恵国待遇を供与するように）外交手段として貿易を用いることに始まり、（一九八五年のプラザ合意で円を切り上げたように）国々の為替相場に影響を与え、市場を梃子でも開放し、あるいはＷＴＯを経由して世界の貿易ルールのなかに遵法主義を導入することにいたるまで、多様であった。

新自由主義のあらゆる批判のなかでさほど注意されていないのが、アメリカにおける反革命が「開発における反革命」の前兆だったという点である[31]。アメリカの変化は、構造改革の名のもとで、グローバルな意味での南で実施された変化に先だって生じており、その前触れであった。双方で、規制国家を退出させるよう試みられた。アメリカにおいては、政府の縮小はレーガン主義によって実施された。世界的規模では、ＩＭＦの安定化貸し付けと世界銀行の構造調整によって経済の自由化と民営化に拍車がかけられた。

構造改革をつうじて、ディクシー資本主義とウォール街の金融工学の組み合わせがグローバルな規模で外挿された。アメリカ南部の経済とプランテーション経済というその深層構造によって、グローバルな意味での南における構造調整の現実が明らかとなる。現実の新自由主義は、アメリカ南部において表われているが、「開発に向けたハイチの道のり」としても知られている。だから、新自由主義的グローバル化の時期に、開発がひとつの逆説となり、丁寧な言い方を用いれば「支離滅裂な政策」となることは、何ら不思議ではない。つまり、制度は重要であるが、政府は後退させられる。受容能力の構築が鍵を握るが、既存の公的な能力にたいする資金援助は停止される。説明責任が不可欠であるが、民営化は説明責任を台無しにする。その目的は、「市民社会を強化することによって民主主義を構築すること」であるが、ＮＧＯは専門化し非政治化される、といった案配である。

新自由主義の目的は、開発経済学を、そして途上国が「特殊ケース」であるという考え方を廃棄することであった。その代わりに、自由市場があらゆる経済的問題にたいする解答となる。自由市場の信奉者の経済理論だけを考えるなら、たとえせいぜい半分が正しいとしても、これには合理的根拠があるかもしれない。というのも、超国家的なヘゲモニー的妥協の基礎となり当分のあいだ役立つ根拠としては、これで十分だからである。クリントン時代に、ＷＴＯは新自由主義的グローバル化の包括的枠組みとなった。しかし、構造改革も多角的貿易も、強搾取的体制としての新自由主義の現実的性格を包み隠してはいなかった。IMFは、西側の貸し手と投資家のための債務取り立て屋として乗り込んできて、南の国家を弱体化させた。これが、低賃金と強搾取のうえで繁栄を謳歌する最先端の資本主義なのだ。グローバルな意味での南における新自由主義が発展をもたらすのに失敗し、所得の両極分解を生みだすとき、それは、新自由主義の失敗ではなく成功によるものである。それは「構造改革の政治」からではなく、構造改革それじたいから生じたものなのだ。

新自由主義が「安価な政府」や弱い公的部門を意味する一方で、いくつかの面で、たとえば、IMFのコンディショナリティや改革を実施し、縮小を強制し、人民の抵抗を弾圧するさいには、国家は依然として強力である。しかし、経済政策や多国籍企業と競争するさいには、国家は脆弱なのである。九・一一にかんする社会学者ウルリッヒ・ベックの考察では、「アメリカへのテロリストの攻撃は、グローバル化のチェルノブイリであった。経済が政治を凌駕し、国家の役割が消滅するという、論争の余地がないようにみえる新自由主義の見解が、突然、グローバルなリスクの蔓延する世界のなかで力を失ったのである。……アメリカの脆弱性は実際その政治哲学に深く関係している。……つねに新自由主義は、まさかのときに役に立たない哲学であった。それが機能するのは、深刻な紛争や危機がない場合に限られるのだ」。ナオミ・クラインも同様の指摘を行なっている。「炭疽菌の発生はいうまでもなく、風邪の季節を乗り切れないほど過度な負担がのしかかっている公的医療保険制度しかないということが何を意味するのかに、アメリカは急速に気づきつつある。……この『新たな戦争』において、テロリストが、われわれのぼろぼろになった公的インフラのなかに彼らの武器を見いだしていることは明らかである」[32]。

九・一一危機は後期資本主義の「アニマル・スピリット」を揺さぶってきた。買い換え需要と社会的地位をひけらかすための財にたいする消費支出によって牽引され、マーケティングによるムード熟成によって牽引されつづける経済は、いったん消費者の信頼がなくなると、ハウス・オブ・カーズ〔イームズ夫妻の考案による、カードを組み合わせて建築物を造るゲーム〕のように崩壊する。「ひと月で数十万の職が消失する。信頼（そして株式市場の収益）は瞬く間に雲散霧消する。その戦略が優れているようにみえた企業は、競争が激化する時期になると、うぬぼれた、もしくは詐欺師さながらの姿を露呈するのである」[33]。航空機産業、観光業、小売業、証券業、銀行業、保険業、広告業、ハリウッドの映画産業、ファッション産業、メディア産業――これらすべての部門は、九・一一の衝撃を受けて震撼し、再編が進んでいる。グローバル資本主義は、ネットワーク分析が明らかにしたとおり、相互連結し、脆弱であることが判明している。自らの務めを果たすべく、アメリカ人は買い物に行くよう駆り立てられてきた。保険契約率は例外として、九・一一の経済的衝撃は一時的なものだった。エンロン事件の衝撃のほうが、おそらくはるかに重要である。

新自由主義に危機耐性があるというより、むしろその危機脆弱性が高いということは、世界の大部分にとって目新しいことではないが、アメリカにとってははじめての経験である。九・一一危機に見舞われた産業部門、とりわけ（五〇〇億ドルの損失をこうむった）航空部門と保険業にたいする連邦政府支援と、危機にあろうがなかろうが、あらゆる政府に経済自由化と支出の削減を強要してきたワシントン・コンセンサスとのあいだには、顕著な矛盾が存在する。保険業界が政府支援を受けなければ、保険料率は増大し、景気回復は遅れただろう。ワシントンとＩＭＦから経済の健全さにかんして教えを受けてきた国々は、アメリカが自ら他国に押しつけてきた助言にしたがわないことを知って驚いたかもしれない。

これをきっかけに、ワシントン・コンセンサスがワシントンに適用されるのかどうかという、より一般的な疑念が生じた。経済学者ジョン・ウィリアムソンは、一〇の点にワシントンの正当性を定式化した[34]。第一に、金融規律である。ワシントンでこれが適用されたのは一九九〇年代になってのことであって、それ以前でも以後でもない（二〇〇三年に議会は政府債務にたいする上限を一兆ドルから七兆三〇〇〇億ドルに上昇させた）。第二の点は、公共支出の優先順位を貧困者支援型に整理しなおしたということである。これは、ニューディール体制以降、ワシントンで優先されたことはなかった。レーガン政権と同様、ブッシュは社会支出を削減するための政治的道具として、財政支出を利用した。第三の点は、幅広い課税基準を適度な限界税率と結びつける体制に向けた税制改革である。ブッシュ政権は、不動産税と配当税を廃止し、超富裕層に偏ったかたちで減税を振り分けた。州と都市は財政危機にあるので、教育と公共サーヴィス向けの支出削減を行ない、増税している。このように残り七つの点がつづく。ワシントンの正統派にかんする一〇点のうち、ワシントンがワシントン・コンセンサスにしたがっているのは、事実上、民営化と規制緩和の分野のみである。

ここしばらくのあいだ、新自由主義的プロジェクトは白紙に戻りつつあったし、ワシントン・コンセンサスは山積する問題に直面している。ＩＭＦによる金融危機の取り扱いは、ワシントンやウォール街においてすら、信頼を失ってきた[35]。その名声は、いまや「破滅の名人[36]」といわれるまでとなった。一九九五年のメキシコ・ペソ危機から一九九七年のアジア危機まで危機管理に失敗してきたので、議会はＩ

MFにその業務改革を要求してきた。米国会計検査院（GAO）が議会に提出した報告書によれば、『世界経済概観』におけるIMFの予測はしばしば的外れなものだったので、批判家たちは自分の見解に確信を深めている。[37] 二〇〇〇年には、メルツァー委員会がアメリカ議会を代表して世界銀行を検証し、つぎのようなことを発見した。つまり、世界銀行の計画の大部分が失敗に終わり、貸し付けの大半が（より高い投資収益を確保できる）より高所得の途上国に流れており、したがってグローバルな貧困への影響はほとんど取るに足りないものだ、ということを。[38] 世界銀行は貧困との闘いに実質的に高い優先順位をおいているが、それは、財務省に存在する新古典派の正統派に受け入れられていない。彼らこそ、世界銀行が信頼を失うまでに追い詰めてきた張本人だからである。[39]

WTOは、高まる民衆の批判と迷走するアメリカ政治によって、立ち往生している。それは、もはやたんなるアメリカの権力の道具ではなく、（優遇税制、鉄鋼関税、そして農家への補助金にかんして）アメリカを監視しているのである。シアトルでの闘争から世界社会フォーラムまで、世界規模における反WTO運動への動員によって、このことはますます困難でリスクの高い選択肢になった。かつて国際NGOは多国間投資取り決め（MAI）を阻止した。

ワシントン・コンセンサスがもはや存在しないことはたしかである。残っているのは、行き当たりばったりの事後的なワシントンのアジェンダである。国際金融機関の足並みの乱れからすれば、「ポスト・ワシントン・コンセンサス」という考え方は、矛盾と状況悪化を隠蔽するものでしかない。[40] 経済学において、新自由主義的な正統派はもはや誰にでも受け入れられているわけではない。国家の失敗から市場の失敗へ、制度の重要性やソーシャル・キャピタルのような主題へと、関心が移って久しい。開発政策としては、新自由主義は完全に失敗したのだ。そうであっても驚くべきことではないのは、新自由主義が金融規律の体制であるからだ。数十年間構造調整をつづけたのち、大半の発展途上国の暮らしぶりは悪化している（新自由主義的グローバル化の経済的悪影響については、このあとの第5章で論じる）。

ワシントン・コンセンサスは、アメリカの新自由主義という羅針盤にしたがったために、その地位は、アメリカ経済の成功や失敗しだいで盛衰する。アメリカ経済は、ほかの誰でもなく自らの責任で失点を重ねているのである。失敗の兆候は、ニューエコノミーが崩壊し、エンロンとそれにつづく一連の企業スキャンダル、ウォール街の衰退、そして景気後退が生じたことにある。アメリカの政策の軌道修正はどのみち避けられないだろう。新自由主義的秩序の解体によって、「長い戦争」にアメリカがひきつづき向かってゆくことは明らかであるが、それらの主題は以下の諸章でとりあげることにしよう。

荒々しい新自由主義の二〇年間は、新自由主義の文化と慣習行動を生みだした。西洋文化における「市場の意味」にかんする人類学的研究によれば、市場モデルの基本的仮定は、道具的合理性を備え、買い手と売り手だけからなる世界において活動する自由な諸個人から世界が構成されている、というものである[41]。新自由主義的グローバル化が世界に開放したカジノ資本主義の特有のエートスは、究極的には、西洋風の積荷崇拝[1]である。その秘密の儀式には、ディクシー資本主義、ウォール街の魔術、そして冷戦戦略が含まれているのである。

第2章　権力のシナリオ

われわれは不可欠の国民である。われわれの目線は高い。われわれには、はるか未来まで見通せる。

――マデリーン・オルブライト、一九九八年

権力は多元的であり、グローバル政治の一般的なひな型にしたがえば、政治的、経済的、そして軍事的といった多様なチェス台の上で現われる。こうした諸次元を結びつけるのには多様な方法が存在するので、それらを解釈するさいに、権力の多様なシナリオと選択肢があることがわかる。新自由主義的グローバル化から軍事的グローバリズムへといたるアメリカン・レジームの変化は、どのように解釈できるだろうか。それが生じたのは、冷戦に大勝利を収めたからなのか、それともまた新自由主義的プロジェクトが頓挫したからだろうか。超・超大国としての地位と経済的方向転換の双方が、多様なアクターにとって依然正しいようだ。別の明白な問いは、ブッシュ政権の諸政策が一時的変化なのか、それともひとつの潮流なのか、ということである。冷戦に勝利を収めたあとに訪れた「短期の一極的な時期〔1〕」の延長を表わすのか、それとも長期にわたる帝国の属性の一部をなすのだろうか。その短期の帝国におけ

る政治を検討するだけでは、戦略的な連続性を無視する危険を冒すことになる一方で、連続性に焦点を当てれば、アメリカ政治の本質を固定化させることにもなりかねないのである。

短期の一極的な時期か、それとも長期にわたる帝国の属性か？

冷戦の終結はアメリカに超大国の地位をもたらしたが、それはまた勝利主義と単独行動主義の傾向を刺激した。「短期の一極的な時期」が具現化するやいなや、「短期の一極的な時期を失う」ことなく、永続的なアメリカ優位の時代に変えたいという欲望もまた具現化した。

一九八〇年代をつうじて、アメリカはその軍事力を再編した。陸海空軍間の競合関係を抑制するために、地域司令部が設立された。各司令部は、総司令官（CinCS）を戴いていた（国防総省再編法、一九八六年）。時間がたつにつれて、四つ、のちには五つの地域司令部は、恐るべき強大な集団に成長した。各司令部は自由になるかなりの資源、たとえば基地交渉をはじめ、兵力配備、軍事演習を交渉する権限を有していた。アメリカ大使やCIA局長よりもはるかに強大になり、「帝国執政官」〔共和制ローマ帝国の最高位〕として理解されるようになった。外交政策は国務省によって行なわれると思われているが、実際には、総司令官とペンタゴンがそれよりはるかに大きな資源を意のままに用いている。クリントン政権の国家安全保障戦略によって、総司令官が「地球上のあらゆる物事を形成し、準備し、そして対応できるようになった」、つまりそれは、軍事的な役割の拡張を推進する無制限の任務になったのである。軍部は「平和時の関与活動」や、ときには「外国の国内防衛」にたいしても責任を有するようになった。たとえばそれは、ダナ・プリーストの『使命』という著作のなかで論じられている。その本の表題は、はっきりとしない軍の地位を表わしている。大規模な拡大をつづけているが、その使命は不明なのだ。

かくしてソ連の脅威がなくなるにつれ、アメリカは忍び寄る外交政策の軍事化を経験した。前国防次官ナイが指摘したように、「議会が国家予算の一六パーセントを国防に費やすのに抵抗がなくなっているのにたいし、国際問題に費やす割合といえば、一九六〇年の四パーセントから今日ではわずか一パーセントにまで縮小した。われわれの軍事力は重要であるとはいえ、外交の一六倍も重要ではない」[2]。クリントン政権は、以前の政権よりも軍事力を頻繁に使用したが、軍事力の使用と戦争の区別はつけていた。「拡張（enlargement）」と呼ばれる政策のなかで、クリントン政権は、国家建設にかかわる自由主義的介入主義を、NAFTA、APEC、そしてWTOによる国際貿易の自由化と結びつけたのであった。貿易においては、「攻撃的な単独行動主義」と市場アクセスへの積極的な要求が、一九八〇年代半ば以降、アメリカの外交政策の中心となってきたのである[3]。

一九九二年、漏洩した国防政策指針（ディック・チェイニー国防長官のもとで、国防次官ポール・ウォルフォウィッツがその草案を作成した）から、アメリカの優位にかかわる大戦略が明らかになった。すなわち、「われわれの戦略が再度注目しなければならないのは、どんな将来のグローバルな競争相手も排除するということである」[4]。この原則は、それ以降、安全保障戦略の一部となった。いいかえれば、ブッシュ政権下で明白なように思われるいくつかの政策、つまり、優位を維持するための政策、外交の軍事化、貿易政策などは、かなり以前に準備が整っていたのである。大きな相違は、かつての政権が単独行動主義と多国間協調主義とを結びつけていたということにある。

「短期の一極的な時期を維持し」卓越したグローバル権力でありつづけたいという欲望は、上院の中道主義者によって、またこの地位のコストに耐えることへの反感が増大したために、抵抗を受けた。したがって、実際的な結果は、多国間協調主義の顔をした単独行動主義であった。サミュエル・ハンティントンは、単独行動主義と多国間協調主義の組み合わせとして、当時の国際政治を特徴づけた。「〔それは〕ひとつの超大国といくつかの大国からなる一極‐多極システムという奇妙な混合物である。重大な国際問題の解決に必要なのは単独の超大国による行動であるが、つねに他の大国との協調がともなったものでなければならない。しかしながら、単独の超大国は、他の国家の協調をつうじた国際問題への働きかけに拒否権を行使できる」[5]。両者をつなぐひとつの処方箋が、モジュラー式の連合軍をともなうアメリカの「単独で物事をやりとげる力」であり、この定式こそが、「砂漠の嵐作戦」やコソヴォでのNATOの軍事行動に符号するのである[6]。

しかし、その算盤のはじき方は変化しつづけている。「アメリカの優位の全体像」にかんする二〇〇二年の論文は、短期の帝国の出現にかんして異なった展望を見いだしている。「もし今日のアメリカの優位が一極集中をもたらしていないとするならば、今後それをもたらすものはないだろう」[7]。その筆者たちによれば、どのような尺度からみても、アメリカは圧倒的である。「軍事的領域においては、アメリカに次ぐ一五から二〇の主要国の合算よりも多額の支出を行なっている」。アメリカは、「圧倒的な核の優位」を享受している。それは「世界の支配的軍事力」であり、「大海原を支配する真の海軍」である。さらに、「アメリカの経済的優位は、近代史における他のどの大国をもしのいでいる」。「アメリカはグローバル化を活用する最高の地位にいる国である」。「世界トップの技術力」を有し、「外国企業にとってもっとも人気のある投資先」となっている。かくして「アメリカには、権力のどんな重要な次元においても競争相手がいない」。だから、「競争相手のあいだにアメリカと均衡するほどの同盟は存在しない」。したがって、「多極的なありかたに後退すれば、それは、あらゆる世界のなかで、アメリカにとって最悪のものになるだろう」。「現在、そして予見可能な未来において、アメリカは、他国に個別で命令を強制したりそれにしたがうよう誘導したりするのに、進んで行使できる強大な権力資源を有することになるだろう[8]」。

要するに、この筆者たちが示唆しているのは、多国間主義はアメリカの利益にそぐわないし、必要でもないということである。彼らは別の方向へ向かって、こう話を締めくくる。「しかし、ただアメリカが無頓着に行動できるほど強いというからといって、アメリカがそうすべきであるということにはならない[9]」と。簡潔な結論のなかで、筆者たちが指摘しているのは、影響力が権力よりも重要であり、貧困や環境という世界の難問は国際協調を要請するということである。だが、傲慢さという下部構造と単独行動主義にたいする異議申し立ては、これまでも所与のものであった。したがって、この未曾有の権力と能力は、永続することのない一定の時間枠について語っているのである。

この愛国心あふれる評価は、暗黒面に触れていないし、また明らかなアメリカの脆さにさえ触れていない。それは、まるでセールスマン精神が製品を改善するかのように、たんにアメリカについて記述するというよりも、アメリカを売り込む行為のように思われる。多くの点で、その分析は偏っているか、時代遅れかである。それは、エンロン事件とその波紋を呼んだ結果も、対外赤字や貿易赤字の増大も、アメリカ経済の構造的脆弱性（脱工業化、失業、ニューエコノミーの失敗）も無視しているし、社会的不平等の拡大について一言も触れていない。規制緩和や減税が政府介入という手段の効果を奪っているときに、消費主導型経済は不況に対処することができるだろうか。アメリカ経済は消費者の信頼に依存しているが、もし消費者と企業が不確実性（景気後退、仕事の不安定さ、戦争）に直面していたらどうなるのだろうか？

ブッシュ政権の政策は、短期の一極的な時期が拡張されたもの（あるいはそれが短期の帝国の出現まで増幅されたもの）としてか、長期にわたる帝国の属性としてか、どちらかとして理解できる。前者の議論は以下のように展開する。つまり、この政権は、終わりなきテロとの戦争に取り組み、アフガニスタンやイラクを攻撃し、そして軍の派遣を世界規模で計画している。それは、記念碑的な軍事費の拡張を行なう[10]。それは企業びいきであるだけでなく、とくに資源産業関連企業びいきと呼ぶべきだが、そうした企業はあらゆる企業のなかでもっとも領土に関わりが深く地政学的なものである。そこで資源への関心を抱きつつ、帝国への転回が起こる。ブッシュ政権がアメリカにおける生態系への関心や市民的自由を飛び越してしまうのとちょうど同じように、慎重に扱うべき主権、国際法、そして多国間主義といった問題に辛抱強く取り組むことがほとんどできないのである。さまざまな政権がこうしたすべての問題を矮小化したり、それらに背を向けたりすることはあるだろう。だが、同様に、さまざまな政権が、多国間主義に立ち戻り、予防爆撃を否定したり、軍事予算を削減したりすることもありうるのだ。

長期のプロジェクト、つまり長期にわたる帝国の属性というもうひとつの事例は、つぎのように展開する。すなわち、アメリカの単独行動主義は、少なくとも冷戦の終結にまでさかのぼる。核拡散条約の批准拒否、弾道弾迎撃ミサイル条約の拒否、そしてミサイル防衛システムの選択といった単独行動主義的な政策変更は、議会の活動範囲内のことであり、ブッシュ政権に先だつものである。議会の委員会も二大政党が支配している。アメリカの地政学は長期の時間軸をもっている。たとえば、一〇〇万の兵士を世界中の三五〇の基地、一三〇の国々に駐屯させるためには、対外関係、軍事、諜報活動、そして歳入委員会の後ろ盾を必要とする。アメリカのエリートが認識する自国優位の構造的な独立変数は、たとえ政権与党が変わろうとも継続する。過去の政権は、多国間主義と優位の追求を結びつけていた。政権が変わっても、戦略的な目的を放棄せずに、戦術的な調整を行なえるのである。アメリカ例外主義は、（第8章で議論するように）永続している。一般的な見方は、「ワシントンで誰が権力の地位についても、単独行動主義——いいかえれば、アメリカ第一主義——は揺るぎない」ということである[11]。

長期にわたる帝国の属性とみる見方のほうが、短期の帝国の出現という見方よりももっともらしく思えるかもしれないが、そうであってもなお、連続性と非連続性の問題がある。戦略的な連続性の事例は明らかであるけれども、アメリカの政策を本質還元的に固定するものであり、そのウィルソン主義的な要素を無視しているという点で、有益ではない。そのうえ、単独行動主義は必ずしも帝国的ではなく、むしろ孤立主義的でありうる。ひとつの解釈は、一九四一年まで、アメリカ外交は徹底した極論に走っていたし、ローズヴェルトがアメリカを自由主義的な国際主義の中心に据えた。それは冷戦中も残存した。冷戦が終わって、極論に走る諸派が再度外交を掌握したのである。

アメリカの拡張と帝国主義の長期的パターンは、一九世紀の領土拡張政策から戦後のアメリカ・ヘゲモニー期までさかのぼるが、一九七一年のブレトンウッズ体制の終焉から多極状態が始まったのである。

新自由主義的グローバル化は、WTOとともに、ウォール街－財務省－IMF複合体およびその意見の集合体によって形成されるが、多国間主義の顔をした単独行動主義であった。

今後数十年かそれ以上の間、アメリカの優位を確保する独自の時間枠として、ブッシュ政権が現在の布置連関（超大国としてのアメリカ、つまり九・一一ゆえに重要な国内反対もなく、大きな国際的な妨害もなく、巨大な軍事的優位をもち、堅実な対抗者や対抗する連合もないアメリカ）を捉えるとすれば、短期の一極的な時期か、それとも長期にわたる帝国の属性かという二つの仮説は、一体化しうる。その場合、優位に向かう長期のアメリカの性質という観点からすれば、これは長期にわたる帝国の属性であるし、この目的を実施するのに現在認められている能力の観点からすれば、短期の帝国の出現である。

さらなるアメリカの世紀？

現政権内の支配集団は、クリントン政権の基盤となった戦略と哲学をいまやはっきりと捨て去った。それは、ルールにもとづく自由資本主義的秩序のなかで世界の他の主要国を統合し、それによってそうした諸国間の対立を減じるというものであった。

――アナトール・リーヴェン、二〇〇二年

アメリカ新世紀プロジェクト（PNAC）、アメリカ企業研究所といったような新保守主義サークル、そしてレオ・シュトラウスの保守思想を支持する同系列のサークルは、広範囲にわたって研究されてきたので、[12] ここでの議論はその本質的な側面だけを取り扱う。一九九七年に創設されたPNACは、「現下の危険にかんする委員会」のようなレーガン政権の諸サークルにもとづいている。一九九七年のPNAC原則宣言によれば、

われわれは、レーガン政権の成功の本質的部分を忘れてしまったように思われる。つまり、それは、強大で現在と将来の双方の課題に対応できる軍、勇敢かつ意図的にアメリカの原則を海外で推し進める外交、そしてアメリカのグローバルな責任を受け入れる国民的な指導力である。

その目的は、「アメリカの原則と利害に有利な新世紀をつくること」にある。そのホームページで、PNACは自らが以下のような前提に奉仕していると述べている。つまり、「アメリカの指導力がアメリカにも世界にも有益であり、そうした指導力が軍事的な強靭さ、外交での積極姿勢、そして道徳的原則への関与を必要とし、グローバルな指導力を正当なものと考える政治的な指導者はあまりに数少ない」という前提である。

多くの点で、ブッシュ政権はレーガン政権の再演であった。ブッシュ政権は、武力と目標の混成曲であった。[13] ヴードゥー経済学は、ビジネスのルールを廃棄する一方で、連邦の黒字を減らした。小さな政府、大きな市場、そして福音主義的な愛国主義。アメリカの世紀よ、こんにちは。世界の解放者と目標

としてのアメリカを演じる、一九五〇年代のアメリカの夢の再現。そしてニカラグア、中央アメリカ、グレナダ、アフガニスタン、アンゴラ、そしてリビヤでの積極的な外交。ヴェトナムを忘れよう、というわけである。

レーガン計画の最重要項目は、経済的刺激策として提示された減税（一九八一年経済再建税法）であった。ブッシュの主要な経済的行動綱領、つまり富裕層向け減税は、同じく雇用計画として提出されたものである。レーガンの行政管理予算局長であるデヴィッド・ストックマンがのちに失敗を認めたように、政府のアジェンダは、社会支出の削減が不可避的になるほど債務を増やすことであった。それは結局のところ、選挙のために失敗に終わる戦略であった（「共和党の議員は、社会保険小切手を得る三六〇〇万の人びとに下手を売るつもりはない」[14]）。ブッシュの減税は、結局、社会的政府を完全に抹殺することによって、政府を再設計し、レーガンの反革命を完成させる政治的アジェンダとして理解するのがもっともよい[15]。それは、減税というよりも、むしろ連邦税から州税への租税転嫁であり、経済刺激策として、たんに非効率的であるばかりでなく逆効果でもある。富裕層が必要としているのは、追加資金ではない。その狙いは、政府と自活可能な福祉受給者から資金を奪い、それを振り分けなおすことにある。減税を恒久化することによって、恒久的に富裕層（そうなりたがっている者たちも含む）が共和党にひきつけられ、民主党の基盤は構造的に瓦解し、アメリカ政治の再編成が実現するかもしれない。数多くの州と都市が財政危機にあるので、社会支出を削減し、増税を行ない、その結果、普通の納税者は二重の負の効果にさらされる。つまり彼らは、サーヴィスを享受できなくなるばかりか、重税にも直面することになる[16]。この厳格な保守主義的転換をつうじて、逆進税が制度化され、富と権力はいっそう集中する。

ブッシュ政府が権力を掌握したのは、レーガン時代に任命された最高裁判事のおかげであった。それは、レーガン政権の法的任命に、そして政治と市民生活における保守主義的転換に依拠している。レーガンと父ブッシュ政権のワシントンのインサイダーが先例のないほど集中した結果生じた、政治資本の蓄積に依拠しているのである。レーガン期は、「影の内閣」の時代であり、イラン－コントラ事件のような出来事に満ちた時代であった。[17] ブッシュ政権に潜んでいるのは、CIAから独立した独自の諜報能力を有した、ペンタゴン中心の影の内閣である。[18] それは、イラク戦争に向けた根回しをしてゆくなかで諜報活動を行なってきたが、その後、偽りが判明した。

レーガンの場合と同様に、ブッシュ政権の支持基盤は、キリスト教右派、南部白人、さらに一部のユダヤ人票である。この票は、キリスト教シオニズムならびに原理主義的キリスト教とイスラエルとの結びつきからきている。[19] レーガン時代と同様、この政府も、強大な軍への依存と道徳主義者の用語法とを結びつけている。たとえば、「悪の帝国」や「悪の枢軸」という漫画チックな言葉づかいである。自己愛に満ちたマニ教的な田舎者の偏狭さが、グローバリズムにまで高まっているのだ。

二〇〇二年の『国家安全保障戦略』報告書は、ＰＮＡＣのアジェンダに類似している。[20] 軍事力への依存は、（たんなる封じ込めというよりむしろ）巻き返しというレーガンの政策やテロとの戦争という外交政策を呼び戻し、また自由主義的介入主義というクリントンの政策を引き継ぐものである。新保守主義が提示したがっている、世界におけるアメリカの役割にかんする新たな物語は、冷戦の物語を継承するものとして役立ちうる。アメリカのグローバルな指導力は、「自由の帝国」を創設することである。

これはクリントンの自由主義的介入主義を焼きなおしたものであるが、いまでは単独行動主義的に運用されている。自国の強大さへの信頼と同盟国への信頼の欠如という、単独行動主義の二要素には、二方向への動きが含まれる。第一に、正当性や多国的な指導力としてというよりも、むしろ強大な軍事力として権力が再定義される。第二に、同盟国の軽視である。かくして、ロバート・ケーガンの権力や弱さにかんする見方にしたがえば、「アメリカ人は火星生まれであり、ヨーロッパ人は金星生まれである」ということになる。[21] この天体による分類が歴史の狡智を示さないということは、気にかけずともよい。ヨーロッパ人は弱虫であり、多国間主義は弱さの象徴である。権力は力であり、外交は相手を欺く手段にすぎない。それは、ヴィルヘルム皇帝下ならびにナチ政権下のドイツ軍人にこそ妥当する哲学である。こうした考え方が想定しているのは、成功が力をもたらし、力は正しさをもたらす、ということである。それはユートピア主義的な権力政治である。

その過程において、新保守主義者は、一九八〇年代に始まったことだが、軍人階級の役割の拡大を正当化する知的な代弁者として、また軍需産業の利害を正当化する机上の空論を並べ立てる戦略家としての役割を果たしているのである（リチャード・パールと実業界との結びつきは示唆的である）。

九・一一にたいする新保守主義者の反応は、「われわれはみな、いまやイスラエル人である」というものだったし、アメリカの政策のその後の変化は、「アメリカの外交政策のイスラエル化」といわれてきた。用語法、方法、そして目的の点で、現在のアメリカとイスラエルの政策はきわめて似かよっているのだ。「好戦的政権」が主導する両国において、軍と諜報機関が主たる国家機関であり、経済面は後回しである。攻撃は最高の防御であり、外交と多国間主義は軍事国家の二の次となった。不安の政治が制度化され、殺伐とした固定観念が国内外の政治を支配する。一九九六年に、リチャード・パールと他の新保守主義者がイスラエルのリクード政権を支持する政策論を執筆したが、そこでは、オスロ平和交渉を撤回し、中東地域における新現実主義的な勢力均衡を実現すべし、と主張されたのであった[22]。レーガン時代は、一九五〇年代の卓抜したアメリカの権力にたいするノスタルジアを利用したし、PNACはレーガンの神話を利用した。ここから生みだされているのは、二重のノスタルジアである。一九五〇年代を回顧する一九八〇年代を回顧しながら、アメリカの新世紀像を喚起しているのである。

シナリオと分析

ブッシュ政権の国内政策は、ニューディール経済学を終結させようとする七〇年間におよぶ保守派のキャンペーンに連なるものであるが、その外交政策についてはどうだろうか。いかにして多岐におよぶ対外政策の方針、すなわち政治 - 軍事戦略、「中東地図の塗り替え」のような方針、そして貿易と世界経済にかんする政策といった方針が、どれも合致することになるのだろうか。

外交政策は、長期の政策設計を反映し、海外の反応を受けて発展する。これを解釈するさいには、即興演奏とみるか、基本計画に即しているとみるかが大きな分かれ目である。もっとも首尾一貫した公的な議論、つまり新保守主義的な議論は、主として中東を重視しており、ごく簡単に経済面（最小限の福祉、民営化、そして自由市場）に触れるにすぎない。ペンタゴンの一部と米軍地域最高司令官にかんす

表2-1　権力のシナリオ

シナリオ	最優先事項	理　論
メイド・イン・テキサス	国内政治	ポスト構造主義
第二次冷戦	地政学	新現実主義
新保守主義イデオロギー	国内外の要因	グラムシアン
攻撃的新自由主義	経済学と地政学	マルクス主義，レーニン主義

る長期計画は、通例、極秘扱いである。

ブッシュ政権は世界経済よりも国内経済に執心しているようにみえる。クリントン時代とはちがって、財務省や商務省はもはや中心的な担い手ではなく、IMF、世界銀行、そしてWTOは脇役に甘んじている。対WTO政策は日和見的でつじつまの合わないものであるし、対IMFまたは世界銀行政策も一貫性に乏しい[23]。他方、国家と企業、兵器とオイル・ダラーの結合は、以前より強靭である。

ブッシュ政権の政策は、保守ならびに新保守主義のイデオロギーに支えられたプロジェクトなのだろうか。たとえば、冷戦の地政学の再開、新自由主義の変形、あるいはこれらすべての組み合わせなのだろうか。これらのシナリオは、お互いを排除しあうものではない。多様な政治党派や聴衆に訴えかけながら、重なり合っているのだ。現在のアメリカの政策に適合しうるシナリオは、それらを説明する理論が背景にあることを示している（表2-1）。

『メイド・イン・テキサス』という著作のなかで、マイケル・リンドは、アメリカ政治の南部化に説明を加えている。極右勢力が世界で最強の国の政府を牛耳ってきたが、九・一一はそれに白紙委任状を与えたのだった。『メイド・イン・テキサス』は、カール・ローヴのシナリオである。偏狭な田舎者の連合によって、南部の共和党支持者は民主党支持者を出し抜き、キリスト教右派は世俗的コスモポリタニズムを攻撃している。国内のヘゲモニー構築にかんして慎重に調整を重ねたアジェンダとして、偏見の政治は、雇用計画として富裕層向け減税を行ない、安全を守るために市民の自由を制約するといった、共通の利害に貢献するものとして、入念に実施されている。

いうまでもなく、ポスト構造主義の解釈をとれば、このシナリオを読み解くのには適切なものとなろう。南部による政治の支配は偶発事態であり、強制的論理にしたがうものではなく、あるいは因果関係から予見可能な帰結を生むものでもない。災厄の弁証法があったのだ。つまり、九・一一がなかったならば、この政権は倒壊しているであろう、ということになる。[24] しかし、(たとえば、その政権が権力を掌握したやり方に偶発性があるというように)偶発性に焦点をおくことによって、南部の政治権力が長期的に興隆してきた面を無視してしまうところに、この手の解釈の限界がある。偶発性を捉えながらも、この解釈は、構造を捉えそこね、説明よりもむしろ現状重視の記述をもたらし、そして政治的な反対がなぜ欠如するのかという面の説明を欠いている。

冷戦+αシナリオでは、好戦的政党が与党にあり、軍と諜報機関が盛時に返り咲くということになる。冷戦期には、権力の特徴は、地政学的・軍事的・イデオロギー的・経済的なものであった。新自由主義的グローバル化の時代には、それは強大な軍をともなうイデオロギー的・経済的なものとなった。そして、現在、こうした推定によれば、それは再度地政学的・軍事的なものとなった。この観点からすれば、新自由主義の属性はある種の中断であり、現実のゲームはグローバルな闘技場における権力をめぐって闘われる。このシナリオは、新現実主義の発想に合致するように思われるが、その理論が軍事学校で教えられるようになってから、より実践向けとなったようである。しかしそれは、理論というよりは、むしろ自己実現的な予言というべきではないのだろうか。

しかしながら、この理論が見落としているのは、政情安定と石油供給のために、また民主主義にもとづいてイスラーム過激派は権力の地位についたから、サダム・フセイン体制のような中東の権威主義的な体制と同盟関係を新現実主義が発展させてきた、という点である[25]。帝国の過大な拡張を避けるために、新現実主義者とペンタゴンの多くの関係者は、ルールにもとづいた国際秩序と軍事力の行使にたいする制約を選んだ（したがって、ブレント・スノークラフト、ローレンス・イーグルバーガー、ジェイムス・ベーカー、その他の論者たちは、国連の制裁措置のないままイラク戦争を始めたことに批判的であったのだ）。新保守主義者は、バーナード・ルイスのような人物に鼓舞されながら、新現実主義者と袂を分かち、国際秩序を軽んじ、攻勢に出ることを主唱し、そして軍事力の行使に大きな信頼をおき、おそらくは中東の民主主義に大きな希望を抱いたのである。九・一一を最大に利用し、中東を目標に据えることによって、彼らは（「文明の衝突」の議論に魅了されている）愛国主義者、ユダヤ人有権者、そして自由主義的なタカ派を動員しているように思われる。彼らは国内へゲモニーを構築するというグラムシアンの戦略にしたがっているし、南部白人とキリスト教徒の支持ならびに戦争目標のイデオロギー的主張に依存している。マイケル・リンドによると、「ジョージ・ブッシュの外交政策の戦略的頭脳は、ポール・ウォルフォウィッツのような新保守主義者が担っているが、政治的筋肉を提供しているのは生粋の南部人である」[26]。しかしながら、保守主義者と新保守主義者の連合は一体化しているわけではない。多くの保守主義者とたしかに東海岸の共和党支持者たちは、多国間主義的な協調という新現実主義の政策を好んでいるからである[27]。

グラムシアンの国際関係理論は、どちらにも当てはまらない。というのは、これは逆立ちしたヘゲモニーといえるからである。これほどのソフト・パワーが、これほど短期間に無駄づかいされたことはなかった。政権を握った最初の年に五つの国際条約を廃棄する政権は、国際的な正当性を求めてはいない。二〇〇三年二月一五日に、戦争にあらためて向かうことによって、人類史最大の示威行動が促されてきたし、「人類史でもっとも望まれなかった戦争」のために、「第二の巨大権力」として世界の世論を解放した。これは、友人を失い影響力を無駄づかいする方法の短期集中講座である。イマニュエル・ウォーラーステインは、こう述べている。「過去二〇〇年間にわたって、アメリカはイデオロギー的な信頼を獲得してきた。しかし、今日、アメリカは、一九六〇年代に金の余剰を使い果たしたよりもはるかに急速に、その信頼を使い果たしつつある(28)」。

新保守主義者のアプローチは、アメリカの偏見に沿ってグローバルな潮流を読み取る田舎者のグローバリズムである。したがって、軍と諜報機関の推測は、(アフガニスタンやイラクの場合と同様に)誤る傾向にあるのだ。アメリカの経済的優位は、検証されるというよりも当然視される。空理空論をもてあそぶ戦略家の特徴は、脅威のインフレーションにある。アメリカの軍人階級は、ソヴィエトの脅威をインフレ化させたが、現在ではならず者国家とテロリズムの脅威をインフレ化させている。

攻撃的新自由主義のシナリオにおいては、とりわけエネルギー、軍需産業、そして、ソフトウェア関連を含むサンベルトの企業群といった企業が主人公である。この説明では、第1章で論じたように、原-新自由主義の局面、新自由主義の後退局面、その展開局面につづく新自由主義の第四局面は、軍産複合体とふたたび結びついている。新自由主義にしたがえば、「市場原理でオーケーだ」となる。これが広がるなかで、「市場原理でオーケーだ」は力ずくのものになってゆく。たとえば、デヴィッド・ハーヴェイは、「本源的蓄積」のための征服戦争として新たな戦争を解釈している[29]。

このシナリオに抗する事実は、ブッシュ政権の経済基盤が狭隘であり、主にエネルギーならびに軍事部門からなっているということである。その経済政策は偏っており、矛盾している。減税と赤字支出は最高経営責任者（CEO）、第一級の経済人会議、そしてある程度は連邦準備銀行にさえ、反対されている。だからそれは、「資本家階級」の典型的な政策ではない。原則的な計算が（政党ならびに国家主導という意味で）政治的であり、経済的というよりむしろイデオロギー的にみえるという点で、政治が経済に最終的に勝つのである。新自由主義的グローバル化とは異なって、政策は、財務省、ウォール街、そして国際機関によって動かされているのではない[30]。企業パートナーは副操縦士であるように思われるし、経済的アジェンダは何よりも不完全なので、主導的というよりむしろ補助的な役割を果たしているように思われる。圧倒的な軍事の役割は、他の部門を出し抜いている。攻撃的戦争の戦略にともなうリスクは、企業能力と限界を凌駕してしまうほど重大なものになっている。企業にはこの規模のリスクを引き受ける余裕はない。もしわれわれが「構造調整の軍事的調整」としてこれをさらに読み込もうとしても、明らかな障害となるのは、構造調整はうまく進んでこなかったし、その論理は軍事的調整に役に立たないということである。

ボブ・ウッドワードの『ブッシュの戦争』のような現場のすぐそばで書かれた報告書の全ページをめくってみても、経済政策意志決定者は、配役に登場すらしない。戦争を蓄積とみる見方の問題は、それが（たとえば、イラク占領はイラクの石油でまかなわれるという新保守主義者の主張のような）額面どおりのプロパガンダのかたちをとり、また征服と再建の費用が、物的な利益の可能性をはるかに上回り、凌駕しているということである。伝統的な唯物論者の説明は、受益者が必ずしも政策決定者ではないのにもかかわらず、資本家の利害の重大な役割を過大評価してしまっている。南部によるアメリカ政治の支配という、政治過程の特殊性を無視しているのである。そして、九・一一の愛国主義と戦争目標としての中東という文化的重層決定を軽んじる。予防戦争にたいする特別の「資本主義的必然性」など存在しないのに、である。

「帝国主義は資本主義の最高段階である」という見方にしたがうレーニン主義理論は、帝国主義が生じないのはいつかを説明できないし、したがってそれがいつ生じるかも説明できない。それは帝国主義が先進資本主義の一般的特質であると言い放つが、一般的経験や新自由主義的グローバル化の経験にもそぐわない。脱‐領土化したハイテク資本主義と金融規律による遠隔操作（そしてイラク戦争における封じ込めと制裁措置の体制）の時代に、攻撃的領土戦争が突然賢明な考え方になる納得できる理由はない。

もしこうした解釈のどれもがそれじたい適切でないなら、何が適切なのか。新たな戦争を理解するもっとも説得的な選択肢は、地政学、国家‐企業関係、地域、そして国内といったものを設計してゆくシナリオを結びつけることである。

ビヒラーとニッツァンは、アメリカ経済におけるテクノ・ダラー‐マージャー・ダラー同盟とウェポン・ダラー‐オイル・ダラー連合の配置を区別している。二〇〇〇年と二〇〇一年にいくつかのショックが走った。ニューエコノミーの崩壊、エンロン事件、そして九・一一である。最初の二つは、拡張のテクノ‐マージャーの波が自然な経過をたどったことを示した。連邦準備銀行とウォール街の主たる懸念は、そのときインフレーションではなくデフレーションとなった。（軍備への買い換え需要を刺激する）軍事予算と戦争の拡大方向に向けた政権の変化は、リフレーションの手段として役立った。彼らの理論にしたがえば、石油価格を管理し、必要とあらば高値を維持するための手段を獲得するというひそかなアジェンダをつうじて、イラクという標的は、リフレーションを起こすのに役立つだろう。九・一一はこうしたアジェンダを融合する政治的機会をもたらした。ビヒラーとニッツァンは、ひとつの動機では新たな戦争を説明できないことを理解している。しかし彼らの理論は、地政学とウォール街がそれぞれ有する利害の収斂のための論拠となってしまう。たとえ戦争の原因を説明しないとしても、それは、事態の変化にかんしてそれほど声高にウォール街が不平をこぼさない理由を説明するかもしれない[31]。

雑多な特徴をこうして劇場のように並べてみせると、多様な役者と聴衆にいくぶん近づくことができる。行動の意味が多様な担い手にとって異なっても、一致団結した行動のために十分な一貫性がありさえすればよい。多様なドラマのなかで、多様な役者が演技を行なう。聴衆はそれをひとつの演技とみなす。さまざまなシナリオは一時的に収束する。ルイージ・ピランデッロの『ある映画技師の手記（*Six Characters in Search of an Author*）』にあるように、登場人物は演技が進むにつれて、台本を乗り越えうる。シナリオはいくつもの劇場で、たとえば、インサイダー、国内的、地域的、そしてグローバルな聴衆の前で使われるのだ。アメリカ政治の言説が本質的に攻撃的であるがゆえに、国内の聴衆は即効性の結果を期待するような状況にある。短期の結果に親しんでいるがゆえに、長期の結果を取り扱うのには慣れていない。冷戦のような長期の物語を創り出すのには、イギリス課報部が雑誌や学生のレポートから抜粋してレポートを作成するのより、時間がかかるのである。地域的ならびにグローバルな聴衆は、アメリカの聴衆とは異なる時計にしたがって時を刻んでいるのだ。

能力は脆弱さと関連している。時がたつにつれて、アメリカはますますペンタゴン偏重の政府を生みだすようになってきた。軍事的評価が外交政策を先導する（しかも管理と支配の言語で）。そして外交は、それを後追いするものでしかない。イラクの戦争準備のなかで、アメリカが国際社会に対処するさいに用いた後知恵は、一貫せず、不誠実に聞こえ、そして猛々しいペンタゴンの言葉によって継続的に邪魔されるようなものだった。アメリカは、国連の権威を軽んじ、国連の決定を支持するためにはイラクを攻撃しなければならない、つまり、大量破壊兵器（ＷＭＤ）のために、あるいはその核の脅威のために、独裁を取り除くために、体制変革を効果的に行なうために、そして中東を民主化するために、イラクを攻撃しなければならない、と主張したのである。「破滅的な外交」は偶然ではなく、忍び寄るアメリカ政府の軍事化の関数である(32)。ブッシュ政権においては、以前の戦争指導者が外交の責任者となっており、主戦論者がペンタゴンの責任者となっている。

新たな戦争を解釈するにあたって、バランスの問題は、過度の合理性や一貫性に帰せられるものでもなく、右派の馬鹿さ加減として片づけることでもない。「筋を通す」のにも限界がある。方法の合理性は、価値や対象の非合理性と両立しうる。狂気は、プロジェクトそれじたいのなかに、そしてそれを成り立たせる価値観や見方に潜んでいる可能性がある。中心的問題は、そのプロジェクトである。いったい誰が、新たなアメリカの世紀を必要としているのか。一九九五年の北京宣言においてマレーシアのマハティール首相は、彼の見方として、来るべき新世紀は、アジアの世紀ではなくグローバルな世紀になると述べた。相互連結にかんするこの類の認識は二一世紀にかなったものだが、外交にかんするこのような鷹揚な精神や寛大さは、アメリカのもつ権力崇拝にはあからさまに欠如しているものである。

権力にかんするこれらのシナリオの作者は誰か。普通の解釈では、九・一一はアメリカの好戦的な政党によって好機として受けとめられてきたことになる。しかし、九・一一が一種の罠であり、戦争に行くことが餌に食いつくことだとしたらどうだろうか。一九六〇年代において、ブラジルのゲリラの指導者であるカルロス・マリエラは、革命的武装闘争の目的を以下のように定式化した。「当該国の政治状況を軍事状況に変化させることを権力者に強いる暴力行動によって、政治危機を武装闘争に変化させることが必要である。それは大衆を疎外するが、そうなると、彼らは軍と警察に敵対する革命に向かい、事態の責任をとらせようとするのである」。チャーマーズ・ジョンソンがこれを引用し、イスラエルの政策を軍事化した二〇〇〇年と二〇〇一年の第二次インティファーダと九・一一に対するアメリカの反応のあいだに類似点が存在する、と指摘している[33]。この説明によれば、九・一一はアメリカの軍事主義を解放し、アメリカを戦争に向かわせることに成功したが、その結果、マリエラが国内で予想した効果をグローバルな規模で生んだとされた。アメリカの政治は餌に食いついた。ユルゲン・ハバーマスの言葉を借りれば、「規範としてのアメリカの権威は、滅亡しつつある[34]」。この説明においては、アメリカは自ら第二のヴェトナムを招いたし、自らヨルダン川西岸に踏み行ってしまったということになる。誰の権力のシナリオのなかに、われわれはいるのだろうか。

田舎者の偏狭なヘゲモニーと超国家的なヘゲモニーは両立しがたい。国内でセールスポイントになっても、国際的には役立たずなのだ。国内的な強みは、国際的な障害である。アメリカの政治論争、文化や教育は、島国根性的で内向き志向で地元偏重の特徴があるので、国際的な流れに共鳴するのが難しい。

大半のアメリカ政治は「文化的な繭」のなかで生じるが、南部の保守主義は繭のなかの繭である。ブッシュ政権は、大部分が国内的特徴をもつ学習曲線にもとづいて構築されている。ニューデモクラートとは異なって、ブッシュ政権は、国際的聴衆というより国内的聴衆に向かって語りかける。従順なメディアと国内の聴衆を満足させるが、世界の他の国々に問題を引き起こすやり方で、戦争を解放として、占領を民主主義として表現する。一人で何でもやりとげるというアメリカの理想は一種の空想であるため、国際協力が必要とされているが、アメリカの外交は世論や国際的討論を遠ざけてきた。国内へゲモニーを生みだすように細心の注意が払われた政策は、国際的には中東を分極化し、不安定化させ、そしてイスラーム教徒の世界、ヨーロッパやそれ以外の世界では受け入れられないものである。

第3章　隠喩としての帝国

「グローバル化」は、経済的なものであり、情報ハイウェイに沿って生じるものであったし、IMFや世界銀行にとっては、政府は小さく企業は大きいものだと考えられていた。「大の大人ならグローバル化に不平は言わないものだ」、と新聞が注意を喚起することもあった。現在、テロとの戦争の渦中では、評論家たちは帝国について思いめぐらしている。両者の相違は何か、あるいは相違は存在するのだろうか。帝国は時の人なのだろうか。演じられ方の違う同じ劇なのだろうか、それとも別の劇なのだろうか。

九・一一が起こってからというもの、アメリカ政治の言葉づかいと立ち振る舞いは一変した。精力的な論考や著作では、いまや帝国主義が推奨されている。たとえば、「新帝国主義の論理は、ブッシュ政権が抵抗しがたいほど説得的である……新たな帝国主義の時代が到来したのだ(1)」。ロバート・カプランは「軍人による政治（*Warrior Politics*）」と軍事的な外交を要求した。マイケル・イグナティエフは、アメリカ帝国主義を必然的だとみなした。イギリスの古参外交官であるロバート・クーパーは、ＩＭＦや世界銀行による「自発的な帝国主義」に加えて、「必要とされているのは、新たな帝国主義である。それは、人権や世界市民的な価値観に代替できるものである」と論じた。彼はそれを、寛大にも「安定の輸出」と呼んだのだが。[2] 最近まで帝国主義とは左翼用語であったが、現在では帝国は主流派のテーマとなり、日常用語に復帰している。[3] この雰囲気のなかで過去の帝国が見直され、取り繕われている。[4]

現代のグローバル化と帝国の違いとは何か。この問題は、それが学術的な些事の詮索であるならば、また、現代のグローバル化にかんする議論がどのようなかたちで一貫しているのか、あるいはどのような用語で語られているかは別として、支配の一形態であるといいたいならば、無視してもよい。しかし、いかにして、また何のために不平等な権力が発揮されるかという点で、また社会運動の政治課題の点でも、どのような用語で語られるかが実際には重要である。もしグローバル化が帝国と完全に同一のものなら、現代の帝国への転回にかんしては、何が違うのだろうか。

基本的問題は単純である。多次元的であるにせよ、現代のグローバル化は何よりも経済を動因としている。一九八〇年代以降、支配的なプロジェクトは新自由主義的グローバル化だったが、帝国は、深淵部での断絶、つまり企業の利害よりむしろ国家的・戦略的利害を前面におくＵターンを意味する。アメリカ政府は、つねに強力な安全保障国家だったし、法と秩序を重んじる国家だったにせよ、新自由主義的イデオロギーは、無駄のない安価な政府を説く。帝国が地政学と軍ならびに政治を優先するのにたいして、新自由主義的グローバル化は経済と金融に依存している。新自由主義的グローバル化とヘゲモニ

表3－1　不平等な国際関係の諸局面

1400年以後	ヨーロッパの踏査と拡張
1600–1900年半ば	植民地主義，帝国主義，ならびに新植民地主義
1960年代以後	現代的グローバル化の加速
1980–2000年	新自由主義的グローバル化
2001年以後	テロとの戦争，予防戦争

表3－2　不平等な国際的権力関係

帝国	内外の他の政体にたいするひとつの政体の支配
帝国主義	帝国の追求
ヘゲモニー	他の政体の外交政策にたいするひとつの政体の支配。グラムシアンの意味では，正当性（規則や公平な手続きにもとづく合意）に依拠した国際的な指導力
従属	国際政策や外交政策にたいする公的な支配なしに，従属国家がより強力な国家の経済や政治支援に依存すること

出所：Doyle, *Empires.*

ーはおこがましいが、帝国ははるかにおこがましい。

二〇〇三年八月の一般紙の記事に注意しておこう。「アメリカ主導の戦後イラク統治機構である、イラク暫定統治機構の二四の相談役のひとりとして、アードマン博士は高等教育制度を回復させるよう任命されている。アメリカの政策がイラクの学究界の将来を掌握しているが、二〇の大学と四三の技術学校は、略奪された講義室の再建から予算措置を求めることまで、あらゆるものにかんしてアードマン博士の助力を求めなければならない。三六歳のアードマン博士は、大学行政にはほとんど経験がない。……」[5]などなど。これが行動する帝国の姿なのだ。帝国は、グローバル化やヘゲモニーよりも、はるかにいろいろな領域への橋渡しをするのだ。「イラクの大学の矯正」というこの記事が恐るべき無知ぶりをさらけ出していることからわかるとおり、これが帝国の核心である。

歴史的背景のもとで私の用語法を説明するために、簡単な時代区分を以下で行なう（表3－1）。さらに、基本用語に定義（意図的に伝統的な定義をとったのだが）を与えることで、分析上の段階区分を明確にしておこう（表3‐2）。

資本主義＝帝国主義？

グローバル化と帝国に相違があるというのは最初から問題外だ、とする見方もある。

帝国的企業　これが意味するのは、「世界を支配する」多国籍企業である。(6) その議論は、巨大な多国籍企業の売り上げが大半の国家やGNPを凌いでおり、また彼らの業務は多岐にわたり国境を越えている。国家と企業の共同事業は東インド会社のモデルに依拠しているが、それは帝国主義の資本主義的インフラの一部であった。とりわけエネルギーと鉱業部門は、戦間期の石油メジャーの事例、ならびに中心国、鉱業コングロマリット、そして兵器産業（アマルコ、アルコア、ベクテル、リオ・ティントなど）間の戦後の協力の事例にみられたように、国家と企業の共同事業による境界を越えた介入の長期的パターンを示している。アグリビジネス、情報通信、そして銀行はすべて、企業と中心国の戦略的提携にかかわっている。(7) 国際金融が影のように国際開発につきまとっているのだ。

政府、政府間組織、そして企業の三幅対は、国連のグローバル・コンパクトのなかで装いを新たにしているが、実際には、その起源は植民地レジームや戦後の開発期にさかのぼる。(8) アグリビジネスは、アメリカの食料援助から「緑の革命」まで、国際的な食糧政策に長らくかかわってきた。生物工学のような新たな技術は、WTOの特許規制や知的財産権に含まれる利益を企業にもたらす。アメリカ政府高官、巨大企業、そしてコンサルタント会社のあいだの「回転ドア」は、共通の利害の存在を示している。国家規制の相対的な後退は、企業の役割の拡張によって埋め合わされている。それは、企業の自己規制（興味深い実例はエンロンである）の形態や、企業市民権や企業責任といった洗練された形態をとる。

しかし、これらすべての利害関係の連結からなる「企業帝国主義」の考え方は行きすぎており、用語が矛盾している。というのも、それが（経済的のみならず）政治的プロジェクトを引き受ける非国家アクターを示しているからである。帝国が意味するような政治支配は、それにともなう責任や説明責任の点からみれば、経済的にはほとんど重要ではなく、非生産的である。大半の多国籍企業は、主権にたいする支配なしに自らの目的を達成できる。IMF、世界銀行、そしてWTO規制によってもたらされるような経済的影響ならば、政治的アクターにたいするロビー活動や資金援助で十分である。金融サーヴィス、広告、製薬、ソフトウェア、情報通信のような大半の企業の利害は、非領土的な特徴をもつし、北領土的利害をもつ企業（エネルギー、鉱業、建設、兵器）は相対的に少ない。大部分の直接投資は、北アメリカ、ヨーロッパ、そして日本に集中しており、途上国の主たる関心事は海外投資を誘致することである。投資家の需要が大きい国々は、投資家の出入りに条件を付けることができる。(9) 企業が往来する一方で、『フォーチュン』誌のトップ五〇〇企業が示すように、地政学にもとづけば多様なアクターとプロジェクトが必要となる。「帝国の最高経営責任者（CEO）」は、自分の企業を管理運営するというよりも、むしろ拡張する執行役員を表わす比喩的表現である。企業の役割を軽視し、それを経済的・非政治的観点からのみ捉えることは幼稚である反面、帝国主義を企業のせいにするということは、用語を矮小化することである。

経済的帝国主義　一般的な見方、過去数十年グローバルな意味での南においてほぼ共通の決まり文句は、現代のグローバル化とは帝国主義、再植民地化、そして従属の別名である、というものだ(10)。債務、国際金融機関のコンディショナリティ、そして文化領域ではマクドナルド化が、おしなべてこの方向を指し示している。現在、金融および経済レジームをつうじて支配は実行される。キューバやイラクへの制裁、「コロンビア計画（Plan Colombia）〔1〕」、そして偶発的な侵略と空爆は、このパターンのなかでは飛び地である。

時がたつにつれて、帝国の影がだんだんと伸びてきた。一九九〇年代以降の新自由主義的グローバル化にかんする研究のなかには、帝国をふたたび想起させるものもでてきたし、これには、帝国をもっと緩やかな意味に定義しなおすことが含まれている。かくして、チャーマーズ・ジョンソンにとっては、帝国とは「一国の合法的支配が多国に拡張すること」ではなく、さまざまな手段で「独自の社会制度を強要すること」である。マイケル・パレンティによれば、『帝国主義』という言葉が意味しているのは、ある国の支配的な政治‐経済的な利害関係者たちが、豊かになるために他の人びとの土地、労働、原料、そして市場を収奪する過程のことである」。この無頓着な扱い方において、アクターは多国籍企業ですらなく、「一国の政治‐経済的な利害関係者たち」である。その狙いは、国家ではなく国民である(11)。

この見方は、ヴェトナム戦争にさかのぼってアメリカのヘゲモニーと冷戦を帝国主義として分析する文献に依拠して打ち立てられる。ウィリアム・アップルマン・ウィリアムスやノーム・チョムスキーの著作にみられるとおり、それは、典型的には「マニフェスト・デスティニー（Manifest Destiny）〔2〕」にわれわれを引き戻し、アメリカの攻撃的で好戦的な役割が絶えることはなかった、と述べるのだ[12]。かくして、ハワード・ジンにしたがえば、「攻撃的拡張は国民的イデオロギーと政治の定数だった[13]」。こうした考え方は、国民的イデオロギーを同質のものとみなし、孤立主義的潮流を無視し、そして帰結というよりむしろ特質を説明している。こういった説明は、狂信的愛国心にたいしては歓迎されるべき解毒剤となるが、分析としては明快ではない。それは妥当だが、どんな時期も一貫してそうだとはいえない。歴史的・解釈的な特質にかんするカルチュラル・スタディならびにポストコロニアル・スタディもまた、帝国主義への関心をあらためてもちはじめた[14]。

問題は、こうした見方がたいてい経済レジームと公的な政治支配を区別しない、ということである。ナイの言葉を借りれば、「彼らは優位の政治と帝国の政治を取り違えている[15]」。ウォール街‐財務省‐IMF複合体によって実行されている支配は、外交ではなく国内政治の一部の支配を意味しており、帝国というには不十分なのである。たしかに、経済的支配と政治的支配の区別は正しい。発展途上国の経済政策を策定するにあたって、構造改革は鋭い政治的影響力を振りかざす。IMFのコンディショナリティには政治的要素が含まれている。しかし、これだけでは帝国というにはおよばないし、政治的影響力の範囲、その法的地位、ならびにイデオロギー的正当性という点からすると、まったく別物である。こうした説明は、アメリカが行動するさいの多国間主義的な枠組みやルールを看過している。新自由主義的グローバル化は、ルールにもとづく秩序である。帝国主義の乱用によって、こうした説明は、もし帝国が実際に生まれても、言葉足らずで、理由づけも十分ではない。

経済学帝国主義　経済学者ベン・ファインの言い方を借りれば、これはまず「経済学による他の社会諸科学の植民地化」を表わす[16]。私のみるところ、アメリカの合理的選択理論を大きな例外として、他の社会科学にたいする経済学の影響は限られているので、この主張は事実に反している。経済学は実際に政策を支配しているが、帝国主義という包括的な比喩は、理解の助けとなるというより障害となっている。経済主義という告発のほうが適切であり効果的である。ヘイゼル・ヘンダーソンは長らく経済主義に反論してきたが、「経済主義パラダイムは、個人の選択ならびに公共選択と同様、公共政策の主要な焦点として経済学を理解する」と述べている。彼女の見方では、「経済学は科学どころか、偽装した政治学であるにすぎない[17]」。

帝国　マイケル・ハートとアントニオ・ネグリによると、帝国主義は一九七〇年代に終焉し、彼らが帝国と呼ぶ新たな布置連関がつづいて登場した。

帝国の概念には境界の欠如という特徴がある。帝国の統治には限界がない……。第二に、帝国の概念は、征服に起源をもつ歴史的レジームとして現われない。むしろ歴史を宙づりにすることによって、既存の事態を未来永劫固定化する……。第三に、帝国の統治は、社会的世界の深部に広がる社会秩序に名を連ねるあらゆるものに向けて、機能する……。その統治の対象は、全社会生活なのである[18]。

グローバル化を帝国として概念化することは、帝国の意味を広げ、帝国主義との対比で定義するところまで進む。それが若干の混乱を招いている。このやり方は、「権力はどこにでも存在する」というフーコー、「歴史の終焉」のフクヤマ、そして、「希望はマルチチュードとともにある」というマルクーゼの特徴を結びつける。全空間を包含し歴史の外部に存在することによって、帝国は権力の基本原理となったが、それに対抗するのが超越の基本原理（マルチチュード）である。ハートとネグリは「凹凸のない空間」としてグローバル化の帝国を説明しているが、これは完全に誤解を招くものである。[19] くわえて、もし帝国がどこにでも存在するなら、それはどこにも存在しない。詩的許容〔3〕のなかでしか成り立たないこの立論が大きな注目を集めたことは、帝国主義が流行の先端を走っていることを証明している。かくして、隠喩としての帝国にかんしていくつかの用法があることがわかるのである（表3-3）。

表3-3　比喩としての帝国

企業帝国主義	多国籍企業
経済的帝国主義	国際金融機関
経済学帝国主義	政策を支配する経済主義
帝国（ハートとネグリ）	権力の形而上学

　こうした事例において、「帝国」は、資本主義的商品化による「生活世界の植民地化」というハバーマスの言い回しとちょうど同じように、隠喩として用いられている。「帝国的」という隠喩が意味するのは、暴君的で、攻撃的で、そして拡張的であるということである。「帝国主義」とは、人びとを動員する目的に資する闘争の言葉であるが、それがどのような戦いなのか、また何にたいしてどう戦うのか、という問題が依然残っている。分析上の明晰さと政治的な明快さは同時に成立する。こうした見方が反映しているのは二つの螺旋《らせん》構造である。つまり、隠喩として帝国を用いながら資本主義と帝国主義を同一視することである。

　後者の見方では、直喩による説明（資本主義＝帝国主義＋資本主義＝グローバル化、したがってグローバル化＝帝国主義）のために、帝国主義と現代のグローバル化の相違は本質的に色あせてゆく。資本主義＝帝国主義という等式からわかることはほとんどない。というのも、資本主義のおよそ五〇〇年間は、帝国主義の五〇〇年間と同時に起こってはこなかった、あるいは、帝国でないものの出現を無視するように、歴史を雑に読み解く場合にのみ、そう考えられるにすぎないからである。レーニンの帝国主義の定義が長い影を落としている。資本主義の最高段階（＝独占資本主義）＝帝国主義というレーニンの古典的定義こそ、根本的な問題をはらんでいるのだ[20]。帝国が経済的利益のために始まり、またその利益を生みだすという仮定は単純にすぎるし、事実に反してもいる[21]。経済的利益は、帝国主義を擁護するさいのプロパガンダの売り物であったにもかかわらず、財界関係者や政治的諸勢力によってしばしば異論が唱えられてきた。資本主義＝帝国主義＝グローバル化＝新自由主義的グローバル化という等式化は、二〇〇〇年から五〇〇〇年ものあいだ、超歴史的にゴッタ煮のスープ、つまり何も本質的には変化してこなかったという見方を生んできた[22]。実際に何も変化しないならば、なぜわざわざ分析などするのだろうか。

マイケル・ドイルが指摘しているとおり、もし結果（帝国）が生じないならば、帝国の属性的な定義は説明に失敗している[23]。あらゆるものがゴッタ煮されたスープとして歴史を捉え、正確な用語を使えないブイヤベース的アプローチによっては、さまざまな時期区分、企図、そして布置連関の特徴を捉えることができない。一九世紀末の新しい帝国主義、冷戦、新自由主義的グローバル化、そして今日という時代はすべて帝国になる。だとすれば、どこにそうした時代の相違はあるのか。少なくともさまざまな型の帝国を定義しなければならないし、その時点でわれわれは公正な定義に戻ることになろう。

多様なアクターの協調が存在するならば、現代のグローバル化が新たな帝国主義を生みだすかもしれない。だが、多様なアクターを前提とすれば、これは起こりそうもない。これが新たな帝国にたいする伝統的な反論の争点である。アメリカ国務省の前政策立案局長リチャード・ハースは、現代における権力と抵抗の広がりは、隠然か公然かは別として大きすぎると指摘している[24]。さらに、クリントン時代のワシントンの決まり文句は、「大規模な戦争のコストは利益を超えている」というものだった[25]。「戦争は贅沢品になってしまったかもしれない。それを買う余裕があるのは、ただ世界の貧しい人びとだけなのだから」。この見方は、いまや明らかに変化してしまった。

一九九〇年代の社会運動は、地域に根ざしたものであろうとグローバルなものであろうと、帝国ではなく新自由主義的グローバル化に狙いを定めていた。彼らは帝国主義という隠喩をたまに用いることもあったが、その狙いと方法は脱植民地運動とは根本的に異なっている。ザパティスタと世界社会フォーラムがその例である。ジャマイカの経済学者クリーヴ・トーマスによれば、現代のグローバル化はパラダイムシフトを表わす。帝国主義を想起させずに新自由主義的グローバル化を分析することは、分析上も政治上もより効果的である[26]。これが狙いとするのは、経済レジームとイデオロギーをつうじて発揮される不平等な権力関係である。これは、技術、生産、そして政治の転換と同時に生じているが、国際諸機関によって遂行されており、主権の政治的支配にはいたっていない。

私が思うには、現代のグローバル化=帝国主義という包括的等式は混乱を招くが、それは、グローバル化には「指向性」がないのに帝国主義にはある、という理由によるのではない[27]。むしろグローバル化にも指向性がある。それは、それぞれに多様なプロジェクトを有する多くのアクターを含んでいるがゆえに、多指向的なのである。私がそうした理解を受け入れないのは、アンソニー・ギデンズが論じているのとはちがって、グローバル化がより複雑である（「ローカルな出来事がそれに相対する方向に進みうるという……弁証法的過程」[28]）のにたいして、帝国主義が意図的で体系的な試みを表わすからではない。帝国主義も弁証法的であり、ローカルな過程が多方向に進んできた。かくして帝国主義の周辺中心的な理論においては、攪乱的な周辺部が中心的な役割を果たし[29]、現実の帝国主義は、網状で多中心的な特徴をもっている。帝国主義も現代のグローバル化も計画されたものであり、多様なアクターを含んでいる。しかし、現代のグローバル化には、国際組織やNGOなどを含む、権力の広い拡散という特徴がある。

グローバル化＝帝国主義という等式を認めないという議論をさらに展開すれば、グローバル化が多元的であるということになる。それは複数のグローバル化なのだ。すなわち、企業のグローバリズムからフェミニズムや人権のグローバル化等々まで、多元的なグローバル化のプロジェクトと設計が存在するのだから、グローバル化のたんなる一モデルに依拠する一般化は支持できない。くわえて、グローバル化を歴史的視角から把握すれば、帝国は（脱植民地化のような）グローバル化の一局面ということになる。日本や東アジア型の資本主義の影響力にみられるように、現代のグローバル化は西洋化であるにとどまらず、東洋化でもある。さらにいえば、「西洋」は統一的なものでもない[30]。

要するに、二〇世紀後半に加速したグローバル化がそもそも多元的で、多様なアクターや管轄区域を含むのにたいして、帝国はまずもって政治的で、国家中心的で、領土に依拠するものであり、中心的権威が存在するものである（要約は表3－4にある）。帝国主義は、（失敗に終わっても）入植者と植民地臣民のあいだに明確な区別を設けるようたびたび強要しようとした。現代のグローバル化において、包

表3-4　帝国主義と現代のグローバル化との相違

帝国主義	現代のグローバル化
国家中心	多元的で多様なアクター（企業，政府組織，国際機関，NGOs）
主として政治的	本質的に多元的
中央権力（大都市）	権力の拡散
勢力均衡（国家主義）	多極的・経済的利害
領土的	非領土的

括と排除を区別する境界線は曖昧である。

国家と企業の企図の新たな組み合わせの観点から、現代のグローバル化を把握できるだろうか。プロジェクトとして（しかも、たんなる終わりなき過程というのでもなく）現代のグローバル化を捉えるさいに、フィリップ・マクマイケルはまさにこのことを言っているのである。マクドナルド（に代表されるアメリカ企業によって支えられるグローバルな消費者主義）とアメリカのヘゲモニー、つまり市場の見えざる手とヘゲモニーの見えざる拳を結びつけるシステムとして現代のグローバル化を描くことによって、トマス・フリードマンは同様の議論をたてている。別の局面にある近代世界システムとして現代のグローバル化を捉える点で、イマニュエル・ウォーラステインも同様である[31]。

しかし、新自由主義的グローバル化と帝国は奇妙な同衾者となっている。両者とも、階層的な統合の企図であり、力学でもあるのだ。相違は、いかにして、または何のために非対称的な包摂が行使されるのかという点にある。両者を媒介する議論は、新自由主義的グローバル化と帝国の特徴をあわせもつハイブリッド、あるいは帝国的新自由主義として、グローバル化の現在の姿を捉えることである。次章では、これを適用して、新自由主義的帝国の新たな編成を生みだすアメリカの帝国への転回を議論したい。

第4章　新自由主義的帝国

アメリカはこの機会を地球中に自由の利益を広げるために用いるだろう。……民主主義、発展、自由市場、そして自由貿易という希望を世界の隅々にまでもたらすために、われわれは果敢に働きかけるだろう。
——「アメリカ国家安全保障戦略」、二〇〇二年九月

教師でありながら学校をさぼる生徒でもある巨大な権力に対処するのは難しい。
——ジョセフ・スティグリッツ、二〇〇二年

テロとの戦争には、軍事・諜報予算の大幅拡大と予防爆撃の脅威が付随している。そのなかには、アメリカの軍事力にかんする世界規模での予測と、その背景をなす地政学の新局面がある。二〇〇三年のある記事の見出しは、アメリカのメディアの主張をこう要約した。「アメリカ帝国——『仮定』の問題ではなく『種類』の問題に」(1)。

アメリカの政策のなかに帝国的傾向があるなら、この帝国の特徴は何か。新自由主義的グローバル化がアメリカの経済的な単独行動主義のレジームであるならば、これは政治‐軍事的な単独行動主義に継承され、結びついてきたのだろうか。本章では、新自由主義的帝国のハイブリッドな編成として現われつつある特徴を証明する。つまり、政治‐軍事的ならびに経済的な単独行動主義の混合物、新自由主義の狙いと技術に地政学を融合する試みなどがそれである。政府、民営化、貿易、援助、マーケティング、

そして懸案のイラク占領とのかかわりで、これらの論点は検討される。いっそうやっかいな問題は、新たな戦争という混乱の渦中で、どのような類の幅広い戦略が出現しつつあるのかということである。

自由の帝国

結局のところ、新自由主義的グローバル化は解体しはじめたし、山積してゆく失敗と抵抗に直面した。さらに、新自由主義的設計は非常に多国間主義的であり、予測不可能でやっかいなものなので、アメリカの優位を確実なものにはできない可能性がある。結局、WTOは二万七〇〇〇頁におよぶ創設文書を有する「関税・貿易取引所」なのである。(2)

二〇〇二年の「国家安全保障戦略」報告書の序言は、以下のように宣言した。「二〇世紀における自由と全体主義との偉大な戦いは、自由勢力の明白な勝利に終わった。そして一国の成功のための唯一の持続可能なモデルは、自由、民主主義、そして自由貿易である」。

フクヤマの歴史の終焉は、おそらくアメリカが冷戦に勝利したことの真髄を表わした言明である。その根本的な仮定は際限なく繰り返されている。たとえば、二〇〇二年、米国陸軍士官学校でのブッシュ大統領の演説のなかで、「二〇世紀を最後まで生き残ったのは、人間の進歩にかんする唯一のモデルであった」と述べられた。(3) このように、冷戦の勝利はアメリカのイデオロギーに翻訳された。アメリカが歴史的な無謬性の地位に到達したという言い草は、アメリカの言説の当たり前で、人の注意をほとんど引かない部分となった。二〇〇〇年に執筆されたキャンペーン文書のなかで、「多国間合意ならびに多国間制度が自己目的化すべきではない」、そしてアメリカの外交政策は国益を重視すべきである、とコンドリーザ・ライスは論じた。彼女は、アメリカと価値観を共有する同盟国との関係を歓迎し、「アメリカの価値観が普遍的である」と断じたのであった[4]。唯一の問題は、この現実に追いつくのが依然難しい国々が存在するということである。

このプロジェクトの隠語は「自由」である。自由は、「アメリカの価値観」や「自由企業」の略語であり、自由の帝国の手がかりである。ブッシュ政権は、リベラルな国際主義の名のもとに、帝国を利用し、「権利の普遍的領域」を生みだすためにアメリカの権力を用いるというウィルソンの公約を繰り返しながら、「報復行為付きのウィルソン主義」を実行する[5]。イマニュエル・カントが考察したとおり、「可能であるならば全世界を征服することによって恒久平和の状態に到達することは、あらゆる国家あるいは支配者の欲望である[6]」。

歴史の終焉が自己の定義となるならば、この定義を補足するのがハンティントンの文明の衝突である。それは、たとえばイスラームと儒教の同盟が西側を脅かすと主張する突飛な陰謀理論のなかで、他者を定義しているからだ。つぎに、ロバート・ケーガンが権力と弱さの分析のなかで示したように、西側の同盟は適度な大きさに縮小した。その過程でアメリカは、自らの落ち度で権力の傲慢さの罠にはまり込み、ますます銃の照準をとおしてしか世界を見なくなってしまっている。

ワシントンにおける権力への執心ほど、この時期を特徴づけるものはない。オーウェル的用語法を用いていえば、権力も「自由」である。ロバート・ケーガンは多国間主義を弱者の権力だとみなす。これは、ソフト・パワーを完全に無視することによって、他を省みない一次元的な解釈としての姿をあらわにしている。保守的ジャーナリストのロバート・カプランにとっては、われわれの権力が近代的でなく新しい中世的であるがゆえに、権力が重要であるにすぎない[7]。イラクとのかかわりでは、ペンタゴンの発言によると、「砂漠の嵐作戦」の時期よりも「われわれはいまや一〇倍も強くなった」。だがソフト・パワーの点では一〇倍も強くなっていないし、正当性の点でもそうである。しかし、アメリカの主流派の政策論では、多国間主義と国際法は「大風呂敷」としてしか描かれない[8]。

いくつかの古典的帝国と同様に、そして冷戦とは異なって、このプロジェクトの範囲は普遍主義的である。「普遍主義的帝国は、自らの支配的な政治文化と政治手法の双方あるいはそのどちらかの点で、正当な対等物として他の政体をみなしていない」。これはいいかえれば（ヴァージルがローマ帝国を表したように）「目的なき帝国」である[9]。新自由主義的グローバル化は、経済体制としては（自由市場は唯一有効なシステムであるとみるのだから）普遍主義的ではない。だが、テロとの戦争は、検察官、判事、そして死刑執行人というこれらすべてを含めた排他的な役割をアメリカに付与するという点で、普遍主義的なのである。

主要な過去の帝国は法的地位を求めた。ローマ帝国とイギリス帝国が法の支配を持ち込んだことが、「平和（*Pax*）」を構成するという両者の主張の基礎であった。新自由主義的グローバル化はルールに基礎をおいているが、新たな帝国は、法の支配ではなく、権力による支配にもとづいて建設される。アメリカは国際刑事裁判所を支持せず、アメリカ国民にたいして、議会に付託された権限を先取りすることを要求し、貿易と援助の交渉時にこれを用いる。アメリカの現状は「国際法ニヒリズム」である。そして、その国際法侵害の記録は徐々に増加している[10]。

こうした特徴はブッシュ・ドクトリンのなかに集約されている。「みなさんはわれわれの側にいるのか、テロリストの側にいるのか」。そして核攻撃を含む予防爆撃の脅威もある。前者が、普遍主義の諸条件を設定し、後者は、アメリカを国際法の埒外に置くのである。

このプロジェクトは万華鏡的であり、軍事的、政治的、経済的、金融的、そしてイデオロギー的といった、あまねく権力に名を連ねるものを配置してゆく。しかし、経済的ならびに政治‐軍事的な単独行動主義を結合させても、ひとつのより強力な化合物になるわけではない。政治‐軍事的な作戦行動が新自由主義的なプロジェクトの失敗を埋め合わせるのか、また、戦争はうつ状態にあるウォール街のはけ口になっているのではないか、という疑念を生みだす。権力装置の全兵器庫を利用することは、数多くの前線を開き、多くの矛盾点を生みだす。たとえば、自由と民主主義は、いかにして軍事力の行使と歩調を一にするのだろうか。劣化ウラン弾の使用の自由を認めることと、いかに一致するのだろうか。

新自由主義的グローバル化と帝国への転回のあいだに、著しい対照が存在する。アメリカはいくつもの国際条約を無効にしてきたが、冷戦と新自由主義的グローバル化には、NATOと他の同盟国の集団的安全保障という枠があった。しかし、テロとの戦争は明らかに単独行動主義的であり、国連安全保障理事会に付託された権限の枠外で実行された。公的には「共通の安全保障」を追求しながら、ブッシュ政権は、敵のみならず同盟国も軽視した[11]。国際条約を完全に廃棄し、その条項を専制的に支配できる場合にのみ、安全保障の協力を受け入れる。ラムズフェルドの「作戦が協力を決める」という言葉は、アメリカの軍事目的が国際協力を動かすということを意味する[12]。

強硬派のポスト・パウエル・ドクトリンは軍事力の使用制限を拒否し、ペンタゴンをヴェトナムの教訓以前に、そして冷戦期に引き戻した。「小規模な戦争」を行なうという新たな希望は、冷戦期の低強度紛争のパターンを再現する[13]。しかし、ブッシュ政権が国家建設にいやいやながら従事していることや、そのために希少資源を利用可能にしていることも、国外の介入主義とは好対照をなしている。介入は扱いにくく、小規模な戦争がそこから派生する諸問題を生みだすからである。「動乱の絶えない国境領域」は、周辺中心的な帝国主義理解（つまり、周辺が中心的な役割を果たすといった理解）を生みだしたが、それは現在も当てはまる[14]。アフガニスタンと中東のブローバック〔1〕としての九・一一、パレスティナ、パキスタン、カシミール、インドネシア、フィリピン、中央アジア、グルジア、クルディスタン、リベリア等々の発展としての九・一一、そしてアフガニスタンとイラクのレバノン化としての九・一一は、この力学のなかに反響している。

　イギリス帝国といった過去の帝国は、余剰の一部を海外のインフラ（鉄道や港湾）投資のために移転した。しかし、新たなアメリカ帝国は、経済的成功の頂点にある国によってではなく、構造的・経済的衰退をこうむっている国によって、つまり、第9章で論ずるように帝国がなかったとしても、毎年外資が五〇〇〇億ドル流入して多額の経常収支赤字を埋め合わせている超負債国家によって、運営されているのだ。これは、海外に投資するよりも、むしろ巨大な規模で資源の世界を枯渇させる負債の帝国、前線にある自国の軍に供給する基本物資ですら安くあげようとしているコストダウンの帝国なのである[15]。

　新自由主義的グローバル化は、アメリカ財務省が定義したように市場の画一性のレジームであり、市場イデオロギーに馴化するように発展途上国や国際機関に圧力をかけるレジームなのである。これにたいして、ブッシュ政権は自由市場ルールを蔑視している。新たな統治はレジーム転換なのである（ペンタゴン民主主義）。イラクのレジーム転換は、目的地のない、あるいは勝利がありえないテロとの戦争から注意をそらし、非対称的な紛争を（国家間の）対称的な紛争という慣れ親しんだ領域へと移し変える。といっても、対称的なゲリラ紛争へと戻ることは認められないのだが。

アメリカ自身が、アフガニスタンとイラクのあいだで板挟みになっていると考えても不思議ではない。イラク駐留アメリカ軍司令官サンチェス将軍は、戦争への合理的な解決法を示した。「アメリカ人はみなこう信じている。つまり、この状況下のイラクで失敗したら、つぎの戦場はアメリカの街頭だ、と」。アメリカの文民行政官ポール・ブレマーはこれに同意しながら、「むしろ、ニューヨークで彼らと戦うよりも、ここで彼らと戦っているのだ」と述べた[16]。カリブや中央アメリカで、アメリカの権力はより強大になり、より長期の持続力とより強い文化的な親密性をもつようになってきたが、『自由主義的』という用語がグアテマラ、ホンジュラス、そしてハイチのような国家や社会に、今日でさえ適用されるのに、どれだけの確実性と信頼性があるのか。……ハイチよりもアフガニスタンでアメリカがうまくやっていることを疑うどんな理由があるのか[17]」。自由の帝国の展示場が、アフガニスタンとイラクなのである。

新自由主義と帝国の浸透

新自由主義と帝国のあいだには大きな懸隔があるにもかかわらず、重要なのは、新自由主義的グローバル化と帝国が対照をなすだけでなく、相互浸透していることである。あるいは、いかに両者が折り重なっているかということである。構造化された状況で、新たな政策が進展している。新自由主義的プロジェクトから帝国的プロジェクトへ急速に転移した結果、アメリカの経済的および政治-軍事的な単独行動主義と、新自由主義的帝国の新たな編成との組み合わせが生まれている。新自由主義的帝国は、帝国と新自由主義双方の実践を結びつける。帝国の中核は国家安全保障と軍産複合体である。新自由主義は、企業、金融取引、そして新自由主義それじたいのマーケティングを含むマーケティングにかかわる。IMFと世界銀行は、クリントン時代ほど突出した地位を占めておらず正当性もないが、通常どおり事業を運営している。だから、帝国の政策は、新自由主義的グローバル化の枠組みの代わりにではなく、それに加えて行なわれているのである。新自由主義的グローバル化は、新自由主義的政策が必ずしも一貫して行使されていないことからもわかるように、利便性と新自由主義のよろこばしい結合である。しかも、それは、ビジネスがさして大きな役割を演じなくなった時期に、ビジネスをビジネスと捉えるアメリカと、戦争をビジネスにしてしまったアメリカを融合する試みだといえるだろう。

ビジネスと強制の結びつきは新しいものではない。冷戦もまた軍事力と自由企業を結びつけた。しかし、過去数十年間に現われた新自由主義の慣習行動は、冷戦期の自由市場のレトリックよりも際だっている。新自由主義的レジームと帝国への転回が共有しているのは、それらが空論にすぎず、莫大な軍事支出、情報操作、そしてマーケティングを必要としているということだ。アメリカの立場からみれば、新自由主義的グローバル化と新自由主義的帝国の連続性には、以下のものが含まれている。

・企業の利害関係者を優遇する国家－企業関係と国家介入（財政政策、金融、環境、労働、都市計画の規制緩和）
・自由市場イデオロギーによって大企業への再分配を隠蔽すること
・権威主義的道徳主義という保守主義的イデオロギー
・社会的政府の予算削減（福祉改革、勤労福祉制度）
・懲罰的政府への予算増大（「スリー・ストライク、アウト」制度、愛国者法）
・政府機能の民営化（刑務所産業、安全保障任務）
・驚異のインフレーション、多額の軍事契約、軍国主義
・マーケティングと情報操作
・国際面——構造調整と攻撃的貿易政策

政府　新自由主義と帝国を結合させることによって、特殊な結果がもたらされる。新自由主義的帝国の根本的な矛盾のひとつは、政府の役割にかかわっている。アメリカ政府が法と秩序の点で強力であり、

規制緩和によって規制しており、両者の均衡をはかるのはかなり難しいけれども、新自由主義的イデオロギーは小さな政府を求める。新自由主義的な思考態度は、下院議長ディック・アーミーの好む言い回しに端的に表わされているだろう。「市場は合理的である。だが、政府は無能だ」。しかし、帝国は政府を必要とする。これは、帝国への転回が無能な政府を責任ある地位につけるということなのだろうか。

無駄のない安価な政府という新自由主義の達成目標は、テロとの戦争のなかで重荷に転じてしまった。九・一一の攻撃と炭疽菌騒ぎのさなかに、そして航空交通の安全という点で、アメリカを脆弱にしていたのはまさに公的インフラの弱さであった。巨大な国土安全保障省、軍事ならびに諜報機関の肥大化、新たな監視、そして安全保障システム、プロパガンダ政治、そして危機にさらされている産業への政府援助といった形態をとって、大きな政府は復活した。ここ半世紀のうちで連邦の官僚機構最大の再編である国土安全保障局の設立は、当初、「予算中立的」なものであると考えられていた。新自由主義の期待に即していえば、それは、帝国の基準と符合しつつ、記念碑的な偉業となるはずであったし、安価かつ効率的で、柔軟性をもつ、つまり、労働組合の制約のない部門を横断して労働力を再配置するものとなる予定であった。国土安全保障の予算削減はメディアの攻撃も逃れた。ペンタゴンも柔軟な生産ラインに立ち並ぶ自らの労働力を再組織化しながら、拡張した(18)。

小さな政府イデオロギーと大きな政府という現実のあいだの緊張関係は、経済政策に顕著である。財政監視グループであるコンコード・コアリション（the Concord Coalition）は、「小さな政府的徴税政策と大きな政府的支出の決断の分裂病的な追求」にたいして、警告を発している(19)。新自由主義的な減税と帝国的な軍事予算の拡大は、減税と戦争を同時に行なうなという経済的な観点からすれば矛盾した動きであるが、政治的な観点からすれば必ずしもそうでもない。

民営化　民営化の政治は、政府を解体することが説明責任を放棄することを意味するというものである。新自由主義の政治は、事業案件として政治を扱うこと、つまり金権政治として扱うことであり、そのせいで政治が事業案件それじたいほどはわかりやすくはなくなっている。ブッシュ政権は民営化を別のかたちで誉めそやした。大統領執務室に籍を置いた唯一のMBA取得者であるG・W・ブッシュは、「成功を収めた最高経営責任者（CEO）の精神構造」を有する「共和党のCEO」といわれている。[20]ベルルスコーニのイタリア政府と同様、統治にたいしてCEOのようにアプローチすることには、政府それじたいを再組織化することが含まれている。教育、環境、司法過程、財政政策、政府契約、諜報活動、戦争等々の分野で、政府官僚を迂回すると当然このような政権になる。政府を後退させるキャンペーンが政府によって指揮されている。どんな子どもも落ちこぼれさせない教育政策においては、認定と予算を受け取るために学校が満たさねばならない基準が非常に高く設定されており、その結果、認定と予算を受けそこねる率は七〇パーセントに達することになるかもしれない。それが意味するのは、生徒はもはや地区の学校に通うことを強制されずに、政府から資金提供を受ける私立学校を選択することができる。結局、この政策は、意見が分かれる「学校バウチャー」制度を裏口から導入し、公的教育制度を浸食する。北極圏野生動物保護区のような自然保護区のなかで伐採し石油を採掘することもまた、既存の規制や制度を迂回することによって生じている。

九・一一が起きて以降、アメリカが戦闘態勢に入っていった結果、権威主義的な権力集中が進み、批判は封印され、そして「安全保障」という傘が広がっていった。（中核事業に集中するための）アウトソーシングという新自由主義的手法は、安全保障と戦争にもいまや拡大している。新自由主義的レジームになって構築された多角的営利事業体は、帝国につけ込んで利益を稼ぎ出した。その例が、国防契約におけるカーライル・グループであり、アメリカ軍基地建設とイラク復興事業におけるハリバートンおよびベクテルである[21]。安全保障の傘のもとで、イラク再建のための政府契約は公的な説明責任なしに割り当てられた。あるいは、説明責任じたいが企業にアウトソーシングされたのである[22]。CIA、FBI、そして国防諜報機関を通さずに、政府内のサークルがペンタゴンに特別計画室を設置した[23]。九・一一とイラクにかかわる諜報活動の失敗の責任を諜報機関へ向ける（彼らは話を通されなかったにすぎないのだが）ことによって、諜報機関は弱体化し、政府最高幹部の特権が最大化される。エンロン流の粉飾決算という身に染みついたやり口は、諜報、安全保障、経済や環境の分野の政策にまで広がっている。データのごまかしや偽装は手続き上の常套手段となっている。テロリスト容疑者に関わる司法過程が、安全保障がらみで政治化される。テロ情報認知プロジェクトは、限られた説明責任しかともなわない無限の監視を意味している。安全保障がアメリカ情報公開法を無効化しているのだ。

安全保障の作戦行動は、ディンコープやMPRIのような民間戦争請負会社にますますアウトソーシングされており、『フォーチュン』誌のトップ五〇〇企業の子会社もそのなかに含まれる。民間軍事契約のグローバル市場は、年一〇〇〇億ドルだと推計される。外国軍隊の訓練、海外の低強度紛争への関与、アフガニスタンのカルザイ大統領のための警護、空港の警備、そして軍人の採用が、これらのサーヴィスの内容である。こういった報酬目当ての軍事力がアメリカの納税者によってまかなわれているにもかかわらず、彼らは軍隊の規律には服さず、説明責任ももたない。また、彼らのおかげで「ブッシュ政権は」、メディアの注目を集めないまま、「地球上の低強度の小規模な戦争における外交政策目標を実行できる」[24]。これによって、海外の紛争もまた別の事業案件となる。それは、アメリカの刑務所が民営化されて、「監獄‐産業複合体」へと生まれ変わったのとちょうど同じである[25]。このようにして、新自由主義的帝国は、収益性の高い国内事業を海外展開してゆくのである。

一般の人びと向けと内部関係者向けとでは、テロリズムの説明はかなり異なっている。メディアでは、テロリズムは正当にも「自由」の第一の敵といわれており、ジハードや文明の衝突といった眼鏡をとおして大ざっぱに捉えられている。しかし、ペンタゴンの下請けであるランド研究所は、議会の諜報活動委員会で証言するなかで、まったく別の見方を示している。ここでは、ビンラーディンは「テロリストの最高経営責任者(CEO)」であり、

大学と家業の建設会社の双方で身につけた事業経営や近代経営の手法を、国際的テロリスト組織の運営に適用している……。一九九〇年代に巨大多国籍コングロマリットがより水平的で線形のネットワーク構造に変化したのとちょうど同様に、ビンラーディンは同じことをアルカーイダにもやったのだ……。ビンラーディンは巨大な多国籍企業の社長やCEOと類似の機能を果たしている。特定の目標や狙いをはっきりさせ、命令を発し、その履行を確実なものとする……。そしてベンチャー資本家としては、下からの発想を引き出し、創造的アプローチや「型にとらわれない」発想を良しとした……[26]。

一方の見方は、ジハードを固定観念で捉え、他方は、分権化された多国籍企業として新自由主義の精神構造にアルカーイダを同化させる。政府関係者向けのアルカーイダの説明は、ビジネスライクである。この見方にしたがえば、同じような手法を用いながら、基本的には二つの企業帝国が争っていることになる。逆に、双方の見方とも、敵の政治を無視するのである。

新自由主義的帝国の明白な実例は、中東の政治的不安定のなかで先物市場を計画した点にある。それは、政治動向にかんする情報源として市場シグナルを用いるという原則にもとづいて、ペンタゴンのウェブサイトに立ち上げられた。それは、オンライン上の賭と諜報情報の収集という双方に利益のあがる組み合わせであった。市場は最良の情報源ではないか、というわけである。議会の圧力で数日内に廃止されたが、それが示したのは新自由主義的帝国とビジネスとしての戦争の新しい組み合わせだったのだ。

新自由主義的帝国は巧妙なプロジェクトである。新自由主義的グローバル化は、政治－経済的な原則（透明性、説明責任、グッド・ガヴァナンス）によって、国際的に説明責任を確立した。しかし、ブッシュ政権は、（帝国には秘密主義が必要だから）透明性も、（帝国には大きな最高幹部の特権が必要だから）説明責任も、（市民的自由や適切な手続きは権力の集中を妨げるから）グッド・ガヴァナンスも軽視する態度をとっている。

地球監視衛星による遠隔操作、無人飛行機、そして空中偵察機は（飛行禁止空域を維持することのような）封じ込めには十分であるが、帝国は、地上部隊と特殊部隊を含む現場での指揮を必要とする。普遍的帝国は、軍事的拡張とアメリカ軍の積極的介入を含む帝国的拡張を生みだす。イラクにおける国連統治を放棄するということは、「多国籍軍」が主にアメリカ軍からなるということを意味している。平和ではなく戦争を準備することは、警察活動が国連平和維持軍よりむしろ多国籍軍にかかっていることを意味している。そして、ハイテクの急速な配備への依存は、アメリカ地上軍が十分でないことを意味している。そのため、アメリカ軍が大いに拡張されることとなり、その結果、予想とは裏腹に、イラクでの部隊展開が長期化するとともに軍の士気も低下し、国家警備隊と予備軍が海外から派遣されるようになっている。通常の原則では、三つのうち一つの旅団が海外に展開し、その一方で残る二つは待機させることが要求されるけれども、二〇〇三年夏には、アメリカ軍の三三の戦闘旅団のうち二一が海外にあった。ペンタゴンは軍の規模を拡張するようもくろむ(それはたいへん高くつく計画ではある)一方で、安全保障の作戦行動を民間の軍事請負会社にアウトソーシングしている。イラクにおける法の執行は、ディンコープ・インターナショナルに五〇〇〇万ドルの契約でアウトソーシングされた[27]。だが、もし民営化によって、アメリカ国内ですら電力供給の維持に問題が発生しているのだとすれば、戦争地帯で安全保障やサーヴィスの供給に信頼がおけるだろうか。

別の説明によれば、アメリカは「帝国の拡張不足」に苦しんでいる。というのも、帝国が必要とする能力をもっていないからである。「公衆も議会も、軍備とは対照的に、国家建設や統治のさまざまな政策手段にまじめに進んで投資する気がないことを知っている。国務省や国際開発庁にたいする総分配は、連邦予算のわずか一パーセントにすぎない[28]」。アメリカはまた、帝国が必要とする文化的思考様式や展望ももっていない。イギリス帝国の職に就いていた時期のイギリス人とは異なり、アメリカ人は海外に滞在したがらない。「アメリカ人が実際に海外に住んでいるとき、彼らは一般的に長期滞在せず、現地社会にはあまり溶け込まず、軍事基地から五つ星の『国際的』(つまりアメリカ的)ホテルまで、縮小版のアメリカに住みたがるのだ(29)」。

ヴェトナム戦争中、ジョンソン大統領の「偉大な社会」と戦争に向けた取り組みに起因する財政逼迫の結果、大不況が生じてしまった。現在、巨額の赤字経済は、記念碑的な減税と軍事支出の拡大、ならびに戦争と占領の費用のあいだで財政逼迫状態に直面している。軍事支出の肥大化は、巨大な軍事力から壮大な軍事力への移行を示している。巨大なサーヴィス部門と衰退しつつあるニューエコノミーとにグローバルにつながった経済においては、戦争経済への転換は冷戦期ほど簡単に達成できないし、儲けがあがるものでもない。それは、自由市場政策を推進することによって、優位を達成する長期にわたって打ち立てられてきたアメリカの戦略を捨て去る。というのも、アメリカが消費者主導のサーヴィス経済へと転換してからというもの、自由市場政策の見返りは小さくなってしまったからである。

貿易　マクロ経済政策におけるブッシュ政権の日和見主義は、新たな国際協調を生むのに役立たない。自由貿易を主唱する一方で、鉄鋼関税を課し、アメリカ農家にたいする法外な補助金をともなう農業法案を可決していることからわかるのは、あくまでもアメリカの利害関係者に害を及ぼさない場合にかぎって、アメリカが自由貿易を選好するということである。そうした態度に何も目新しいものはないが、そのメッセージは、これまで以上に強く唱えられており、WTOのルールに抵触している。

数十年ものあいだアメリカのヘゲモニーの中核的な教義となってきた自由貿易は、ますます政治的に動かされている。アメリカ通商代表ロバート・ゼーリックは、アメリカ新世紀プロジェクト（PNAC）の調印者である。彼の見方によれば、「貿易は経済効率以上のものだ。それは世界におけるアメリカの役割にかかわっている(30)」。にもかかわらず、新自由主義的グローバル化は、たとえ偏ったものではあっても、ルールにもとづいた「制度的包囲」の国際システムなのである。グローバルな貿易レジームは、「発展途上国における急速な自由化を進めるとともに、豊かな国々における閉鎖的な市場を制度化する[31]」。ヨーロッパとアメリカにおける農業補助金は一日およそ一〇億ドルにのぼるが、これは発展途上国向けの年間援助額の約六倍に相当する。ヨーロッパはアメリカ以上の関税障壁を設けているが、これはブッシュ政権によって変わった。「過去数カ月、アメリカは貿易ルールの侵害にかかわる長大な記録を蓄積し、世界の最貧国に医薬品を供給するための合意を独力で妨害してきた[32]」。WTOは、自国輸出業者に優遇税制を付与したかどでアメリカに四〇億ドルにあたる貿易制裁を課す権利をヨーロッパに与えた。アメリカの鉄鋼関税と（年一〇パーセントずつ増加し、二〇〇億ドルにまで農業補助金を増加させる）農場法案は、二〇〇二年の議会選挙で共和党が確実に勝利を収めるという計算によるものであった。あるアナリストはこう述べている。「もっとも重要な貿易交渉人はカール・ローヴである。……鉄鋼と農場の問題に重要な判断を下していたのは、実のところ彼であった。彼が票を読んだのだ[33]」。かくして、多国間貿易よりも国内の票が重視された。政治力学が、国際経済の力学に勝利を収めたのである。農業、繊維および衣料問題での進展、つまりWTOドーハ・ラウンドでの見所は滞ってしまった。ウィリアム・フィネガンによれば、ブッシュ政権によって追求されるような自由貿易は「複雑で洗練されたアジェンダ」であり、「管理の体制」である。「われわれは、あくまでも選択的に自由貿易を実践するのであって、言ってみればまったく自由な貿易などではないのだ。われわれの商業上の目的に適合する場合、われわれは、貧しい国々が世界市場での数少ない優位を活用することを積極的に妨げるものである[34]」。

ＷＴＯ交渉の停滞とともに、アメリカ政府は、二国間あるいは地域的な通商交渉をつうじた、ロバート・ゼーリックのいわゆる「競争的自由化」を採用する。米州自由貿易地域（ＦＴＡＡ）は、社会団体、ブラジルをはじめとした諸国による反対に直面している。二国間自由貿易協定は、東南アジアの戦略的橋頭堡であるシンガポール[35]、そしてＦＴＡＡが反対に直面している今このときに、メルコスールの橋頭堡たるチリとのあいだで締結されている。自由貿易交渉はモロッコとも進行中であるが、アメリカの貿易相手にはなりそうにもない国とはいえ、その国は北アフリカとアラブの橋頭堡なのである。二〇一三年までに、北アフリカとアジアの二三カ国からなる地域に広がる、アメリカ－中東自由貿易地帯の創設というもっと壮大な計画もある。自由貿易交渉はまた、タイ、インド、そして南アフリカとも進行中である。しかし、ＷＴＯと地域的・二国間レヴェルで同時に通商交渉が進められているので、ＷＴＯの影響は弱まっている[36]。

マーケティング　九・一一の直後、イラクにおけるレジーム転換がブッシュ政権のアジェンダに登場した。大統領首席補佐官であるアンドリュー・カード・ジュニアは、美辞麗句を並べ立てた対イラク・キャンペーンが、突然、二〇〇二年九月に始まった理由をこう説明した。「マーケティング的な観点から、八月には新製品を導入しないものだ[37]」。このようにして、新自由主義的マーケティングの原則が政府の業務に持ち込まれたのである。

新自由主義的帝国は、企業の大儀に恥じないマーケティング・キャンペーンとともに出現した。二〇〇一年に大統領官邸は、アメリカというブランドを再構築するために、つまり「ますます敵対的になりつつある世界に、アメリカとテロとの戦争を売り込むために」、かつてＪ・ウォルター・トンプソンとオグルヴィ＆マザー広告代理店に在籍し、マディソン街〔大手広告代理店の立ち並ぶ目抜き通り〕のトップ・ブランド・マネジャーであるシャルロット・ビアーズを雇い入れた（彼女はその後に解任された）。アラブ世界では、その受けとめ方は私心のないものであった。実際、エジプトの新聞『アル・アハラーム』のある編集者は、ビアーズとの会談後に、こう述べた。「彼女は、特定のアメリカの政策よりも、漠然としたアメリカ的価値観について語ることに、大きな関心を抱いているようだった」[38]。重要な問題は、アメリカが「反米主義」をアメリカの政策にたいする反抗ではなく、意思疎通の問題だとみなしているということである。その考え方は、政策を変化させるというよりも、むしろ意思疎通の対象を小分けにして出荷することである。

イラク戦争が始まるはるか以前に、それは「自由への一撃」として注意深く売り込まれていた。「イラクの自由作戦」は、アフガニスタンの「不朽の自由作戦」につづいて行なわれた。体制、多国籍軍、解放戦争、ごろつき、暗殺部隊、テロリストというようなキーワードが、キャンペーンの語り口を支えた[39]。たんなる消費財というよりむしろマーケティング政策の副産物は、権威主義的なイデオロギー的鉄槌があらゆる情報チャンネルをつうじて毎日振り下ろされる、ということなのである。

レンドン・グループは湾岸戦争の広報活動を担当し、イラクの兵士はクウェートの保育器から乳児をもぎ取るという怪談話をつくりだした。彼らは、CIAがイラク国民議会、アメリカの支援するイラクの反体制グループのイメージを大いに高めるために働いた。グループ会長ジョン・レンドンは、そのグループ名を思いついた人である[40]。レンドン・グループは、バグダッドのサダム・フセイン像を引き倒す振り付けをおそらく担当した。「リンチ二等兵救出」はもうひとつのレンドン作品である。その話は、

表4-1　新自由主義的グローバル化と新自由主義的帝国間の連続性と変化

	新自由主義的グローバル化	新自由主義的帝国
中心的領域	経済と金融	地政学
主要アクター	ウォール街 - 財務省 - IMF，世界銀行	アメリカ政府，ペンタゴン，軍需産業
国家	（軍を除く）小さな政府	大きな政府
主要国家機関	財務省，商務省	大統領官邸，ペンタゴン，諜報機関
利害	非領土的，市場シェア	政治的・軍事的支配と同様，領土的
プロジェクト	ステークホルダー資本主義	自由の帝国
アメリカの対外政策	一国 - 多国間主義，市場同質性，金融的・市場的な規律	単独行動主義，レジーム転換，軍事規律，経済インセンティヴ
貿易	WTO，地域的・二国間主義的	関税，双務的自由貿易，WTO
イデオロギー	普遍的（他国への自由貿易，都合が良ければ自国でも）	普遍的（アメリカの優位）
メディア	グローバル・ブランドの広告，自由市場の宣伝	恐怖の宣伝とアメリカ軍への後押し
スタイル	企業マーケティング，情報操政策	政府によるマーケティング，ペンタゴンによるマーケティング戦争
紛争管理	人道的介入，集団的安全保障	予防戦争，永久戦争

のちにすべて嘘であることがわかったとはいえ、気分のよいニュースが待ち望まれていたまさにそのときに配信されたのだった。

九・一一が生じて、ペンタゴンはハリウッドとの結びつきを強化した[41]。アメリカ軍は、スローガンとせりふのとちりでいっぱいのマーケティング作戦にますます傾倒していった。それは全領域の支配、つまりはあらゆる次元におよぶハイテク作戦なのだ。軍の主要な新資産であるICT（Information, Communications, Technology）はシリコンヴァレーの商業製品であり、ペンタゴンはニューエコノミー・マーケティングの旗を掲げている。軍の主力新兵器は試験されていない。ペンタゴンは、もうひとつのエンロンと化している。アフガニスタンやイラクでの軍事的勝利は、念入りにメディア作戦として演出されたものである。トマス・フリードマンのような支持者ですら、イラクの現状は、「ペンタゴンのイデオロギー的支配圏が軍の支配力をどれほど上回っているかを強調するものである」とみなした[42]。新自由主義的ビジネスの特徴は、多くの努力と品質が製品よりもマーケティングに向けられており、マーケティングと製品の関係が逆になっているところにある。消費者は製品よりもマーケティングを買うと想定されている。セールスマンは自らのつくり話を信じはじめることが多いものだ。

表4-1では、新自由主義的グローバル化（一九八〇-二〇〇〇年）と新自由主義的帝国（二〇〇一年以後）を比較してみた。

イラクの占領危機

ブッシュ政権のチームは、アメリカ人にイラク戦争を支持するよう警鐘を鳴らすために呼び起こしたまさに怪物を、いまや生みだした。

——マウリーン・ダウド、二〇〇三年

アメリカとイギリスのイラク占領は、これまでの占領史のなかでもきわめて特異なエピソードである。征服軍が最高指導者を追放するにとどまらず、一国全体の活動を停止した例は、歴史上類をみない。全イラク政府と公務員、軍隊、警察官、消防士、病院スタッフ、教員、そして教授陣は帰宅させられ、全生産施設は停止した。バース党がどこにでも入り込んでいるという仮定にもとづいて、あらゆるレヴェルでの統治機能は停止した。この仮定は、たしかに正しいかもしれない。だが、それだけでは、アメリカ高官がバース党に帰着させた悪魔的な意味合いは伝わってこない。侵略者は、詳細に練り上げられた計画を携えて現われたのだが、石油や他の重要な施設を守るという以外の平和計画はもっていなかった。イラクの人びとにとって、その帰結は前例のない大混乱であり、統治、安全保障、サーヴィス、生産、雇用、そして賃金の全面崩壊だった。全面的災厄を未然に防いだのは、開戦前に国連の石油・食糧交換プログラムによって、住民が数カ月は必要を満たせる分の基礎食料が供給されたことによるものだ。

戦争の指揮それじたいも特異であった。まず、イラクは一二年間の制裁措置によって屈服していた。のちにわかったことだが、開戦時の爆撃、つまり「衝撃と畏怖（Shock and Awe）」の局面があれほど短期間だったのは、実際にその数カ月前に戦争が始まっていたからであった。開戦までに、イラクが飛行禁止空域を侵犯したという口実のもと、アメリカ軍とイギリス軍がイラクの戦略拠点と情報通信施設を数カ月間爆撃していたのである。今日までつづいているゲリラ戦争が示すのは、イラク軍が戦術的撤収を選択したということである。(43)

アフガニスタンにおいて、ＣＩＡは、荒廃した地域で自分たちの代理人として北部同盟が行動できるように、数百万ドルの資金供与を行なった（ちょうどそれは、アメリカが反ソヴィエトの代理人として行動できるようにムジャヒディーンに資金援助して、タリバーンを生みだしたのと同じである）。アメリカは、アフガニスタンを長期にわたり分裂させ、「地方軍閥が支配する国（warlordistan）」を生みだし、そしてかつての支援者であるロシア、イラン、そしてインドに北部同盟への影響力を譲り渡す代価を支払って勝利を買い取ったのである。武装勢力が統治者に任命されてからアフガニスタンの勝利が生んだのは、カブールの市長、犯罪の急増、アヘン製造、人権侵害、そして南部の不安定でしかない。アフガンの地方軍閥は、パイプライン敷設地帯を支配する継続的な利害を有しており、そのために、アフガンの継続的分断はまちがいなくつづいている。数年間にわたって、アメリカはたんにアフガニスタン北部から南部へとその支援対象を移してきたにすぎない。その間もアメリカのメディアは、アフガニスタンやイラクにおける迅速な勝利を大勝利だと喧伝しているのだ。

二〇〇三年三月に、安全保障理事会はイラク開発基金の創設を承認した。世界銀行やIMFの助言にしたがって、アメリカが管理する基金である。五月発効の大統領令は、国家緊急事態という根拠にもとづいて、イラクの石油製品関連のあらゆる企業、契約、そして利益を、事実上あらゆる種類の訴訟対象からはずした。アメリカ輸出入銀行は、イラクで事業展開する企業に保証人としてふるまうよう申し出た。報道発表のなかでは、こう説明された。「返済の主たる財源はイラク開発基金であり、イラク暫定統治機構の庇護のもとで確立される別の主体である」(44)。このようにして、脅威と利益、戦争と企業の結びつきが両側で機能する。表向きは、入札なしで落札した契約が安全保障の傘のもとで獲得される。その裏では、リスクや損失は帳簿から抹消されてイラク開発基金の手に委ねられ、そして不正行為や環境被害には事前に全面的な免責が与えられる。こうして、イラクで事業展開する企業にとってはリスクのない状況が生みだされたのだ。ゲームは不正操作され、説明責任は制度的に免除され、ただ勝利を収めるのは企業ばかりとなった。このように、アメリカにとって戦争がいかなる結果をもつかどうかにかかわりなく、つまり、それは「アメリカの年間財政赤字の約一五パーセントに、すでに財政的にはヴェトナム戦争に匹敵するもの(45)」とまで呼ばれる状況にあっても、ここでは、企業が主な勝者として現われるのである。新自由主義的帝国において、紛争はひとつの事業案件にすぎない。エンロン事件が生じてますます監査が厳しくなるにつれて、金融工学が国内では障害と化しているときに、戦争はそれに代わって「大金」を稼ぐ源泉となっているのである。

アメリカ政府が思い描く新しいイラクを成型する枠組みは、本質的に最小国家の新自由主義的モデルである。イラクにおけるアメリカの選択肢は、「一八カ月内に全国家事業を規制緩和すること、また、この地域のどの国にもまだ存在したことのない独立の中央銀行の設立を中心に据えている。アメリカのヴジョンは『国家なき』イラクにかかわるものであるように思われる[46]」。アメリカの前エネルギー庁長官は、「イラクをわれわれの戦略的石油貯蔵庫にしよう」と提案した。「アメリカは一撃でＯＰＥＣから解放され、戦争の費用を回収し、そしてイラク人向けに雇用を創出することができる[47]」。別の提案は、何ら国家的制度を経ることもなく、イラクの石油収入を分配することである。

> アメリカ当局は、定期的に石油収入手形をイラク人の各家庭に送ることによって、二四〇〇万人に、かなりのイラクの石油の富を分配するという挑発的な提案には長所があるのではないか、と考えつつある。居住要件を満たした成人と子ども一人ひとりに一五四〇ドル支払った、アラスカ永久基金の考え方と同様、イラク基金提案は、伝統的な石油収入の国家管理から根本的にかけ離れたやり方を示している。

応援コメントによれば、

「それは経済学者の夢だ」と、アラスカ永久基金長官ロバート・ストーラーは述べた。「イラクの各国民に資金を分配し、彼らの目的にいちばん適するものならどんなやり方でもよいからそれを使う。それは、イラク経済を再建するためには有力な手段だ」。……「イラクの管財人としてのアメリカにとって最悪なのは、全債権者がすべてでありつづけ、国民が何も手に入れないまま石油精製に多額の資金を注ぎ込むことだ」と述べたのは、こうした発想を推進している中道派のシンク・タンク、新アメリカ基金の副総裁であるスティーヴン・クレモンズである。「それはわれわれの精神面を殺してしまう」。

批評家はこれによって、公衆衛生、教育、そして運輸ニーズ向けの資金を国家が奪われる、と論じている。その回答はこうである。「それこそが、われわれがその基金を設立した理由のひとつである……。われわれは、こうしたすべての基金を政治家が使うことを望まない。それが民主主義だ。だから、私はそれが気に入っているのだ」と。[48]

イラク国家の解体は、アメリカ的道徳と精神の大勝利の役を割り振られている。こうした提案は、法と秩序や安全保障以外の目的をもたない国家を備えたイラクを示している。このことは、イラク政府の再建を妨げるが、それにかかわりなく複数の政治勢力が占領から出現するだろう。それは、集団的目標やアイデンティティなきイラク、または最低のインフラしかないイラクである。そこに、世界銀行やIMFが発展途上国や東欧の移行経済で実施しようとしてきた、経済の戯画化を見いだすことができる。共産主義崩壊後の東欧の経験からわかるとおり、一党による統制経済が規制なき資本主義に即座にさらされるならば、パトロン・ネットワークは、すぐさま組織犯罪に転換する。バース党の上級幹部を官職から排除する試みは、発展途上国での警戒すべき教訓を思い起こさせる。それは、まず（西洋化としての近代化を強要することによって）一国の社会的、政治的、そして文化的資本を解体するように働き、その後、ゼロから引き受ける人びとの「企業家精神」をあてにして、中産階級社会を創出するように働く。これがあらゆる場所で失敗してきた理由は、それが、西側とアメリカ自身の経験のイデオロギー的な誤用にもとづいていることである。

イラクのゲリラ戦争はアメリカを窮地に追いやった。ひとつの選択肢は占領を国際化することであるが、別の選択肢は国連の権力と委任統治に協力することである。アメリカにとって、これは権力を共有し、超大国の態度から後退することを意味するだろう。国際的な説明責任は、ビジネスとしての戦争の会計簿ならびに、その地域のアメリカの幅広い戦略を公開することを意味するだろう。別の選択肢は、警察活動や安全保障を現地化することであるが、イラクの管理運営能力はバース党や亡命した敵対勢力にかかわっている。その国の治安を維持するように子弟を訓練することは、あとになってアメリカ当局に対抗し、安全検査を行なうのが難しい中間幹部層（cadre）を生みだす。多くの理由から、この過程を管理運営するアメリカの能力は十分ではない。湾岸戦争時に、父ブッシュ大統領はこう言ったのであった。「われわれは、財政力より大きな意志をもっているのだ」。ブッシュ政権は、依然として大きな意志と小さな財政力しかもっていないのである。

戦略の重要性

戦略的思考は容易に何であるかがわかるものだし、概して、単刀直入であるとともにかなり単純なものである。それは、野放図にいかなる世界の構図にたいしても描かれ、現行の、そして将来の影響力が及ぼす領域として即座に分割されるものなのである。

——J・K・ガルブレイス、一九七九年

この布置連関をどのように特徴づけるか。攻撃的単独行動主義は、一九八〇年代における短期の帝国の出現を思い起こさせる。二〇〇二年の「国家安全保障戦略」報告書は、先制攻撃の原則を導入した。だが、これは現在進行中の切迫した脅威にだけ適用されるので、国際法の適切な用語法では予防戦争である。くわえて、将来の脅威の査定は、信憑性の定かでない機密情報に左右され、そうした情報は、イラクの大量破壊兵器や核兵器製造疑惑の例にみるとおり、のちに間違いや誇張であると判明する可能性がある。したがって、実際の用語法は、攻撃戦争（あるいは「選択の戦争」）である。別の見出しを飾るものは、テロとの戦争である。しかし、イラク戦争はテロリズムと戦う動機をもっていたわけではない（アルカーイダとサダム政府を結びつける根拠のない主張にもとづいたものである）。イラク占領は帝国的であるが、地政戦略的、経済‐地理的、そして地域的な重要性をもった国であるので、これはパターンというよりも例外でありうる。アフガニスタンでは、パイプラインと地方軍閥に自国の装備を残していったし、また、驚くべきことでもないのだが、帝国それじたいにアメリカは関心をもっていないということをリベリアの事例は示している。帝国は布置連関の一部であるが、必要な部分というわけではない。だから、帝国主義は過去の帰結というのではないし、その用語は条件付きで用いられるべきなのである。新自由主義的グローバル化の利用可能な装置を所与と考えれば、領土的併合にたいする依存、そして公式の帝国は例外でありうる。

あらゆる政府の言説のなかで繰り返し叩かれている要素となっているのは、レジーム変革や自由のための、反テロ戦争、反ならず者国家の戦争に終わりがない、ということである。九・一一から数日後、国防長官ドナルド・ラムズフェルドは、このようにテロとの戦争を解釈した。「『撤退戦略』については忘れよう。われわれは、期限のない継続的関与を検討しているのだから」[49]。ラムズフェルドによれば、「アメリカは『見知らぬ、不確実な、見たこともない、そして思いもよらないもの』にたいして自衛の準備をしなければならない」し、「いまだわれわれの挑戦者としては立ち現われていない敵に思いとどまらせ、彼らを打ち破るために、軍事力を準備しなければならない」。そのためには、「どんな敵に、どんなところで、どんなときにも対抗できるであろう軍の構築に数十億ドルを費やすこと」を必要とする[50]。ペンタゴンは、長い戦争という原則を採用したうえで、テロとの戦争に何のかかわりももたない新世代の兵器を発展させつつある。

前アメリカ軍諜報機関部員ラルフ・ピータースは、将来の戦争に向けて任命され、以下のような言葉づかいで「絶えざる紛争」の哲学を定式化している。「われわれは新たなアメリカの世紀に突入しつつある。そこでわれわれは、はるかに豊かになり、文化的な決定力をもち、ますます力強くなるだろう。われわれは過去に類をみない憎悪をかりたてるだろう……。アメリカ軍の事実上の役割は、われわれの経済のため世界の安全を守ることであり、世界をわれわれの文化的攻撃にたいして開かれたものにしておくことにある。そのために、おびただしい量の殺人を犯すことになるだろう[51]」。長い戦争の仮説のなかには、優れた情報管理とソフトウェア、文化的自尊心、そして明らかに世界規模での憎悪の予想が含まれているのだ。

ペンタゴンはいまや、アメリカが自国から電光石火に敵を攻撃できるようにする超音速無人飛行機や宇宙からの投下爆弾を含んだ「新世代の兵器を計画中である。今後二五年以上かけて、アメリカは、前線基地や地域同盟諸国との協力への依存から解き放たれるだろうが、それは、イラク侵攻に国際的協力が得られにくかったことによって拍車がかかった自給自足に向かう駆動力の一部なのである。その兵器群は、ファルコン（Force Application and Launch from the Continental U.S.）というコードネームの付いたプログラムのもとで、現在開発中である」。地球全体を射程に収めたミサイルが大小二段階で計画されている。小規模な計画のほうは二〇〇六年までに準備が整う予定で、大規模な計画のほうは二〇二五年に準備できるだろう[52]。

いくつかの要因がこうした事態の進展のなかで顕著である。ひとつは、第6章で取り上げるが、技術依存である。第二に、戦争経済への回帰である。二〇〇三年の軍事支出は、アメリカ経済を活性化した。第三に、第7章のテーマであるが、「長い戦争」の見通しの根底にあり、またそれを支えているのは、他の世界からの文化的疎外という頑なな構えである。技術依存と抜け目ない遠征軍は、征服から実際に派生するものを見逃して重視されている。イラク戦争からわかるとおり、アメリカ軍は予想以上に長期にわたって駐留する必要がある。軍の再編は、少なければ少ないほど多くがいる（つまり、部隊数が少なくなればなるほど、多くの技術が必要である）ということを意味すると考えられているのに、現在では多くの部隊が必要となっている。見知らぬ土地でよそ者であることは、独自の予期せぬ落とし穴があるということなのだ。

悪の枢軸原理はどこででも嘲笑されてきた。枢軸など存在しないし、「悪の」とは日曜日の説教話である。現行のアメリカの政策を軽んじる傾向が存在する。それらは、ナルシスティックで矛盾に鈍感なため、「関節脱臼した帝国主義[53]」として、軽妙な即興政治として理解してよい。というのも、アメリカの指導力が犠牲を払う余裕があるほど信頼できるからである。長期の計画が、少なくとも現在の政策の根底にはある。「間違って過小評価された」おかげで、そしていくつかの面で軽んじられたおかげで、アメリカ政府は、どっしりと計画を進めた場合ほど厳しい監視の目を向けられずに前進できたのだ。ある国が、即興演奏をやるために、世界中の三五〇の基地の一〇〇万人の兵士、一三〇の国の八〇〇〇の軍事施設を配備することはない。多年にわたって考えられる限りの競争相手をしのいで、軍備に世界の総軍事支出の四〇パーセントにおよぶ予算を費やしてきたことは、戦略的計画の存在を示しているのである。戦略的計画という本質上、それが、国内であれ海外であれ、聴衆にたいして完全には公開されるはずがない。四〇〇〇億ドルの軍をもてばいろいろ漏れ伝わることもあるのだ。

新保守主義者の父であるレオ・シュトラウスによれば、プラトンの共和国にあったように、指導するのに向く者がいれば、指導されるのに向く者がいる。プラトンの「高貴な嘘」にあったように、被支配者を欺くことは、支配者の基本政策である。[54] ロバート・カプランによれば、欺瞞は帝国の政策の一部であり、アメリカ政府は「陰に隠れて、そして閉じた扉の向こうで」動き、議会やメディアを出し抜くべきである。[55] 新保守主義者は、イラク戦争に与えられた公的な理由に無頓着であり、より広い戦略的目的をほのめかした（ウォルフォウィッツが事実を認めたように、大量破壊兵器の脅威が開戦に踏み切る理由としてもちだされたのは、もっぱら「官僚的な理由から」、つまりそれがすべての党派が同意できるものであったからでしかない）。イギリス、アメリカ、そしてオーストラリアで噴出した諜報機関のスキャンダルは、統治する側の無頓着さと、被統治者が自らの役割を果たすのに乗り気でなかったことを反映している。

イラク戦争は、「中東地図の再編」に向けた第一歩であると考えられたし、同時に中東を再編するウィルソン主義的プロジェクトといわれることもあった。手段が目的と矛盾することは気にするな、というわけだ。別の対象が中央アジアであってもよい。石油産業においては、カスピ海の石油と天然ガスの埋蔵量は、中東の埋蔵量が僅少なものに思えるほど膨大さを誇ると考えられている。エネルギーにかかわる地政学のこの状況下では、アフガニスタンやパキスタンは、軍事的緩衝国家という伝統的な役割にとどまらず、「パイプライン国家」としてかかわってくる。イラン、中国、そしてロシアは、この地域の影響力をめぐって競い合うライヴァルである。こういうわけで、ウズベキスタン、キルギスタン、カザフスタン、そしてタジキスタンに新しいアメリカ基地が割り込んだのである。[56] こうした貯蔵地が操業を始めるのに最大一〇年必要なら、イラクと中東における梃子を使って、アメリカは、この介入期に優位を勝ち取ることができる。イラクの石油管理は、石油価格を管理するさいの梃子を意味する。ドル建てからユーロ建てへと石油取引が移るのを避けることが、さらなる検討事項となろう。

エジプト、ドバイ、そしてイエメンのアメリカ基地は、紅海の安全を守っている。西ヨーロッパからポーランド、ブルガリア、ルーマニアという「新しいヨーロッパ」にアメリカ基地を再配置することは、アメリカ基地の連鎖を創出し、さらにポーランドからトルコを経て中央アジア、南アジアにいたる軍事同盟は、ユーラシア大陸を貫き、EUとロシア、そしておそらくは中国のあいだに潜在する、あるいはそこに出現しつつある、いかなる地政学的関係にも食い込んでいるのである。これは、さらなるアメリカの世紀のインフラとして役立つであろう。ならず者国家の圧政と経済的インセンティヴを組み合わせる計画の輪郭が、だんだんと現われている。その構成要素には、以下のものが含まれる。

・イラクとアフガニスタンにおける新自由主義的帝国の実験
・化石燃料帝国主義、つまり資源ベースの国際的な影響力
・全地球を射程に収めたミサイルと宇宙ベースの兵器によって補完され置き換えられるように、全地球規模に広がるマス目のごとく配置されたアメリカの基地群
・地域的不安定やテロリズムにたいする安全保障支援
・二国間または地域的な自由貿易協定
・WTOをつうじたアメリカの特許権保護
・アメリカの条件を受け入れるという条件下での援助

経済的インセンティヴには、国際金融システム、援助、そして貿易アクセスの門番としてのＩＭＦや世界銀行が関与している。アメリカの援助の細則（たとえば、アフリカにおけるＨＩＶ感染者のための一五〇億ドル）は、被援助国はアメリカ国籍をもつ者を国際刑事裁判所の訴追対象から除外し、遺伝子組み換え食品（ＧＭＦ）を受け入れ、そしてテロとの戦争に協力するということである。ＧＭＦの条件だけでも、アフリカ諸国にとっては実際上受け入れられないものである。というのも、それが彼らをヨーロッパ市場から締め出すことになるからだ。このアジェンダが包含する範囲は、「自由貿易帝国主義」から公式の帝国まで多岐におよんでいる。国際金融システムと銀行がヘゲモニーのインフラの一部であることは、以前と変わらない。だが、新自由主義的帝国が熱望する新たな商品は、空軍基地とパイプラインとなっているのだ。

「新しい帝国主義」が頂点を迎えた一九世紀の変わり目には、世界の大陸の九七パーセントを西欧の植民地権力は占領していた。いま、もしわれわれがアメリカの圧政の目標になっているか、種類や程度は違えど、何らかのアメリカの支配下にある地域を照合すれば、ほとんど同じ総計に達する。そこには、ならず者国家として分類されているもの（イラク、イラン、北朝鮮）、あるいはテロリストをかくまったかどで責められているもの（スーダン、シリア、ソマリア）、アメリカの保護領、破綻国家、衛星国、そしてさまざまな国際金融機関からなるレジームのもとに置かれる発展途上国が含まれる。しかし、二一世紀の帝国は、たんに現代の加速化するグローバル化の点でのみ、過去の帝国とは異なっている。これは逆流した世界であり、「今日、世界中で、将来のブローバックのために土台が築かれているのを目の当たりにしうる[57]」。

新自由主義的グローバル化は、たとえそれが市場原理主義というイデオロギー的基礎に依拠しているにしても、かつて正当性を要求した国際的な制度構築と「制度的包囲」にも関係している。アングロ－アメリカ型資本主義の論拠なしに主張される成功（そのさい、急激に社会的不平等が拡大しているとしても気にしてはいけない）と、その資本主義がもつ国際金融市場における牽引力という観点からみれば、魅力を誇りうるものとなるだろうし、したがってさまざまな諸国がこのプロジェクトの分け前に与るが、そうした諸国には選択の余地はほとんど残されていないのである。果てしなき戦争というプロジェクトは、こうした論点すべて（正当性、魅力、そして閉鎖性）のうえで欠陥がある。アメリカが国際法と国際機関の外部に身を置き、正当性という見せかけすら放棄するとすれば、残るのは武力による支配だけである。これは、たんに帝国であるだけではなく、アメリカが数十年かけて構築するのを支援してきた国際機構の枠組みを解体する過程において、むき出しの帝国、またはグローバルな権威主義となる。現在のアメリカ資本主義はエンロンと同じくらい人気がある。だが、とりわけ中東におけるアメリカの強硬路線や政策修正の意思の欠如には、何の魅力もない。同盟国や国際機関を無視することによって、アメリカが退出オプションを国々に与えてしまっている。そうした諸国は、国際金融市場や信用格付けに加わる資格をもちえないのではなく、自らを排除した権力の行使に参与しないことを選択できるのである。

二〇〇四年度版『リスク・マップ』報告書のなかで、イギリス本社の国際安全保障コンサルタント会社であるコントロール・リスク社は、アメリカの対外政策を「グローバル・リスクを高める単一の最重要要因」であると述べた。民間部門の多くのものは、「アメリカの単独行動主義が安全保障の逆説を生みだしている。グローバルな安定のためにアメリカの権力を単独行動主義的に、また攻撃的に用いることによって、ブッシュ政権は事実上、たんに逆効果を生んでいるのだ」と考えている。[58]

新自由主義的帝国の含意のひとつは、公私の領域の区別が浸食されてきたということである。要は、公的領域が民営化されてきたのだ。肝心なことは、たんに脅威と利益、戦争とビジネスのつながりだけではなく、それがどのような種類のビジネスかということである。軍事請負会社に特権が付与されているということは、アメリカ経済が競争力を喪失したということを意味する。軍産複合体は、(フロストベルトからサンベルトへ経済的なシフトが生じ、その結果、南部保守派が興隆したさいと同じく)歪みの主源泉であり、またアメリカ経済と政治における構造的不平等の主源泉であった。国内法や国際法の埒外で機能する民間軍事請負会社の役割の拡大は、民間のアクターがグローバルな不安定あるいはグローバルな危機を爆発させうる、ということを意味しているのである。

第5章　グローバルな不平等——政治への回帰

今日、人間の不平等を示すデータは劇的であり、その内容はすでに広く知れわたっている。いまや世界人口の約三分の一、一三億人の人びとが、一日一ドル未満の所得で生活している。貧困ラインを一日二ドルに設定すれば、一九九〇年代前半の時点で、六〇億の世界人口のうち二八億もの人びとの生活が貧困状態にあるということになる。(1) また、国連開発計画（ＵＮＤＰ）は、つぎのような報告を行なっている。

世界人口のもっとも豊かな上位二〇パーセントと、もっとも貧しい下位二〇パーセントの相対的な所得シェアについて検討してみよう。上位二〇パーセントの最富裕層が全世界の所得に占めるシェアは、一九六〇年の七〇パーセントから一九九〇年には八五パーセントに上昇した。これにたいして、下位二〇パーセントの最貧層のシェアは、同時期二・三パーセントから一・四パーセントにまで落ち込んでいる。その結果、最富裕層と最貧層の所得の比率は、三〇対一から六一対一になってしまった。……一九九一年までに、世界人口の八五パーセントが受け取る所得は、所得全体のわずか一五パーセントにすぎなくなっているのだ(2)。

所得と富の全体的な格差は、いまや醜悪といってよいほどに拡大してしまった。暮らしの格差は世界中で、歴史上かつてなかったほど大きなものとなり、経済的にも道徳的にも、そして他のいかなる基準に照らしてみても、正当化することなど到底できない水準に達している。グローバルな不平等については、複数の特徴的な状況が現われている。過去数十年にわたって、グローバルな経済統合の進展がみられる一方で、グローバルな不平等が拡大している。この数十年にわたってみられたパターンとのあいだに明確な断絶が現われ、そのなかで、一九八〇年代以後、グローバルな不平等は急激に拡大の速度を増しているのである。その同じ時期に、極端な貧困の広がりが、富の爆発的な増大とともに起こっている。グローバルな不平等の原因を説明する従来の議論は、しだいに有効性を喪失してきた。最近の不平等の拡大を鑑みれば、見る間に失墜したのであった。グローバルな貧困研究の先陣を切っているのは経済学である。だが、その支配的な手法は、問題解決型の研究や技術的な分析にとどまっている。研究や政策の焦点も、グローバルな不平等ではなく、グローバルな貧困にしかおかれていないのだ。国際機関は世界開発の行動計画を設定するものの、そうした機関が制度的な妙策を打ち出す余地は確実に制約されている。これこそが、グローバルな貧困削減のためにとられる現行のアプローチを、根本のところで支離滅裂なものにしている理由なのである。

本章の主たる関心は、グローバルな貧困の測定という枠に収まりきらない、グローバルな不平等にまで視野を広げることにある。そのためには、まず、不平等の原因を説明し、政策立案のための情報を提供してきた従来の議論に、どのような問題がグローバルな不平等の拡大によってあらわになっているのか、という問いに答える必要がある。そして最終節では、政治的な観点から、今日、われわれが直面している混乱した状況を検討しつつ本章を結ぶことにしよう。

グローバルな不平等

グローバルな不平等がひとつのテーマとして立ち現われているということは、人間の平等をひとつの規範とみなす視座が、グローバルな次元で生まれていることも意味している。一般的な感性としての平等という概念の起源は、宗教に深く根ざしたものであるが、自由主義や社会主義とともに誕生したということもできる(3)。実際、グローバルな不平等がひとつのテーマとして問題になる時期は、通常、二〇世紀半ばにまでさかのぼる。それは、ひとつのグローバルな感性として、国際連合の結成と世界人権宣言の採択によって方向づけられた戦後期の一部を構成するものとなっている。国連開発計画（UNDP）、国連社会開発研究所（UNRISD）、ユニセフ（UNICEF）、そしてユネスコ（UNESCO）などの国連機関は、世界的規模の不平等を監視する重要な役割を担ってきた。国連機関は、グローバルな秩序を構成するものとして、また、すべての諸国を共通の基盤に載せる世界的な機運を表象するものとして具体化され、世界を教育しグローバルな感性に目を向けさせてきた。その一方で、そうした機関は国際権力構造の構成要素でもあるのだ。

グローバルな不平等は、「第二の大転換」と呼びうるもの、つまり国家的資本主義からグローバル資本主義への転換を引き起こしている。「社会問題」、「進歩の犠牲者たち」、貧富の格差といった最初の大転換の時代から聞き慣れたテーマが、世界的規模で深刻さの度合いを増している。格差は一国内部でも存在しつづけているが、それがいまやグローバルな次元で再現するようになっているのである。だが、グローバルな諸条件は、この問題が最初に現われた一国レヴェルの状況とはまったく異なっている。

豊かな暮らしについて云々できるのは国単位の社会にかんしてであって、国際的な領域はホッブス的な無政府状態にあるとみなす従来の考え方が、まず乗り越えなければならない壁である。社会には社会契約が存在するが、それは世界的規模でも成り立ちうるのだろうか。開発の権利といった国境横断的な権利は存在するとしても、国境を越える社会契約などは、果たして存在するといえるのか。連帯とは、あくまでも文化や民族に深く根ざした概念であり、超国家的な連帯の基盤は希薄であるということが、これまで多くの論者によって指摘されてきた。実際、「平等主義は、国際化の時代を生き残れるのか」という問いにたいしては、実にさまざまな回答が寄せられている。道徳的義務という立場に立つ見方もあれば、リスクという観点から考える者もいる。つまり、グローバルな不平等については、平等主義と非平等主義、双方の視角が成り立ちうるのである[4]。社会正義ということについても、分配的国家主義から分配的世界市民主義、さらには両者の中間に位置する道徳的連邦主義というように、見解は多岐にわたっている。[5] このような違いの大きさは、国際関係のもつ不均等な性格とも符合する。アンドリュー・ハーレルの指摘によれば、国際社会には「緊密性と奇形性の混在する状況」がみられる。

いまや共有された制度や実践のネットワークは、ますます緊密かつ統合されたものとなり、そのなかでグローバルな公正や不正にたいする社会的期待が形成されている。だが、その一方で、とりわけ国際社会と世界社会の双方において権力には極端な格差が存在し、そのため、今日の国際社会の主要機関は奇形的な政治秩序を構成しつづけている。[6]

グローバルな貧困の測定

人間が計測するのは、自分が大切にしているものである。

——ヘーゼル・ヘンダーソン、一九九六年

人間の不平等という点で、最初の大規模な全体的な格差は産業革命の結果生みだされた。だが、その差は、まだそれほど大きくはなかった。その後、格差は拡大しつづけることになるが、その道筋は漸進的といえるものではなかった。最富裕国に居住する世界人口の五分の一と、最貧国に住む同数の人びとの所得格差を推計すれば、つぎのようになる。[7]

一八二〇年	三対一
一八七〇年	七対一
一九一三年	一一対一
一九六〇年	三〇対一
一九九〇年	六〇対一
一九九七年	七四対一

世界的規模の不平等を測定する尺度として、まず国民総生産が、つぎに一人当たりGNPが採用された。今日では、社会内部の不平等を測るためのジニ係数も世界中で用いられている（ジニ係数は、ゼロのとき全員の取り分が平等であることを、一のときには、一人の個人がすべての所得と富を受け取っていることを意味する）。一九八〇年代にさかんに概念化されたベーシック・ヒューマン・ニーズという考え方は、貧困研究では事実上、放擲されてきた。[8] 貧困とは資源のない状態だとする合意はあるものの、それを測定する段になると、共通の尺度はもっぱら所得貧困とされてきたのである。これにたいして、UNDPは、人間貧困という概念を用いて、それを教育、健康、住居、所得の点から測定している。[9] さらにケイパビリティの貧困という基準も打ち出された。それは、「基礎的もしくは最低限必要不可欠な人間のケイパビリティを欠く人びとの比率を反映する」ものとされ、実際にケイパビリティの貧困を測る尺度も作られている。[10]

分析単位は、当初、国家とされるのが常であり（このことは世界を国連という枠組みで捉えることとも符合する）、各国統計の集計量でグローバルな不平等とみなされるものを表現していた。その後、都市と農村、ジェンダー、地域、エスニシティ、生態といった面で、社会内部の差異が考慮されるようになった。また、今日では、貧困を適切に測定しようとしても、さまざまな困難がともなうことを率直に認める報告書も多く提出されている。

世界銀行の『世界開発報告』やUNDPの『人間開発報告』といった主要なデータ・ソースは、グローバルな貧困のデータを商業欄と同じ程度に平易な言葉で公表し、簡単に理解できるグラフや模式図を付し、ときに印象的な比較も行なっている。多くの新聞紙面でも取り上げられた例として、「今日、世界でもっとも裕福な三五八人の純資産は、世界人口の四五パーセント（すなわち二三億人）に相当するもっとも貧しい人びととの所得合計に匹敵する」[11]というものがある。また、世界人口の一パーセントを占めるもっとも豊かな人びとは、五七パーセントを占めるもっとも貧しい人びとと同じだけの所得をもっている、とする最近の研究もある[12]。

グローバルな貧困の入手可能なデータは、いまでは豊富に存在する。測定し政策的な見通しを捻り出すことの難しさに溜息をもらしつつ、本章をすべてデータで埋め尽くすことだって、そう難しくはないだろう。だが、実のところ、そうした尺度やデータには問題が多い。ある貧困研究のハンドブックによれば、各国レヴェルの貧困にかんしても、まだ十分に研究し尽くされていない、つぎのような領域があることが確認されている[13]。つまり、権力構造とそれが貧困にたいしてもつ含意、統計の管理と操作性、そして基礎研究の構造的な枠組みである。こうした研究上の断絶は、グローバルな貧困研究にも当てはまる。主だった説明からは権力関係が完全に抜け落ち、統計を巧みに操作することによって、グローバルな貧困研究のもつ興味深い含意がますます表に出てこなくなってしまうのだ[14]。そして、マクロ経済的な研究は国際機関に集中する傾向にある。

後期近代の概念であるグローバルな貧困が意味するのは、経済の転換であり、われわれを経済統計の世界へと誘ってゆく。それとともに、問われるべきは事実関係なのだという雰囲気が漂っている。だが、それは、宗教、人種、文明あるいは国民という基準でみた差異にたいする旧来の考えや、それを計る尺度とはまったく異質なものである。貧困や不平等という領域は、経済学者や実証社会学の論者の支配するところとなり、数値がそれらを定義し、数値こそが共通の言語となっている。貧困については、誰しも統計の世界の住人となるのが通例なのだ。数値が、開発や人口、環境にかんする研究の導きの糸となっているといってもよい。グローバルな貧困を検討するのに、そうした方法を採用すれば、当然、その基礎的な研究を担うのは経済学者だということになる。たしかに、経済データがなければ、世界的規模の貧困の見取り図を作り、それを思い描くことなどできない。その点を踏まえれば、経済学が突出した役割を担うのも当たり前かもしれない。だがそれは、同時に、経済学において争われる論点が、グローバルな貧困を理解するための枠組みを形成することも意味する。(15) そして多くの論争の関心が、計量経済学的で技術的な測定問題に向けられる。たとえば、適切な尺度とは、購買力平価なのか、それとも現実の為替レートなのか、両者は米ドル建てとすべきなのか、また人口によってウェイト付けを行なうべきなのか。さらに、貧困ラインを設定すべきかどうか、設定するとすればどのように行なうべきか、といった問題となってしまう。(16) ミシュラの考察によれば、アメリカの貧困研究では、「貧困層を定義し、数え上げることに強迫観念といってよいほどの関心が払われているが、その主たる理由は、社会福祉にかんするイデオロギーや政治力学」、さらには保守派とリベラル派の論争にあることは「明らかであり」(17)、このことは、グローバルな状況にもある程度当てはまる。

ここで見失われているのは、貧困そのものを問題化することである。経済学者は、貨幣所得という尺度があたかも普遍的な有効性をもつかのように、文化的にみて平板な貧困概念を用いる傾向がある。ヴォルフガング・ザックスは、生存維持経済でみられるように、質素という幅広い使用域をもつ言葉には、貧窮と希少性という区別が与えられねばならないという。前者は、成長戦略が介入することによって生存維持経済が弱体化するときに生じる状態を指し、後者は、成長と蓄積の論理が支配的となり、商品ベースのニーズがもっとも重要な論理となるときに生じる状態を意味する。(18) もちろん、このことを「貧困」状態のもとでも確認することは可能である。だが、それによって、果たしてどの程度の洞察が得られるというのか。

グローバルな貧困のデータが、新しい社会通念を生みだす背景をなしている。一九九〇年代をつうじて、とりわけ一九九五年のコペンハーゲンの世界社会サミット以後、貧困削減が国際的な政策の焦点となっている。二〇一五年までに貧困を半減するという政府間機関や政府の宣言は、先の千年紀の末に打ち出された国際政治の共通のメニューとなっている。だが、それが目指すものは、新自由主義的政策枠組みとやっかいな共生関係にある——しかも、その結びつきは驚くほど強いのである。

研究や政策の重点は、不平等ではなく、貧困におかれている。ほとんどの社会で、貧困は政治的に敏感なテーマであるが、不平等はそうではない。結局のところ、不平等については、哲学的にも政治的にも多くの立場をとりうることから、それは比較的無難なテーマとされてしまう。特定の進歩様式との関連で、不平等が必要かつ不可避なもの、あるいは有益であるとすらみなされることがある。古典的な自由主義の立場からは、機会の平等が保証されるかぎり、所得の不平等は許容可能だと考えられている。これと対照的に、貧困のほうは社会的紐帯の基盤を掘り崩し、それゆえ、政治的に敏感で取り組み甲斐のあるテーマである。そのため、貧困をどのように概念化し測定するのかということが、政治論争の的となるのだ[19]。

世界的規模で捉えるならば、状況は明らかに逆転する。そこでは、貧困こそが無難なテーマなのだ。たしかに数字で示される状況に懸念を抱きつつも、貧困というのはほとんど遠く離れた国に集中しているではないかとか、不均等発展というのはとくに産業革命以来の歴史法則ではないか、あるいは、技術変化があるかぎり貧困は不可避ではないのか、というように人は考えるものなのである。もちろん、発展途上国は遅れをとっており、アフリカや南アジア、東南アジアで、それは顕著である。だが、最終的には、自由貿易とグローバルな経済統合という上げ潮に乗って、すべてのボートが浮揚することになっている。

グローバルな不平等は別種のテーマである。というのも、それは世界の多数派の状況だけでなく、多数派と繁栄を享受している少数派との格差、そして、その格差の拡大を測定するものだからである。単純な貧困統計には、慈悲深い政策の宣言がともなう。これにたいして、グローバルな不平等は、相対的な剥奪を描くものであり、その意味で、貧困とやり方は違うが、世界秩序の正統性にたいする異議申し立てを行なっている。ロバート・ウェードは、「新たな証拠によれば、グローバルな不平等が急速に悪化している。世界の貧困の程度にかんしてそれが何を意味するのかは別にしても、その傾向を懸念するに足る十分な理由がある」と主張する[20]。いいかえれば、「非貧困層と、貧困を生みだし持続させる非貧困層の役割も、貧困層と同じく興味深い貧困研究の対象なのである」[21]。経済学者とその雇用主である国際機関は、お決まりのように権力の違いを無視する。不平等よりも貧困を優先することによって、権力関係とそれに必然的にともなう責任が、その構図からは取り除かれてしまう。

グローバルな不平等の検証

知識は権力と相互作用するものだと仮定すれば、当然のことながら、グローバルな不平等について見いだされた事実を、グローバルな不平等を生みだす世界秩序から理路整然と切り離すことなどできない。グローバルな不平等の核心に迫るひとつの方法は、そうしたデータが、いったいいかなる点で従来の政策通念から逸脱しているのか、との問題設定を行なってみることである。

まず、一国レヴェルでみた不平等度は貧困国でもっとも高くなる、というのが一般的な仮説である。しかしながら、もっとも深刻な不平等は、アメリカやイギリスにおいてみられるということを裏づける数値もあるのだ。ロバート・サトクリフは、各国の所得不平等度を比較検討しつつ、つぎのように論じている。「欧米の新聞などで、インドのような国の不平等について言及するとき、そこには当たり前のように蔑みの念が込められている。したがって、イギリスやアメリカのほうがインドよりもはるかに不平等度が高いということを……あえて記しておくほうが健全であろう……世界でもっとも豊かな国、つまりアメリカでは、人口のもっとも貧しい部分は、ほぼすべての他の先進国よりも貧窮状態にある」[22]。

「アメリカでは、人口の二〇パーセントに相当する最貧者の一人当たり所得は、一人当たり平均所得の四分の一に満たない。これにたいして、日本では約半分に達している」[23]。

アメリカにつづく深刻な社会的不平等の存在を示す証拠が提出されているのが、イギリスである。実際、同国では、一九七〇年代半ば以来、不平等が拡大している。イギリスのジニ係数は、一九七〇年代に上昇しはじめた。「一九七七年から一九九〇年にかけて、イギリスの可処分所得の個人間分配でみたジニ係数は、約二三パーセントから約三三パーセントへと一〇パーセントも上昇している……この上昇は、同時期、アメリカでみられたものの一〇・五倍に相当する」。一九八〇年代以降、不平等の拡大傾向がヨーロッパ全土で観察されており、それは、平等主義を奉じてきた社会であるスカンディナヴィア諸国やオランダでもみられる[24]。

第二に、新自由主義的グローバル化と自由貿易が上げ潮となって、すべてのボートを浮揚させるというのが、これまでの仮説であった。だが、そうした政策が、比較的首尾一貫したかたちで実行された諸国で、しかもそれが行なわれた時期に、もっとも急激な不平等の拡大をみている。その国とは、すなわちアメリカ、イギリス、ニュージーランドであり、その時期とは、一九八〇年代から一九九三年までの期間にほかならない[25]。

同様の効果が世界中で繰り返し生起している。戦後資本主義の「黄金時代」（一九五〇年から一九七三年）に達成された五パーセントという全体的な成長率は、社会間の、そして社会内部の不平等を低下させるという効果をともなうものであった。このパターンが急激に崩壊するという事態が、東アジアと東南アジアを除く地域で起きているのである。「大多数の発展途上経済や移行経済諸国にかんしていえば、一九九〇年代後半の南北間の所得格差と東西間の所得格差は、一九八〇年代もしくは一九六〇年代よりも悪化している」。所得の集中が、一九八〇年代前半以来、事実上あらゆる場所で深刻化している。「人びとを当惑させるこうした不平等の拡大傾向が、一九五〇年代から一九六〇年代にかけてみられた、平等主義の拡大に向かう動きからの逸脱を意味することは明らかである」[26]。

この問題についての報告や分析はすべて、同じパターンが存在することを立証している。「一九八七年から一九九三年にかけて、一日一ドル未満の所得しかない人びとの数は一億人近くも増大し、一三億人にまで膨れ上がった」[27]。一九八五年のドルを基準にとれば、一日一ドル未満で生活している人数は、「一九八七年の一二億人から、今日では一五億人にまで増大していることになる。こうした近年の傾向が継続されれば、その数は、二〇一五年までに一九億人に達するだろう」[28]。これを受けて、ロバート・ウェードは、つぎのように結論づけている。

世界の所得分配にみられる傾向についての膨大な数の証拠は、過去半世紀にわたって所得不平等が急激に縮小してきたし、過去四半世紀をみれば、その速度はさらに速かったとする主張とは、真っ向から対立するものである。……過去数十年間、世界の所得分配は、はるかに不公平なものとなり、……人口でウェイト付けしてもしなくても、一九八〇年代に不平等は加速的に悪化している。……とくに、一九八八年から一九九三年にかけて、世界の所得分配にみられる不公平さは著しく深刻化した。……ジニ係数でみた世界の不平等度は、一九八八年の六二・五から一九九三年の六六・〇にまで上昇しているのである。……世界人口の一〇パーセントにあたる最貧層の世界所得の取り分は、四分の一以上も減少したのにたいして、同じく世界人口の一〇パーセントにあたる最富裕層の所得シェアは八パーセントも上昇している(29)。

かくして、戦後三〇年間つづいた平等度の改善をともなう成長は、二〇年間にわたる不平等の拡大をともなう成長に引き継がれたのである。

第三に、「東アジアの奇跡」が、国際開発の大きな転換点であると指摘されることが多い。たしかに、東アジアおよび東南アジア諸国を全体としてみれば、グローバルな不平等の拡大というパターンからは逸脱している。だが、その一方で、その各々の社会内部の不平等は拡大してきたのである。「中国、香港、マレーシア、タイを含む経済のなかには、とりわけ過去一〇年ないし一五年のあいだに不平等を著しく拡大させてきた国がある」。そして、そうした不平等は、熟練労働者集団と非熟練労働者集団間の格差、富裕地域と貧困地域の格差、都市と農村の格差に関連するものである(30)。

第四に、グローバルな不平等の拡大を映し出す、少なくとも二つの画面がある。一方の画面には、最貧国の遅れがますます深刻になり、各国内部の貧困層の数が増大する姿が映し出されている。そして、もう片方の分割画面では、常軌を逸した富豪の富が爆発的に増大する映像がある。世界の七三〇万人(二〇〇三年時点)の百万長者のなかには、五一二人の億万長者と、三〇〇〇万ドル超の資産を保有する五万八〇〇〇人の「超資産家」が含まれている(31)。世界の三大富豪の富には、いまや総人口が六億人にもなる全最貧国のGNPの合計をもってしてもおよばない(32)。極端な貧困と極端な富裕を一列に並べて凝視することはきわめて意義深い。こうしてはじめて、われわれは、世界経済の成長が同時に貧困の増大をともなうものであることを理解することができるのである。つまり、このことを明らかにするには、グローバルな不平等に焦点を当てる必要があり、グローバルな貧困をみるだけではだめなのだ[33]。

第五に、グローバルな不平等と国内の不平等との連関は、まだ十分に検討されていない。グローバルな不平等と国内の不平等の進行には相乗効果があり、その結果、大きくいって、グローバルな不平等が拡大すれば国内の不平等も拡大する、というのが一般的傾向と考えられている[34]。とくに、「OECD諸国で賃金のばらつきが拡大しているのは、低賃金諸国からの競争の高まりによるものである[35]」が、「資本のグローバル化によって、経済界は各国の政策に拒否権を発動する大きな交渉力を手にしている[36]」というのが共通の見解となっている。先進国の賃金、生産性、労働条件、労働組合にたいする圧力は、低賃金諸国、とりわけ東アジアと東南アジアの労働規律に言及されるなかで正当化されてきた。

しかし、グローバルな不平等と国内の不平等のあいだには、いまだ明確に把握されていない結びつきもある。先進国における不平等は（アメリカやイギリスで拡大している不平等でさえも）、拡大著しいグローバルな不平等と比較すれば、まだ受容可能なものであると思われるかもしれない。かつてイギリスの貧困を理解するさいの指針となったのは、大不況のイメージであった。だが、いまや第三世界の貧困がもつイメージのほうがその役割を担っている[37]。テレビ画面に映し出されるアフリカやアジアの極端な貧困状態は、同情を引き出すだけでなく、国内の悲惨な状況にたいする不満を宥めるという効果ももっているのである。そのさい、グローバルな不平等は、各国内部の権力関係と不平等を持続させる傾向をもち、特権階層が自己の地位を保持するのに手を貸していることになる。

第六に、グローバルな不平等がもたらすリスクについて議論される頻度はますます多くなっている。

そのことは、九・一一後も変わっていない。この点について、ジェフリ・サックスは、経済破綻が国家破綻のリスクを高めているという。彼によれば、「破綻した国家は、暴力、テロリズム、国際犯罪、大量の移民や難民の排出、麻薬の違法売買、疾病の温床となり」、そのことが「軍事、経済、健康、そして環境といった領域で、アメリカの利害にかなりの影響を及ぼしている」[38]。これにたいして、ロバート・ウェードは、別の角度からつぎのように論じている。「その結果、多くの職を失い怒りに満ちた若者たちが生みだされた。そして、新たな情報技術は、自らの社会の安定を脅かし、さらには富裕圏に属する諸国の社会的安定に脅威を与える手段を、そうした若者に与えているのである」[39]。従来の仮説に立つならば、こうしたリスクをグローバルな周縁部の内部に押しとどめることは可能であり、「援助をつうじた統治」を導入し、戦術的な空爆を行ない、国境の安全保障を強化するといった手段を組み合わせることで、その波及効果を制御することができるはずであった[40]。だが、環境破壊に境界がないのと同様に、移民や超国家的な犯罪、テロリズムにも境界など存在しないのである。

第七点目として、従来の通念にしたがえば、自由市場と民主主義は歩を同じくして進むことになる。しかし、不平等が拡大するなかで、民主主義がいったいどのように機能するというのか。「ラテン・アメリカのような地域では、民主主義によって所得格差がかつてないほど一目瞭然になり、不平等と不公平の悪循環のなかで、ますます共犯的な役割を担っているように思われる」というのも、ひとつの見方として成り立つであろう[41]。ジョン・グレイが主張するとおり、新自由主義的政策にしたがう社会では、中産階級が没落し、労働者階級は「再プロレタリア化」されている。「その一方で、上流階級は、ラテン・アメリカのプランテーションよろしく、ゲーティッド・コミュニティ〔高い壁で囲まれた郊外の開発地域〕に入植する。

そこでは、すべてのサーヴィスが、税金ではなく民間資金によってまかなわれているのである。民主主義と自由市場が手を携えて前進するという構図、つまり自由市場資本主義が世界中にブルジョワジーを育むという構図は、一般的にいって、今日の世界では虚構にすぎない[42]」。国内の一般市民の手の届かない超国家機関や勢力によって公的な腐敗がつづけられるかぎり、市民社会が対抗力として作用し、民主主義が政府に歯止めをかけるというワシントン・コンセンサスの仮説は当てはまらないのだ。

第八に、貧困こそが焦点であるというのがこれまでの考え方であった。だが、不平等は貧困とは違い、政治力学を前面に押し出してゆく。たとえば、データの国別比較を行なってみると、「興味深いことに、一人当たりGNPが相対的に類似した中所得国のなかには、不平等度が非常に異なるという特徴をもつ諸国（すなわち、ポーランド、マレーシア、ベネズエラ、ブラジル、南アフリカ）が存在することがわかる……事実、ブラジルと南アフリカのジニ係数は、ポーランドやマレーシアよりもはるかに高い[43]」。もっぱら貧困だけを取り上げてしまえば、経済学者はこのような事実を見逃してしまうのである。

従来の見解にかんする初心者向け解説

グローバルな不平等は、現代の開発政策の遍歴を暗い影のように後追いしてゆく。グローバルな不平等という事実を、これまで中立化しようと務めてきた標準的な議論は、ゆうに五〇年を超えるこの遍歴のなかで有効性を喪失しつつあり、近年のグローバルな不平等の拡大がそれに拍車をかけている。

サイモン・クズネッツの古典的な議論によれば、途上国の所得不平等は、まず労働者が農業から工業へと移るにつれて増大し、その後、工業化が根を下ろすようになると減少してゆく。その結果、不平等は、逆U字型のパターンにしたがう、いわゆるクズネッツ曲線を描くことになる。この考え方は、グローバルなクズネッツ曲線として世界的規模でも適用されてきた。「国家グループ間にかなりの『流動性』が存在し、国家が序列を変更したり、キャッチアップしたりするのであれば、グローバル経済がもつ階層性は弱いとみてよいであろう[44]」。いいかえれば、これは、長期的には経済的収斂が生じるとの予測に立っている。その後行なわれた世界銀行の研究では、経済的収斂は、人的資本や研究開発への投資を条件とする条件付きの収斂に限定された[45]。だが、一九八〇年代後半からつづくグローバルな不平等の急激な拡大によって、この期待もみごとに裏切られている[46]。

古典的な政治経済と、中欧およびソ連の初期キャッチアップ戦略に起源をもつ、もうひとつの伝統的な議論もある。そこでは、後発開発国家は、近代化と工業化をつうじてキャッチアップできるものと考えられていた。開発をめぐる近代化論がこの予測を採用し、従属論がそれに挑戦した。キャッチアップの時期とその地政学的環境が問題であり、そこには堅固な従属パターンと権力構造が介在しているのである。先進技術と情報革命の時代になると、こんどは技術変化を中心にした議論が、高い期待とおぼつかない成果で描かれる同様の循環を経験することになる。海外直接投資をつうじた技術移転によって「連合従属的発展」の道が切り開かれはしたものの、その範囲は、低賃金に依拠した組立加工型およびマキラドーラ型工業化の出現とともに限定的なものとなった。また、超国家企業の技術革新と、その拡散を管理する手段として活用される特許取り決めも、そうした道を制約している[47]。では、新興工業諸国は、このパターンを打破しているのだろうか。実のところ、産業高度化に向け大きな努力が払われたにもかかわらず、韓国など東アジアの虎《タイガー》経済は、先進国および超国家企業に技術的に従属しつづけている[48]。情報技術がこの方程式に本質的な変化をもたらすことはなく、技術的な飛び越しの展望も限られている。われわれが目の当たりにしているのは、グローバルなデジタル・デヴァイドなのである[49]。

最良の達成方法については種々の見解があるものの、貧困撲滅に向けた最善の戦略は経済成長であるということが、これまでの国際開発の経験をつうじて頑なにまで繰り返し論じられてきた。それを一言でいえば、トリックル・ダウンの恩恵ということになる。これにもとづいて「貧困層の運動を支持する経済学者たち」は、「無意識のうちに貧困の恒久化に荷担している」と非難されるのがお決まりである[50]。貧しい人びとにとっての本当の友人は、市場の諸力であり、市場に友好な政策だとされる（バグワッティがいうところの「引き上げアプローチ[51]」）。しかしながら、成長は、不平等改善のための必要条件かもしれないが、十分条件でないということだけは確かである。重要なのは、たんなる成長ではなく、どのようにして成長が実現されるかなのだ。そこで、第二に問題となるのが成長の質である。実際、人間開発の経済学の主たる貢献は、貧困削減に資する成長がもっとも効率的な成長である、との見解を打ち立てたことにある。第三に、世界経済の成長がグローバルな貧困の拡大と並行して進行する傾向にあることは、一般的なレヴェルでこの期待を裏切るものである。さらに、豊かな国の経験も同様に、その現実性を貶めている。第四に、より重要なのは、不平等の拡大が先進国ですら依然として存在し、それもまた経済成長と連動して起こっているという点である。堅実な民主主義国家や世界でもっとも豊かな国でも、トリックル・ダウンが生じず、中産階級が「没落の恐怖」に怯えて暮らし、最低賃金が生計維持賃金にすらならないとすれば[52]、いったいどんな根拠があって、発展途上国のもっと脆弱な国家組織のなかで、また世界的規模で、トリックル・ダウンが実現すると想定しうるというのか。

経済成長、工業化、そして条件付き収斂は、あまりにも一般化されすぎていて役に立たない。それだけでなく、全体的にみても、数十年にわたって蓄積された経験がこの仮説を反証している。それでも、従来の見解があくまで経済的収斂を説明しようとするのなら、われわれは、今まさに経験している経済的な格差の拡大をどのように説明すればよいのか。

現在、不平等拡大の原因は一様ではないという点を示す議論もある。そこには、先進国と比べて急速な途上国における人口成長や不公平な交易条件の悪化といった、一九八〇年代以前から作用していた原因もあれば、近年に固有の原因、とりわけ技術変化と金融自由化という要因もある[53]。コルニアは、所得不平等の拡大を稼得所得の不平等の高まりに帰すことができるとみなし、その主たる要因がつぎの点にあることを強調している。つまり、未熟練労働者にたいする需要の減少をもたらす熟練ベースの技術進歩、貿易自由化の影響、所得分配に悪影響を与え景気後退を引き起こすIMFの政策、結果的に不労働所得へのシフトをもたらす金融規制緩和と金融部門の拡大、労働諸制度の侵食（つまり賃金の伸縮性の上昇、規制の削減、最低賃金の侵食、労働組合の力の低下、労働の流動性の高まり）である[54]。技術変化を除けば、こうした要因のほとんどが新自由主義的政策のもたらした結果である。たしかに、技術変化の効果は、産業政策的な介入によって取り込むことが可能である。このことは、大部分の新興工業諸国でみられた。ところが、新古典派的政策の処方箋は、その選択の余地を限定的なものにする。自由化と規制緩和は、強者に賭け、特権階層に特権を与え、勝者を助け、敗者を野ざらしにし、「底辺に向かう競争」に拍車をかける。これが大きな全体的な流れを表現したものにすぎないとしても、新自由主義的政策が、一九八〇年代以降の国内およびグローバルな不平等の拡大の主要な原動力だとみなすのには十分である。

グローバルな不平等というテーマが、貧困というテーマよりも脅威であることは広く認識されている。だが、ことアメリカにかんしては、このことがそれほど当てはまらない。アメリカ社会は、先進国社会のなかでも、物質的にも社会的にも、もっとも不平等な社会であり、政治文化や開発哲学という点からみても、不平等にたいしてもっとも寛容な社会である。アメリカでは、「レーガン政権によって、貧困との戦争が貧困層との戦争にすり替えられてしまった。……貧困そのものではなく、貧民化、すなわち貧しい人びとの機能不全的な行動や常軌を逸した行動が、一九八〇年代の主要な問題であるとみなされ、一九九〇年代の前半は、関心の対象が貧困から貧困層へと移る政策課題の転換を反映した時代となった」。「こうした観点からみるとき、もはや貧困は問題ではなくなる。いまや人口の下層を占める人びとの福祉依存、私生児、犯罪行為、その他の機能不全ともいうべき行動こそが、アメリカ人の直面する社会問題となっている」(55)。この言説は、犠牲者に非難の矛先を向け、福祉依存を問題とみなし、福祉の削減がその処方箋であるとする立場である。所得の不平等は当然のものとみなされ、貧困は成功の文化の亀裂を際だたせる敵だと考えられている。近年、この深く組み込まれた緊張関係はますます強まっている(56)。

世界的規模でみれば、このことは、援助の大幅な削減という政策をともなうものとなった。すでに世界でもっともケチくさい海外援助国に数えられる国で、援助の大幅削減が議会の多数派の支持を勝ち取っている（国際的に合意された国連の援助目標は、ＧＮＰの〇・七パーセントである。これにたいして、アメリカの援助形態での途上国にたいする移転は、年当たりＧＮＰの約〇・一パーセントにすぎない）。企業への規制撤廃を要求するたゆまぬキャンペーンの一環として、アメリカ内の福祉を非難するのと同じ理由から、保守派は「海外諸国への福祉」も批判対象にすべきだと考えている。つまり、彼らにあって、「経済援助は経済成長の妨げ」なのである。それは、国際的な福祉などは機能しないのだから、議会は援助を廃止し、また開発援助を撤廃する長期的な政策を採用し、途上国における「経済的自由」（つまりは自由市場）を促進する政策に切り替えるべきである、との主張にほかならない[57]。

　このように、国際機関によって、世界的な貧困の削減こそが解決すべきグローバルな優先事項であるとの宣言がなされるなかで、そうした国際機関の大部分の本部が置かれる国で、貧困が実行可能な政治的課題だとは位置づけられていない。制度的権力構造のもつグローバルな影響力や力学を分析対象とする国際機関が、その権力構造の一部をなし、多くの政治的圧力にさらされている。国際機関は、政治的にも財政的にも、国際政治および国際経済の力の均衡と絡み合いながら、それに左右される。アメリカに本部を置く国際機関は、アメリカ議会の予算配分やアメリカ財務省の後ろ盾、アメリカ政府によって任命される役員や受託者、そして商業金融のインフラと格付け（実際、世界銀行はトリプルＡの格付けをもつ銀行である）に頼りきっている。財務省、ウォール街、アメリカの新保守主義者〔いわゆるネオコン〕、さらには、南側諸国の批判的ＮＧＯや社会勢力からのさまざまな圧力にさらされるなか、国際機関に裁量の余地はほとんど残されていない。そうした集中砲火から抜け出る道は、可能なかぎりグローバルな状況と行動計画を脱政治化させることなのである。この論理にもとづけば、関心の対象は、グローバルな不平等ではなく、必然的にグローバルな貧困ということになる。そして、経済データの加工が、その分析手法となり、いまや人間の顔をもつという枕詞がつくとはいえ、市場の諸力を解き放つことが、最低限死守すべき治療法となるのである。

その結果、政策や言説の一般的傾向は、ヘゲモニー的な妥協へと向かい、強力な利害関係者のあいだでみられるアプローチの重要な違いが糊塗されてしまう。とくに、異なる意味を込めて同じ用語を使うことで、それが行なわれている(58)。結論を嘆きつつも、技術的な分析の観点からのみ、原因をめぐる議論が戦われることになる。国際機関では、このことは、波風を立てずに懸念だけを発しつつ、バランスをとるという複雑な行動にかたちを変える。UNDPは、通常、二重のアプローチにしたがっている。すなわち、この国際機関は、いわゆる「援助疲れ」に対処する（したがって、成功を例証してみせる必要がある）一方で、たとえば「過去三〇年間にわたる人間開発の構図は、類を見ない人類の進歩と、言語に絶する人間の窮状、つまりある側面での人類の進歩と別の側面での後退が混在した状況にある(59)」という緊急事態に取り組んでいるのである。

北米の貧困研究のなかで、ミシュラは、社会工学アプローチと社会構造アプローチを区別し、それは経済学的アプローチと社会学的アプローチの違いに相当するものであると指摘している。前者は、「政策や行政が取り上げる論点と密接に関連する研究課題に関心を示す傾向がある。それは、『問題解決型』研究とみなすこともできる。……社会工学アプローチは、もっと大きな社会構造から貧困問題を抽出し、それを、『合理的な手法』を用いれば政策立案者によって解決できる行政上の問題であるとみなす傾向にある」。これにたいして、社会構造アプローチは、政策志向的なものではなく、その焦点は、

「もっと幅広い構造的諸問題と貧困との関係におかれている」[60]。

開発思想全般でみられるように、グローバルな不平等にかんしても社会工学アプローチが蔓延している。「問題解決型研究」が、いまや国際機関の支配する開発研究で主要な潮流となっているのだ。そして、まさにその同じ国際機関が、経済データを加工・提供し、それを制度的な言説のなかに組み込み、枠組みを設定している。開発産業は、かなりの程度、国際機関とそれを支える政府間構造の下請け産業としての性格を帯びている。その非政治的な性格は、さまざまな点で開発研究にも引き継がれている。国際機関は、研究委託を行ない、NGOに資金を提供するなどして、直接、影響力を行使するだけでなく、オートクチュールの高級服飾店が流行を意識した他の産業の基調を形づくるように、政策課題の設定をつうじて影響力を発揮する。開発研究は、地域レヴェル、国家レヴェル、そしてローカルなレヴェルの開発問題に焦点を当てるが、グローバルなレヴェルとなると、IMF、世界銀行、国連、OECD、WTOのマクロ経済データ以外で、「世界開発」ということが注目されることはほとんどない。世界開発に取り組む研究能力は、もっぱら国際機関に集中しているのである。

現在、開発思想を総合し、もっとも大きな影響力をもつ人間開発アプローチは、受容能力《キャパシティ》の構築、実行能力の獲得、そしてエンパワーメントを中心的な論点としている。これは、開発経済学から経営管理への広範囲におよぶ「ケイパビリティの転回」の一部をなすものであるが、グローバルな不平等の大規模な拡大への対応のひとつだということもできる[61]。エンパワーメントは、いまや不平等の高まりを払拭する魔法の杖であるかのように世界中で支持されている。しかしながら、受容能力は、不公平な権力関係を変化させることにほとんど貢献するところがない。古い諺に、人に魚をあげれば一日で食べてしまうが、魚の採り方を教えればいつでも食べられるようになる、というものがある。しかし、今日、多くの場所で見受けられるのは、人びとが魚の採り方を学ぶまでに、自分たちの政府との契約のもとで操業する日本や欧米の大型ハイテク漁船によって、沿岸の魚が根こそぎにされてしまうかもしれない、という状況なのである。北側であれ南側であれ、政府は、教育や訓練を、あたかも今日の魔法の呪文であるかのように繰り返し唱える。だが、貧しい隣人たちのなかで訓練を施しても、雇用の成長という問題が解決されるわけではない[62]。また、経営管理の文脈で語られるエンパワーメントとは、中間管理職の規模が縮小されるにともない、比較的下位の幹部たちが、自らを律し部下を監督する技能を高める、という意味なのだ。ケイパビリティ、技能、教育は、権力そのものの源泉であり形態でもあるが、技能の欠如よりもむしろ貧困により多くの困難が存在するのだ。

このことを歴史的な視野から捉えておくことは、有益であろう。ポール・ベイロックも指摘しているように、一七五〇年頃に約七三から七八パーセント程度であった世界の工業生産に占める中国を含む第三世界のシェアは、一八六〇年には一七から一九パーセントにまで低下し、一九一三年には、五パーセントという最低水準にまで落ち込んでいる。この急激なシェアの低下は、技術革新だけでは説明がつかない。そこに、通常、帝国主義の名に集約される政治的介入をみてとらなければ、到底そうした状況を理解することはできない[63]。このように歴史的背景からみる視点に立てば、主にケイパビリティの不均等さに着目して、現代の不均等発展を説明することは浅薄だといわざるをえない。もっと正確にいえば、受容能力が重要だというなら、富や権力の不均等な関係も重要なのであり、それこそがケイパビリティの拡大なのである。

国際機関の提案する貧困削減戦略、たとえば経済成長やグッド・ガヴァナンス、そして「市民社会を強化するための民主主義の構築」、エンパワーメントは、それじたいとしては歓迎すべきものである。だが、マクロ経済的な政策や国際的権力の力学を精査することなしに、そのような戦略を打ち出してみても、結局のところ、貧しい者が非難すべきは自らの運命である、という保守派の決まり文句に忠実にしたがう権力者たちを免責するものでしかないのである。こうしたアプローチが、今日、世界銀行の『参加型開発資料集』やUNDPの『人間貧困の克服』といった報告書の標準的な政策パッケージにも忍び込んでいる[64]。これらは、超国家企業、銀行、西側の政府、国際貿易の障壁と制度といった主要な権力がまったく存在しない、もうひとつの世界を取り扱っているとしか思われない。現実には、そのような権力が、貧困と不平等をつくりだし、強化しているのである。そうした報告書は、マクロ経済学を無視したままミクロ経済学を詳細に検討し、マクロの政治力学を飛び越してミクロの政治を丹念に調べあげることで、心底、非政治的としかいいようのないテキストになってしまっている。グッド・ガヴァナンス、民主主義、参加というならば、IMFや世界銀行内のグッド・ガヴァナンスや民主主義、参加はどうなるのだ。ウォール街、アメリカ財務省、IMF、世界銀行の透明性や説明責任はどうなのだ[65]。大規模な貧困を放置して小規模の貧困と戦うことに意味があるのか。かりに、こうした政策提言が北側の企業や政府の役割についての研究と符合し、国際標準や国際法の変更についての提案と矛盾しないのであれば、それも信用に値するものといえるかもしれない。そうでないとすれば、こうした提言は、ヘゲモニー的な妥協のなかで、臭いものに蓋をする行為だと解さざるをえない。

トマス・ポッゲは、国際的な借入と国際的な資源をめぐる特権に注目すべきであると主張する。具体的には、前者は、権力の掌握過程がどのようなものであれ、政府が自国を債務国にすることができることを意味し、そして後者は、政府はグローバルなレヴェルでも有効な自国資源の所有権を外国企業に譲り渡すことができる、ということを意味している[66]。こうした行為をみると、北側の企業や政府は、公の汚職の共犯者であり、改革の負担を貧しい諸国にのみ負わせることで、従来から存在する不均衡を補強しているにすぎないのである。

さらに深く洞察するためには、社会構造アプローチに依拠した検討を行なわなければならない。これまでの社会学的な枠組みから、グローバルな不平等を概念化する試みは、いくつかの困難に直面している[67]。グローバルな階層化は、ジェンダー、人種、エスニシティの分析に断片化してしまっている。だが、階級分析を超国家的規模に置き換えて行なうには、固有の問題がともなう。従来の階級分析の道具立てでは、今日の資本の拡張や、資本、金融、ガヴァナンスが複雑に絡み合う状況、そして国際機関が果たす仲介者としての役割には、まったく太刀打ちできない。超国家的な資本家階級[68]という考え方が指すのは、通常、大西洋を横断する『フォーチュン』誌の五〇〇社にあげられる階級であり、そこには東アジアや南アジアの資本が除外されている。そのため、それは、方法論的に問題であり、グローバルな階層化全体の分析が欠落しているのである[69]。

グローバルな不平等を念頭において社会学が通常もちだす枠組みのなかには、徐々に端に追いやられ、ほかのテーマによって影が薄くなっているものもある。かつて世界システム論は、世界的な不平等を主要なテーマとして取り上げていた[70]。だが、このアプローチじたいがマクロ経済データ、とくに長期波動（コンドラチェフ波動）と関連づけられ、結局は、経済学的な分析路線にしたがうようになっている。

社会学は、進化経済学あるいは世界的規模の貸借対照表分析を前に降伏寸前の状態にある。グローバルな階層構造を中核諸国、半周辺国、周辺国で分析してみても、(71) データ上の成果は、国際機関が用いる（高所得発展途上国、中所得発展途上国、低所得発展途上国に）階層化されたデータ集合とさして変わらない。従属論は、新興工業諸国や新興市場の発展によって舞台から退場し、ほかの分野と同様、社会学の支配するグローバル化論争に取って代わられてしまった。たしかに、社会学、人類学、地理学は、移民、労働市場、生態的・文化的な変化、ジェンダー、人種、階級といったグローバルな不平等のさまざまな側面で目覚しい貢献をなしている。これらのなかには、マクロ経済政策の流れに沿った成果に関心を寄せるものもある。だが、社会学的な方法論や理論の主たる強みは「社会」という点にあるとはいえ、そのことは、超国家的な社会学といえるものもまだ十分に発展していないことの反映でもあるのだ。同様に、政治学や地理学で検討される、貧困と移民、貧困と暴力、および政治的不安定の結びつきも妥当ではある。(72) だが、そうした結びつきが、グローバルな不平等にかんする核心的な論点にまで浸透することはない。

とはいえ、超国家的な政治経済学、社会学、そして政治学の領域にまたがり、不平等にたいする支配的な経済的アプローチからは根本的に逸脱した諸側面を徹底的に調べあげる研究を、いくつかは思い浮かべることができる。そこで、それらを組み合わせてみると、説得力ある視座が浮かび上がる。それは、一般的なものから特殊なものへと視点を移動させる、つぎのような研究方針と研究水準が存在することを示唆している。

一、構造的なレヴェルでは、国家間および国家内部の権力の不平等を検討しなければならない。
二、一般的な手続きのレヴェルでは、どのようにして権力の不平等が意思決定過程に影響を及ぼすのかを検討する必要がある。
三、主要国際機関の制度的な配置と機能を検討すべきである。
四、政策の枠組みと政策そのものを検討しなければならない。
五、ケース・スタディにもとづいて意思決定過程を検討する必要がある。
六、政策がもたらす結果を検討しなければならない。[73]

要するに、こうした分析は、政治に回帰し、グローバルな不平等を拡大させる主要な要因としての不均等な権力関係に、焦点を当てようとするものである。

混乱の政治

成長する一方で、貧困とグローバルな不平等が急激に拡大する世界経済とはいったいどのようなものなのか。前述の分析から確認できるのは、つぎの諸点である。(1)過去数十年にわたる急激な不平等の拡大の責任は、大半が新自由主義的政策にある。(2)大部分の研究や政策は、問題解決型という性格をもっている。それらは、傾向的に没歴史的かつ非政治的である。新古典派経済学に過度に依拠する立場からは、そうした研究や政策は非理論的なものとみなされる。事実関係を問うというその姿勢は、印象批評の域をでるものではない。その底流に、測定とその含意をめぐる数多くの対立が隠蔽されている。(3)「連合革命や異文化交流といったかたちで」、国際ネットワークがますます緊密なものとなることによって、グローバルな改革に向けた圧力も高まっている。しかしながら、(アメリカおよび、それよりは程度は劣るが一九世紀のマンチェスター学派の母国であるイギリスでみられる) 深いコミットメントゆえにか、あるいはヨーロッパ連合 (EU)、日本、OECDでみられるヘゲモニー的な妥協ゆえにか、国際的な権力構造と国際機関は、新自由主義的政策枠組みのなかで結びついている。その結果、グローバルな不平等を拡大する新自由主義的政策とグローバルな貧困を削減しようとする試みのあいだには、根本的な政策上の不一致が生まれているのである。

ジョン・ラギーによれば、必要なのは、「新たな埋め込まれた自由主義的妥協」である。(74)「グローバルな第三の道」、グローバルなニューディール、そしてグローバルな社会政策といったグローバルな改革を求める提案が、ますます広範囲に議論されるようになっている。(75)だが、前述の緊密性と奇形性という二つの現代の国際条件は、そうした提案がなされる理由ともなるが (緊密性)、同時に、そうした提案を制限する理由 (奇形性) にもなっている。

一九七九年に、トマス・ロウは、国内・国際双方の貧困にたいするアプローチを、社会化、統合、隔離、革命の四つに分類した。この四つの分類に、グローバルな貧困にたいする今日のアプローチを並置すれば、どうなるかをみておくことは興味深い。

・社会化――「支配的なシステムのなかで特権的な人びとに報酬をもたらす価値や行動を、貧しい人びとは身につけなければならない。自助努力によって、また特権的な人びととからの援助によって、貧しい人びとの欠点が取り除かれなければならない[76]」。ここでは、問題の基礎的な発生源が、貧しい人びとの内部にあるとみなされている。これは、現行の主流派開発政策の主要な見解を代表するものである。つまり、このアプローチは、援助を条件付きのものとしている点で、貧しい者に規律を求めている。

・統合――「貧しい人びとは、対等な立場で、システムに参与することが認められなければならない。特権層の排外的な態度や行動、そして貧困層と特権層のあいだの従属的で搾取的な関係は破壊されなければならない」。ここでは、問題の基礎的な発生源が、貧しい人びとの外部にあるとみなされている。これは、従属論や新国際分業論、そして今日のグローバル・ジャスティス論の批判的アプローチに該当する。

・隔離――「貧しい人びとは、良い暮らしに求められる価値と行動を取り戻すか、つくりださなければならない。……支配的なシステムから派生する価値や行動は、本質的に破壊的なものであり拒否されねばならない」。ロウの焦点は、伝統主義や「原理主義」といった類の急進的社会運動による「内部からの」隔離におかれている。それはまた、ポスト開発アプローチがいうところの、支配的システムからの離脱や分離、あるいは地方主義という処方箋に相当する。さらに、貧しい人びとを、ゲットーや、国際的な文脈では「グローバルな周縁部」に集め封じ込める政策と同様、貧しい人びとを隔離することを外部から強要する政策でもある。

・革命――「不平等状態から脱却するためには、支配的システムを根本的に変えることが必要である」。革命的アプローチは、ソヴィエトや中国型の選択肢が終焉を迎えてからは衰退の一途をたどっている。グローバルな南側諸国内でますます大きくなる差異化が、共同集合行為の基礎をさらに掘り崩している。分離主義的な闘争や、アルジェリアからフィリピンにいたるイスラーム武装グループ、そしてネパールやペルーの反乱を除けば、南側内部の戦闘的な武装運動のほとんどが、その手段を銃弾から投票用紙に切り替えている(77)。

二〇年以上を経た今日でも、こうしたアプローチのうちの三つが、同じアクターによって、またアクターを異にしつつ、並行して実行されている。ロウのカテゴリーにもとづいて要約し、またそれを今日的なものに改め拡張したものに、さらに現在みられる成果を加えつつ簡単な注を付したものが、表5-1である。

貧しい人びともしくは「他者」を隔離するという政策の歴史は古い。「境界線の向こう側(Beyond the pale)」という表現は、かなり以前から使われている。一九六〇年代に、モーリス・デュヴェルジェは、「快適で月並みな消費文化に忍び込む」メトロポリタン世界、「いわば一種のエアコン付きの後期ローマ帝国」について語り、「……そこでは、野蛮人を境界の外に留め置くことが必要不可欠となっている」と述べている。ほぼ同じ時期に、J・M・アルベルティーニも、資本主義であれ社会主義であれ、工業化された世界は、「原子力によってはじめて、自らの地位を維持することができる繁栄の島だ」とみなしていた(78)。繁栄する地域と剥奪される地域は、いまやそれぞれ平和の地域と騒乱の地域と同一視される

表5-1　グローバルな不平等にたいする4つのアプローチ

アプローチ	処方箋	政　策	成　果
社会化	貧しい人びとは，特権層が設定する基準に順応しなければならない。	近代化，人的資本，エンパワーメント，グッド・ガヴァナンス，市民社会	受容能力の構築は，権力と特権の全体構造をほとんど変化させていない。
統　合	貧しい人びとは平等な条件で取り扱われなければならない。	海外援助，海外直接投資，民主主義，参加。	援助は減少し，FDIは北側に集中，国際機関は民主的ではない。
隔　離	貧しい人びとは，分離しておかなければならず，分離しつづけなければならない。つまり，貧困の効果は封じ込めなければならない。	外部からの隔離，封じ込め ・移民 ・紛争 ・疾病	国境管理の強化，移民の制限，「人道的介入」，テロとの戦争。
		内部からの隔離 ・離脱，地方主義 ・分離主義 ・「原理主義」	ネオ・ナショナリズムは，依然として魅力をもっているが，離脱は袋小路に陥っている。
革　命	グローバル・システムの破壊を実現しなければならない。	離脱あるいは急進的な変化を求める武装闘争。	ソヴィエト型選択肢の終焉とともに衰退，銃弾から投票用紙への転換。

ようになっている。この点については次章で取り上げたい。

平和地帯と戦争地帯のあいだに、平和は存在しない。その境界は混乱するばかりである。そうした境界地帯は、国境警備を増強し、ヴィザ制限を強化する場であるとともに人身売買の場でもある。貧困地帯の不安定化と紛争――そして明るい未来への夢(79)――が、陸続と押し寄せる難民、亡命希望者、そして人身売買を生みだしているのである。と同時に、先進国で抑圧される中産階級や、労働者階級の先細りする富と「没落への恐怖」が、ヨーロッパ連合（EU）を構成する諸国の一部でみられるように、右翼政治勢力の台頭を促し、移民と犯罪が結びつくような状況をもたらしているのだ。そうした圏域の境界を横断する人びとの人権が、人権リストの上位を占めることはない。事実上一〇年にもおよぶオーストラリアの難民拘留政策が、その格好の事例であろう。難民たちをオーストラリア南部ウーメラの奥深い遠隔地に人目を避けるように閉じ込めていたことじたいが、多くを物語っている(80)。境界をはさんだ一方の側、つまりグローバルな周縁部では、国際機関の金融開発レジーム、条件付き援助、もしくは（シエラ・レオネ、ソマリア、ボスニアの場合のように）騒乱時の強制的な介入という規律が存在する。ゲットー、バンリュー〔Banlieu:フランス大都市近郊の社会問題を抱えるニュータウンの総称〕、ファベーラ〔favela:ポルトガル語でスラム街の意〕には、別の規律や監視が機能している。つまり「情状酌量の余地のない」警察活動、人種による選別、そして投獄といった懲罰的な規律である。境界地帯を越えるものは、危険を覚悟でそれを行ない、屈辱、公民権の剥奪、虐待を甘んじて受け入れ、死のリスクを冒しているのである。

ロウが概略を示した四つのアプローチのうちの三つまでが、今日でも同時に効力を発揮している。さらに、そうしたアプローチは、いくつかの点で相互作用する同じアプローチの三つの様式とみなすこともできる。社会化は、ますますIMFのコンディショナリティ政策や世界銀行の構造調整政策、そしてWTO規約といった懲罰的なレジームを課すものとなっている。世界秩序への統合は、条件付き構造改革をともなう「セーフティ・ネット」という形態をとっている。隔離や社会的排除は、もっと幅広い構図の一部としてのみ立ち現われる。つまり、社会的周縁部に追いやられる（低い格付け、貿易障壁、治安政策、移民法によって交通が遮断されている）かつてと同じ地域、そしてそこに住まう人びとは、まずは債務の返済、そして通貨安定借款、援助をつうじた統治と、懲罰的なレジームに組み込まれている。こうした政策はすべて、条件付きの非対称な統合という単一の過程の異なる様式であるとみなすことができるのである。かくして、ここでいう統合は、階層化された統合という但し書き付きのものとなる。

そして、グローバルな隔離政策（apartheid）とグローバルな統合という、ひどくかけ離れていると通常は考えられる二つのシナリオが、同時に進行しているのである。いうまでもなく、こうした非対称な包摂の諸過程は、内的な矛盾をはらんでいる。超国家企業、メディア、そして政府間取り決めによって促進される文化的・政治的なグローバル化は隔離政策を妨げている。規律の遵守、民主化、そして封じ込めが同一歩調をとることはないのだ。このように、階層化されたグローバルな統合には、攪乱要因が組み込まれている。こうした劇的かつ騒然とした状況を背景に、われわれは、グローバルな不平等にかんする政策を基礎づける主要な視角、つまりグローバルなリスク管理とグローバルな公正を検討する段階にきているのである。

戦後資本主義の黄金時代、国際的な諸政策の指導原理は相互利益であった。一九六〇年代から一九七〇年代にかけて、相互利益は、社会民主主義諸国、社会主義諸国、そして途上国にとって、国際協力の中心思想であった。途上国が開発を実現し対等な地位を勝ち取ることは、先進諸国の利害にかなうものである。先進国は、経済的には成長し、均衡のとれた世界経済から利益を享受していたし、政治的安定という点からみてもそうであった。新国際経済秩序の提案や、ブラント委員会および南北委員会の結成を要請する提案の着想には、こうした見方があった。だが、この展望は、いくつかの理由で徐々に色あせていった。その理由としては、新興工業諸国で賃金が上昇したこと、技術変化をつうじて生産に占める労働コストのシェアが低下したこと、先進国と選ばれた新興市場に投資が集中したこと、そして、こうした一連の事態とともに、新しい国際分業と低賃金諸国向け投資が変化してしまったことがあげられる。つまり、超国家企業は、後発の開発途上国に投資を行なわなくても成長を実現できるようになった。

さらに、リスクのなかには、むしろ高まっているものもあるとはいえ、冷戦の終結と軍事技術の発展によって、貧困諸国がもたらす安全保障上のリスクも低下している。その結果、リスク評価とリスク管理が、国際的な政策の指針として俎上に載せられるようになっているのである。

ジェフリ・サックスは、グローバルな貧困がアメリカの利害に及ぼすリスクについて詳細に説明を加えたあと、「アメリカの戦略的利益に見合う海外支援戦略」という主張を擁護する論陣を張っている。彼によれば、この支援戦略には貧困国にたいする所得移転も含まれるが、その規模は必ずしも大きい必要はなく、「決定的な瞬間における小額の支援が、結果の成否に重要な影響を及ぼす」という。[81] いいかえれば、これは現状維持にたいする弁明であり、もはや事態を何とか乗り切ろうとするものですらない。にもかかわらず、「戦略的アプローチ」という斬新で威厳に満ちた名だけが冠されている。

リスク管理という概念には多くの疑問がつきまとう。誰がリスクを定義するのか。そして誰にとってのリスクなのか。この例のなかでは、リスクは、ただ国益に言及することで定義されるが、現実主義的な勢力均衡論も事実上、そのような定義にもとづいている。しかし、そこにはグローバルなリスクが無視されている。グローバルな不平等だけでなく、環境上のリスク、国際金融および国際経済の不安定性、紛争、国境を越える犯罪やテロ、移民もまた、もっとも突出したグローバルな問題なのである。これらの問題は、「国益」という観点では正しく理解することができない。この認識が、国際金融の制度設計やグローバル公共財の供給をめぐる最近の議論の基礎をなしている。だが、多国間協力は、グローバルなリスクを管理する手法のひとつにすぎない。単独行動主義的な政策もまた、リスク管理の手段である。世界中に展開するアメリカ系企業の利益を高めるために、アメリカは積極的にグローバル化を推し進めているが、そのことが必然的にともなうリスクを国益という観点でしか捉えていない。安全保障のためにはミサイル防衛を、「ならず者国家」を封じ込めるためには予防爆撃を、局地的紛争の拡大を封じ込めるためには人道的介入を、といった具合である。アメリカは、京都議定書を批准しないというかたちで環境リスクに対処したように、より広い意味でのリスクにかんしては手を引いている。

現在の流れの一部をなすものとして、精神構造の大きな変化が進行している。たしかに途上国の公正を求める声は、正統性をもつと考えられている。だが、その一方で、そうした要求は、開発のニーズを懲罰的なレジームに変換する国際機関によって中和されてしまい、既存の国際的な「力の調和関係 (*rapports de force*)」によって、それ以上評価に決定的な影響を及ぼすことができないでいる。自己の社会的地位が向上するのをみてきた先進国のメディア関係者も、このシステム全体を道徳的に擁護すべく、かなりの労力を注ぎ込みつづけている。

社会運動、グローバルな倫理、そして人権にかんする規範的アプローチであるグローバル・ジャスティス論が、現代の力学のひとつの重要な特徴となっている。それは、グローバルな出会いが、たんなる大規模な数字当て賭博ではなく、人間的な包容と連帯の問題であるとの認識に立つものである。つまり、世界は、情動の面でも道徳面でも相互に結びついている。道徳的に薄っぺらな経済的・実証的な見解は、貧困層の存在と特権層の存在とのあいだに根本的な結びつきが存在することを否定する。しかし、そのさい、そうした見方は、見当違いの現実主義をもちだすという誤謬を犯している。たとえば、そこからは、グローバルな環境問題には富裕国と貧困国の協力が必要であり、そのような協力は、グローバルな公正という立場に立たなければ成り立ちえない、ということが見過ごされている(82)。

グローバルな不平等とグローバルな貧困という問題に取り組むことは、道徳的には正しい。「強要される新しいグローバルな経済秩序は、グローバルな不平等を悪化させ、深刻な貧困を大規模に再生産してゆく。われわれの道徳的価値をどのようにもっともらしく解釈しても、そのような貧困を防ぐことが、われわれの真っ先に取り組むべき義務であることに変わりはない[83]」。人間開発の経済学や成長と公平にかんする分析が明らかにしているように、それは経済的にも有益なものである。グローバルな貧困削減は、利害関係者の相互利益にかなっている。それは、政治的な正統性や安定に寄与することで、戦略的な利益をもたらすだけでなく、紛争のリスクをも低減してくれる。なしうることは、それだけではない。「人類史上はじめて、他者に不都合をもたらさずに、飢えと予防可能な疾病を世界的規模で一掃することが、かなりの程度、実現可能になった。もはや深刻な軍事的脅威が高所得国になくなった今日、その可能性はよりいっそう高まっているのだ[84]」。では、なぜ、道徳的、経済的、そして戦略的な代償を払ってまで――実際、それぞれが重要であり、全体としては圧倒的な意味をもっている――、グローバルな貧困を解決するための取り組みが大規模に実行されないのだろうか。経済成長を貧困根絶のための戦略と考える従来の議論が、一般的に間違っており、また近年の傾向が示すもっと強い理由から、そうした議論を無視してよいのだとすれば、残された唯一納得のゆく説明は政治的な性格をもつものであろう（ここでは「政治」を広い意味で用いている）。

二〇世紀には、暴力的な紛争によって死ぬ人びとよりも、貧困によって死亡する人のほうがはるかに多かった。「冷戦終結後の数年間は、貧困にかかわる原因で二億人以上の人びとが死にいたるのを目の当たりにした[85]」が、それは暴力によって死亡した人数よりもはるかに多い。ところが、紛争管理は、貧困との闘いよりも、政策課題としてははるかに高い位置づけを与えられている。なぜ欧米の政府は、「NATOのユーゴ空爆のような人道的介入には巨額の資金を準備するのに、海外の深刻な貧困状態の緩和には、ほとんどこれといった行動をとろうとしないのか」。この問いにたいして、トマス・ポッゲは、「世界でもっとも貧しい人びとの貧困状態からの脱却を支援することは、往々にして貧困国の力を強め、自国の力を弱体化させることになる。これにたいして、ユーゴ空爆は、既存の権力の階層構造を補強する傾向をもっている」という皮肉な回答を行なっている(86)。グローバルな貧困に取り組めば、その影響はグローバルな不平等におよび、そのことは、ひるがえって、国内の不平等にも作用する。そのため、政治的・経済的な支配エリートが行動を起こす余地が狭められているのである。このことは、グローバルな不平等が力の均衡の構成要素であり、グローバルな貧困は、グローバルな不平等を維持するために支払われる代価の一部だということを意味している。

ここで力の均衡とは、現実主義者のいう国家間の勢力均衡のことではなく、力の調和関係、つまり相互に入り組んだ政治的・経済的な利害と文化的な習慣行動の緩やかな配置といった程度の意味として理解してもらいたい。そうした利害や習慣行動は、統一されているわけでも同質的なものでもない。だが、これまで選択肢を歪ませるのに十分な力を発揮してきた。また、少なくとも全体的な結果からみれば、それは、意識的に練られた戦略や設計であるわけではない。むしろ特権的なアクターが自己利益を追求しリスクを回避しようと、多様な行動をとった結果なのだ。特権層のなかに貧困を忌み嫌う者が多くいれば、彼らは貧困層に非難の矛先を向け、改善措置として経済成長に訴えようとする。だが、こうした信念が失敗に終わっても、彼らは依然として特権を欲し、貧困を嫌悪する以上に、特権を失うことを恐れるのである。虫のよい新古典派正統派経済学、虚飾に満ちた特権層、権力の魔力、そして名士のカルト的集団、これらすべてが全体的な力の均衡を維持することに同調する。したがって、世界的な大富豪と多数派を占める貧困層は、接合地点で絡み合い、互いを映しあう鏡となる。だが、両者の距離はかなり大きく、それは惑星ほどの隔たりがある。

国際的諸条件の緊密性と奇形性が組み合わさることで根本的な不安定が助長され、シアトル以後、グローバル・ジャスティス運動を目の当たりにすることになった。グローバル・ジャスティス・アプローチには、乗り越えるべきハードルがある。かりに社会正義や倫理的な基準が国内ですら適用されないとすれば、それらが国境を越えて拡がるという可能性ははるかに低い。先進国において、中産階級や労働者階級の所得が停滞ないしは減少し、職の確保や社会給付、年金がますますリスクにさらされるようになっているときに、世界的規模の貧困緩和の成功に考えがおよぶとは、なんと奇妙な期待であることか。先進国ですら社会経済的な不平等が拡大しているとすれば、世界的規模で不平等を消滅させる展望とはいかなるものか。このことが、グローバルな状況のなかで政治的圧力が作用するもっとも敏感な地点のひとつであるといってよい。グローバルな公正は、月並みな過去の経済学によって有効性を喪失させうるとしても、それが国内の公正にも適用できるわけではない。金融取引から得られる莫大な富や、会社が倒産しても増えつづける最高経営責任者（ＣＥＯ）の報酬と密接な関係にある先進国内の不平等の拡大は、ますます大きな不満を生みだすことになるだろう。

現在、行なわれている政策は根本的な矛盾をはらんでいる。新自由主義的政策は、貧困削減戦略が緩和しようとするグローバルな不平等を拡大する。国際金融機関は、「条件付き収斂」に期待を寄せているが、そのために必要な条件を具体化することは禁じられている。国際機関は、国家の行動を促しつつも、国家を構造改革の罠に陥れている。人的資本投資が必要不可欠なものとみなされているのに、構造改革は政府支出の削減を要請する。したがって、二〇一五年までにグローバルな貧困を半減させるという目標が達成される可能性はほとんどないと予測しても、なんら驚くに値しない。「国家間の所得の平等が改善する方向に向かっている、との主張を支持できる強力な証拠などないのだ[87]」。二〇〇三年度版『人間開発報告』によれば、多くの地域が、今後、数十年間、場合によっては次の世紀まで、二〇一五年を目処に設定された目標を満たすことなどできないだろう。

おそらくは、実際には革命が近づいている。だがそれは、過去の国家中心的な革命とはかなり方法を異にするものである。技術変化のもつ意味にかんする論争に寄せられたある文献は、つぎのように指摘する。「貧困とは世界が選択したものである。それは政治的選択である。情報革命が、そうした選択を実行に移すもうひとつの手段となるだろう。情報革命を民主化と連動させようというのは、民主化と開かれた市場を関連させる現在の妄信と並んで、このうえなく認識が甘い[88]」。ジョン・グレイは、異なる角度から、つぎのような警鐘を鳴らしている。「私が恐れているのは、グローバルな自由市場というプロジェクトがかくも強力に推進されている現状をみるならば、必要不可欠のヒューマン・ニーズともっと矛盾しないかたちで世界が機能するように社会思想を補正する試みには、かなりの経済的混乱と大きな政治的動揺がともなうものになる、ということなのだ[89]」。この課題を次章で取り上げてみよう。

第6章　紛　争——労働、戦争、そして政治の技術

一九八九年のベルリンの壁崩壊後も、四〇〇万人を超える人びとが暴力的な紛争によって殺された。殺害された人びとの九〇パーセントが民間人であり、主に女性や子どもであったと推計されている。

——集団暴力は決して回避できないものではない、一九九八年

実のところ、今日の紛争地域の多くは、われわれが休暇を過ごす観光地よりも近くにあるのだ。

——アドルフ・オギ、スイス大統領兼国防大臣

旅行や大量消費のための眩いばかりの広告宣伝が、グローバル化というこのすばらしき新世界を形成するひとつの方法となっている。技術の進歩は、即座に世界中にアクセスすることを可能にした。クレジット・カードがあればどこにでも入れ、さらにプラチナ・カードがあれば、その範囲はもっと広くなる。国際的なブランド品はどこでも入手可能で、境界は曖昧となり、国境とは横断するためのものに変貌し、無制限の移動が認められ、消費者の選択肢は増え、即座に連絡を取り合うことができる。

二分割画面の片側には、貧困と不平等が「開発」の名のもとに一括りにされ、権限を委譲された世界銀行などの国際機関が、開発を懲罰的なレジームに変換してゆく。暴力にかんしては、いくつかの論説記事が、「マクドナルドの支店のある二つの国どうしは、自国のマクドナルドの安全を確保するために戦争することがなかった」とする、「紛争予防のマクドナルド理論」を打ち出している。(1)

生産と同様に、暴力の手段としても、国家はもはや突出した地位にはない。経済は、必ずしも国内市場に依存するものではなく、国家も強制の手段を独占しているわけではないのだ。犯罪組織や民兵組織もまた、柔軟に組織され、自由市場を取り込み、禁制品や武器を国際的に調達し利益を得ている。そうした組織も「市場の魔力」を表象しているのである。都市のギャング、農村部の民兵、地方軍閥が、ふたたび国家ゲームのプレイヤーとなっている。安全保障上の取り決めが徐々に民営化されていることも、市場の活動が、犯罪や紛争において、いかに無制限に公的領域を侵食しているのかを示している。柔軟な技術によって、小国であっても大量破壊兵器を購入することができるようになった。超大国間の核競争が終焉に近づくにつれて、生物化学兵器、環境をめぐる争い、ニッチ紛争といった別の紛争の連鎖が姿を現わしている[2]。国民国家は、数ある制度的領域のひとつにすぎなくなり、ローカルな次元からグローバルな次元までを含む統治構造の多層的ネットワークに、国家の権威は置き換えられつつある。そのネットワークは、明白な格差を放置したまま、それぞれが異なる前提にもとづいて機能している。かつて存在した収益と課税のつながりはもはやなくなり、国家は財政危機に陥り、サーヴィスの民営化が図られている。この制度の空白期間が、多くの場合、「グローバル化」という簡潔な呼び名で語られるものなのである。

では、グローバル化と紛争はどのような関係にあるのか。現代のグローバル化の筋書きを示す主要な台本である新自由主義は、暴力や紛争の政治にどのような影響を及ぼしているのか。まず、現代のグローバル化と紛争の逆説、あるいは例外のいくつかを示しておこう。たしかに、グローバル化は、越境的な活動を活性化させ、国境を無効化してゆくが、国境紛争に終止符が打たれたわけではない。資本や通信、旅行、消費にとっての国境はなくなっても、労働者にとっての国境、移民や紛争を封じ込め取り締まるための国境は存在する。新しい技術は、形成途上にある国境なき世界を煌びやかなものにする一方で、国境管理、封じ込め、監視を強化しなければならないという二重の義務を負っている。新自由主義的グローバル化は、国家能力を弱体化させ、弱体化した国家では紛争や犯罪が増大する。グローバル化によって世界は縮小したが、「ジハード対マックワールド」、「文明の衝突」といった主な政治的な説明が描くのは、深く引き裂かれた世界である。紛争を管理するために、超国家的な統治の必要性はますます高まっているが、多国間機関は弱体化しつつある。真っ当な資本主義でも、非営利部門（典型的には保健医療、教育、社会サーヴィス）は世界中で縮小傾向にある。その一方で、紛争や安全保障が成長産業となっている。国際金融や開発における「透明性」とは、可視化でき、判読可能で、説明可能な世界を指すはずなのに、たいていの場合、透明性は片側からのものでしかない。

その結果、グローバル化とは、一部の人間にとっては統合された領域であるとしても、多くの者にとっては徹底的に分断された領域なのである。何かほかに新しいものがあるだろうか。グローバル化のもつ光の部分が、流動性の高まりとボーダレス化の急速な拡大であるとすれば、影の部分は、貧困と分裂や紛争の増大が支配するあまりにも慣れ親しんできた世界である。この二つの側面は、どのように相互作用するのか。装いを新たにした封じ込め政策と予防戦争が、この二つの側面に接点をもたすことを回避する手段となっている。

グローバル化と紛争が関与する局面は多岐にわたる。技術変化によってグローバル化が加速的に進行する。経済の場合と同様、安全保障や政治という次元でみても、グローバル化とは複数の過程を包含する総合政策である。つまり超国家化は、情報化と柔軟化を必要とするだけでなく、それらを促進しもする。軍事産業、犯罪ネットワーク、そして途上国の民兵組織をみればわかるように、紛争や安全保障は経済部門でもあるのだ[3]。紛争や安全保障は、いまや成長産業となっている。それは、かつての戦時経済が、冷戦後の経済の一部として再生しているといってもよいであろう。時代の変化に鋭敏な考察者の目には、安全保障の民営化が収益性の高い投資機会を提供するものに映る。「犯罪‐産業複合体」が、「主要な成長産業」になるものとみているのである。事実、「（一九九五年の時点で）七〇〇億ドル産業といわれる過剰なまでのセキュリティ産業は、世紀転換期をつうじて、年率九パーセントも成長しつづけるだろう」と予想されている[4]。

ローカルな舞台では、新たな利害が安全保障をめぐる既得権益と相互作用を起こしている。冷戦の反動が局地的紛争や地域紛争を助長する一方で、新たな力学が出現している。ＮＡＴＯと旧ワルシャワ条約機構諸国間の相互運用性が要請されるようになり、それによって、もはや両者では使い物にならない旧式の武器（たとえばセムテックスのような爆発物）が東欧諸国からグローバルな武器市場に放出されるという事態が促進されている。そうした武器の流れ込む先が、局地的紛争やテロリスト・ネットワークなのだ。

冷戦時代と現代のグローバル化は峻別されることが多い。だが、両者は、近代性という点では共通しており、そのことが紛争と近代性との関係、つまり軍事技術と進歩の関係というもっと大きな問題を提起している。これまでの経緯をたどれば、結局のところ、近代性は、その大部分において戦争における近代性であったということができる[5]。

グローバル化と紛争や安全保障の政治がどのように相互作用しているのかという問題は、その関連する領域があまりにも広く、たった一章で適切に検討することなどできない。したがって、本章では、技術、地政学、非対称な紛争という三つのテーマを集中的に議論したい。技術に注目することによって、グローバル化をめぐるさまざまな出来事(つまり、その「事件史[*histoire événementielle*]」)からグローバル化の下部構造へと関心を転じることができる。暴力に着目することは、グローバル化の影の部分に光を当てるに等しい。紛争と安全保障は、グローバル化がヤヌスの二つの顔をもつことを明らかにしてくれる。こうした諸次元、つまり技術、暴力の政治経済、地政学の交錯点が、非対称な紛争、あるいは技術格差をはさんで対峙する対立点となる。ここには、人道的介入も含まれ、それを人道的軍国主義と呼んでもよい(6)。そのさい、中心的な問題となるのは、グローバル化の加速する時代が、封じ込め政策の泥沼の深みにはまり込んでいるのはなぜなのかということである。

本章の第一節では、まず経済的な技術と軍事技術が手を携えて変化し、それが政治的な変化と相関するものであるという点を明らかにしよう。現代のグローバル化は、ロナルド・マクドナルドの世界の内側には、相対的にボーダレスな領域が広がり、そこから一歩外に踏み出せば国境が立ちはだかる、という精神分裂病的な症状を示している。したがって、トマス・フリードマンのマクドナルド理論が指摘するように、鍵となる問題は、その分割線上あるいはそれを横断するかたちで発生する紛争である。グローバル化がもつ二つの顔と二つの世界は、新たな封じ込め政策のなかに凝集されている。したがって、最後に問われるべき問題は、グローバル化を加速させている世界が、封じ込め政策や遠隔操作技術によって管理され、その治安が維持されるのかどうか、あるいはそれとは異なる形態の関与が、対位旋律のごとく存在しているのかどうかである。

労働と戦争の技術

労働の技術と戦争の技術が手を携えて進歩するという原則は、確固たる事実である。歴史的にみれば、多くの場合、経済的進歩と軍備拡張競争は同時進行した。かくして、北部イタリアにおける近代資本主義の出現は、対抗的な軍事力の向上をともなうものであった[7]。経済的な指導力と軍事的な指導力も両立する場合が多く、両者は、国際的なヘゲモニーという概念のなかで相互に関連づけられる。フランス、ドイツ、ロシア、そして日本で、軍事生産が産業を牽引する機関車としての役割を担っていた一九世紀は、軍産複合体の最初の段階であったと位置づけることができる。二〇世紀になると、軍産複合体はハイテク分野にまで拡張され、ＩＢＭとホロコースト、ペンタゴンとインターネットやシリコンヴァレーとの密接な関係を目の当たりにすることになる。「戦争と科学技術の緊密な結びつきの歴史は長く、今日では、不可欠だとさえいえる[8]」。軍事、諜報、宇宙技術は密接に絡み合い、情報通信技術（ＩＣＴ）の発展をもたらした。

軍事戦略では、スピードの差がつねに必要不可欠な要素であった。柔軟な技術によって、これが暴走している。「スマートな戦闘」の最新の基準となったのが、イラク戦争であった。いまや柔軟な技術が、現代の軍事戦略の基礎をなしている。緊急展開部隊の編成は軍事戦略の常道となり、軍事的な装備は文字どおり軽量化された。[9] 生産の自動化と同様の原理にしたがい、無駄を省き複数の任務を担う機動部隊が編成され、軍事装備も洗練された。つまり軍事においても「資本や労働への支出を節約すべく、知識を活用する」ようになっているのである。[10] 柔軟な生産システムにおける多能工と同じく、電子戦における兵士は多様な技能を有する技師となり、戦闘におけるソフトとしての役割を担っている。これは、柔軟な生産システム、ジャスト・イン・タイムの生産方式あるいはトヨティズムといった、生産組織にみられる傾向と同時並行的な動きをなしているといってよい。

生産やビジネスと同じく、戦闘もまた知識集約的なものとなっている。それは、「各陣営が知識と情報のフローを操作することによって敵対行動を形成する」「知識戦」の名にふさわしい。[11]「知識の調達」、シミュレーションとサイバー戦争とともに、情報管理、「情報ドクトリン」、「知識戦略」が、こうした戦闘の再編の一部をなしている。指揮統制、すなわちC２（Command and Control）は、指揮、統制、通信のC３（Command, Control and Communication）（あるいは諜報（Intelligence）が加わりC３I）となり、さらに、指揮、統制、通信、コンピュータ（Computer）、諜報（Intelligence）、監視（Surveillance）、偵察（Reconnaissance）のC４ISRとなった。[12] いまや軍事行動とは、ネットワーク化された試みであり、相互接続性が決定的に重要になっている。そのため、そこには、ソフトウェアや通信ラインをハッカーや敵の侵入から守ることも含まれる。C４ISRには、多様な段階が存在し、任務調整の分権化もその構成要素である。柔軟な生産と同じく、戦争も、グローバルな次元と現場双方の調整ネットワークを必要としている。衛星をつうじてグローバルに、とっさの判断によって現場において意思決定がなされるとともに、あたかも受注生産のように、脅威がジャスト・イン・タイムでつくりだされ出荷されてゆくのである。

兵力の近代化もしくは「軍事における革命（RMA）」とは、情報技術にもとづいて武装兵力を組織し、また知識集約型の洗練された軍事力を構築し、冷戦型重装備の規模を縮小することにほかならない(13)。これは、ひとつの長期プロジェクトであり、NATO軍にも適用されている(14)。それが意味するところは、技術が戦闘において果たす役割の増大である。無人飛行機、衛星誘導型ミサイル、精密誘導兵器、先進的なICTなどが、そこには含まれる。さらにラムズフェルドは、「すべての軍隊が、これまでは特殊部隊の際だった特徴とされてきた、速度と破壊力を身につけねばならない(15)」と主張している。実際、アフガニスタンやイラクで主要な役割を担っているのも特殊部隊である。

民間・軍事双方の領域で、監視技術の開発が並行して進められている。セキュリティに細心の注意を払う公共の場や生産現場には有線方式の監視モニターが設置され、衛星を使ったリモート地球観測（地理情報システム）、慣性型車両位置決定システム、さらには携帯電話をつうじた監視システムも加わり、「総体としての追跡」能力の向上が図られている。被雇用者の生産性や労働慣行も、コンピュータを使って監視することができる。リモート・センシングは、異物に反応する制動警報をあらかじめ組み込んでおくことで自動化することが可能となった。たとえば、金融通貨市場もまた、部分的にはコンピュータによって設定された変動値域をとおして機能している。アメリカ国土安全保障局の「テロ情報認知」プロジェクトは、既存のデータベースを統合しようとするものである。

C4ISRに情報を提供するためには、柔軟な情報収集が必要となる。従来の情報収集は、標準的な技術にしたがい、電子化された機密情報収集といっても、情報ならなんでも無差別に吸い込む「電機掃除機」のようなものであった。言ってみれば、それは大量生産と同じである。いま必要とされるのは、細かく目標を定めた情報なのだ。あるCIAのアナリストによれば、「特定の顧客の関心にあわせて日常的な諜報を仕立てるためには、それぞれのお得意様ごとに異なる情報を提示する能力を身につける必要がある。われわれは、最終的に組み立てられた情報の姿と、日常的に収集した情報が『販売時点』でどのように仕上げられるのかを思い描いて仕事をしている[16]」。いいかえれば、ジャスト・イン・ケースではなくジャスト・イン・タイムの諜報である。

ペンタゴンの『ジョイント・ヴィジョン 二〇二〇』によれば、アメリカ軍は、「宇宙空間、海洋、陸地、そして情報というすべての領域にアクセスし、軍事行動を行なう自由」をもたなければならず、「いかなる敵をも打ち負かし、あらゆる軍事行動で状況を統制するために」「全領域の支配」を実現しなければならない[17]。情報戦では、通信、メディア、教育といった分野の政策が、全体的な軍事戦略の一部を構成するようになる。一国レヴェルの情報構造が国の競争力には不可欠であり、軍事的観点からも重要なものとなる。ある情報収集のアナリストは、つぎのように指摘している。「情報戦と情報作戦の勘所は、敵の指導者の知覚を思うように操作することに紛争の目的をおいているところにある。……それゆえ、統合的な情報戦略は、秘密工作、広報事業、プロパガンダ、外交、経済戦争を組み込んだものとなるだろう[18]」。

湾岸戦争やバルカン諸国でみられたように、集団安全保障行動は、「有事におけるモジュール型連合」や「着脱型同盟」に席を譲っている。それは、「世界最大級の企業が、競争を効果的に行なうために、『戦略的提携』や『企業間提携』を形成するのに似ている[19]」。このように、ビジネスと戦争の双方で、類似の協力と競争の超国家的な組み合わせ、つまりネットワーク型資本主義とネットワーク型戦争がつくりだされている。生産技術が戦争に影響を及ぼすように、戦争がビジネスの方向を決定する。産業におけるマネジメントと労働組織は、これまでもずっと軍事的な事例から深く影響を受けてきた[20]。今日も、ビジネスと競争は戦争の比喩で語られる場合が多い。役員室ではますます戦争さながらの図上演習（war game）が繰り広げられ、戦争戦略の研究書が最高経営責任者（ＣＥＯ）たちの夏の愛読書となっている[21]。

ＲＭＡには緊張をともなう点がいくつかある。この種の軍事的な拡張がもつ経済的な波及効果は、冷戦経済の軍事的ケインズ主義よりもはるかに小さくなる可能性が高いのだ。コストが高くつくわりに波及効果が相対的に低いのは、それが、国際市場の動向に左右される商業ベースの調達先に情報技術を依存するものだからである[22]。技術は多くの場合、特効薬あるいは万能薬とみなされる。だが、新技術を用いることによって、変則的な事態も起こる。たとえば、歴史的にみれば、軍事における主たる関心は戦闘部隊と破壊能力を高めることにあった。だが、今日、活動領域によっては、過剰な軍事力が問題となる場合がある[23]。あるアメリカの民間人は、イラクからつぎのようなコメントを寄せている。

> 多くのものがアメリカ軍の力で成り立っている。アメリカのエイブラムズ戦車、アパッチ・ヘリコプター、コンピュータ、衛星などなど。そういった代物はすばらしいが、平和維持活動には本質的に役に立たない。Ｍ－16型自動小銃で武装し、二言三言のアラビア語の格言しか知らない地上で展開する兵士たちだけが頼りなのだ[24]。

高度な技術を適用するためには、最新鋭の技術と面倒な指揮統制系統が齟齬をきたさないように、部隊構造を再編しなければならない。ＲＭＡの逆説は、それを実行するためには、兵力の近代化の克服対象である指揮権の集権化が必要になるというところにある。また、集団安全保障行動をとるためにはＣ４ＩＳＲを調整しなければならないが、共同作戦の問題は、まさに政治的理由からそれができない可能性があるということなのだ。

政治の技術

相互に依存しあう世界は、カオス理論によって描かれる気象系にますます似てきている。何百万という変数に影響を受けながら、その因果関係は線形モデルにしたがうことはなく、結果が原因に比例しないのである。

――ジャン゠マリ・ゲーノ、一九九八年

戦争は、それ以外の手段で行なわれる政治の延長線上にある。だとすれば、政治の技術についても検討する必要があるだろう。技術を政治から分離することはできない。技術は政治に具体的なかたちを与え、技術を用いることは徹頭徹尾政治的な行為なのである。権力と技術が交わることのない平行線上にあるというのは、もはや旧聞に属するテーマにすぎない。あらゆる権力分析で確認されているように、さまざまな形態の権力（つまり政治力、経済力、イデオロギーの力、軍事力）は相互に依存しあい、同時並行的に変化する[25]。

社会学では、相互連結性からネットワーク型社会という概念がつくられている[26]。関連する概念が「ネットワーク型資本主義」である。マーク・ダッフィールドは、援助と介入をめぐる政治における官民のパートナーシップの特徴を表わすために、ネットワーク型戦争という言葉を用いている[27]。技術と政治のこうした関係について議論をさらに推し進めているのが、ジェフ・マルガンである。彼によれば、大量生産段階の産業主義の重厚な技術と重厚な指揮統制の政治とは、同時進行する関係にあった。生産の標準化は、行政や規制の標準化、政治や連合の標準化と一致するものであった。そのため、政府と被統治者とのあいだの、また官僚、党、労働組合内におけるトップダウン方式の階層的な関係が必要とされた。これにたいして、軽くボタンに触れるだけでよい技術は、組織内部の横の関係と情報のフロー、軽やかなネットワーク型政治と相関関係にある。このように、社会的な協力の技術は、生産、統治、集合行為の分野で同時並行的に進展する傾向をもっている[28]。

同様の考察結果にいたるのに、技術ばかりに目を向ける必要はない。ラクラウとムフは、現代の政治を「ヘゲモニー的」であるとし、アイデンティティの流動化と空間の断片化（その断片化された空間の結節点が重要なのだが）に特徴があると述べている。ヘゲモニー的な政治では、旧時代の政治と比べて、主体が安定的なものではなくなり、そのため政治的な連合もかつての安定性を失ってしまっている[29]。

支配の技術と解放の技術は、両者が潜在能力にかかわっているという点で構造的に類似しているが、行動の指針となる価値、目的、手法という点では異なる、との指摘もある[30]。啓蒙時代そしてブルジョワ革命のモデルともいうべき時代から、団結を求める声とともに、進歩的な政治がそこかしこでみられた。今日でも、反対勢力の大々的な連合を創出したいとの願望から、すべての反体制社会勢力を糾合する求心力をもった対位法的な潮流が探し求められている。これを、明確に二分された陣営と鮮明なイデオロギー的な境界を特徴とする、「旧来の政治」にたいするノスタルジアを投影したものとみることもできる。だが、「急進派を収斂させる」との主張はますます説得力を失っている。というのも、そこでは、当該の利害関係者や主体が、所与かつ静態的なものとされる傾向にあり、それらが政治的接合の諸過程で構築され、再創出されるものとみなされていないからである。集合行為と社会運動の分析によって確認されているところでは、政治は上からも下からも、もっと「柔軟な」ものになっている。

アルヴィン・トフラーは、軍事技術における「新たな通信ネットワークは民主主義国家を好む」との主張を展開している[31]。そうしたネットワークの成否は、「情報やデータを交換し、ネットワーク上を情報が自由に流れるようにすることで、戦術的な構図を組み立て、材料を総合的に関連づけることができるかどうかにかかっている。……通信のフロー、つまりアイディアやデータの自由な流れを麻痺させる社会は、定義上、そのようなシステムをうまく活用することができないのである」。実際、「兵士と民間人は、情報という点で相互に絡み合っている[32]」。ランド研究所の分析によれば、テロリズムと戦う最善の方法が「ネット戦争」である[33]。だが、ネット戦争には、指揮統制の分権化が必要となる。

このことは、自由市場と民主主義を結びつける従来のワシントン・コンセンサスに、また別のねじれを生みだしている。そこには、いくつかの「条件」と「譲歩」がつくのである。「民主化は、帝国的な動員とは反目しあうものである[34]」。したがって、戦争と民主化が同時進行することはなく、メディア操作や情報戦は、必ずしも民主主義に役立つものとはいえない[35]。しかしながら、新たな技術が、情報集約的な社会に有利に作用することはまちがいない。

労働、戦争、そして政治の技術は相互に絡み合っているが、その相互関係は、国の内部でもまた国ごとでも一様ではない。必ずしもすべての産業の生産システムが、柔軟なシステムにもとづいた生産に依拠しているわけではない。同様に、「世界の軍隊がすべて、文化的あるいは政治的に（技術的なことはいうまでもなく）」、情報集約的なＣ４システムを「活用できる状況にあるわけではない[36]」。

ＩＣＴは、これまで生産様式間に存在した境界を飛び越えてゆく。ケニヤのマサイ族の牧夫たちは、自分の家畜の群れを管理するのに、いまや携帯電話や無線ラジオを使うようになっている。このような越境は目新しいものではない。産業ベースで組織されたプランテーションや、アグロ・インダストリー、「奇跡の種」、生物遺伝子工学といった潮流のなかにもみられる。スリランカにおけるタミール・イーラムの闘争を支援するトロントやロンドンのタミール人たち、あるいはドイツにいながらトルコ政府への抗議集会を開くクルド人のような、遠隔地ナショナリズムを可能にしているのも、ＩＣＴである。イスラームによるグローバル化という代替的あるいは対抗的なグローバル化プロジェクトも、同じくＩＣＴによって可能となっている[37]。さらに、犯罪ネットワークやテロリスト・ネットワークが、かつてなかったほど広範囲に柔軟な活動を繰り広げ、超国家的な協力関係をうまく構築できるのも、ＩＣＴのおかげなのだ[38]。他方で、治安管理の手法でも、国境を越えた警察活動や超国家的な情報交換は、知識社会の成果であるとみなされる[39]。

こうした状況には矛盾する点がいくつかある。われわれは国境のない世界に突き進んでいるというのが、グローバル化におなじみのイデオロギーのひとつである。経済的変化の最前線では、これが、脱領土化、あるいは脱物質化の時代なのだと想定されている。[40]政治学では、主権はますます中心的なものではなくなっている。ところが、戦略分析の観点からみれば、「ほとんどの戦争が、依然として領土をめぐる戦いである……。軍事力に主として求められるのも、戦略的に重要な領土を奪い保持する能力、あるいは少なくともそこに住まう人びとを統制する能力である。それゆえ、空挺戦略や海洋戦略は、それが地上戦略にどのような影響を与えるのかという観点から、つねに評価されなければならない。このように、われわれが戦争研究から得られるのは、ほとんど変わり映えのしないものなのである[41]」。それは、「国家の政策はつねに地理のなかにある」というナポレオンの言葉があたかも、今でも当てはまるかのような状況を示している。

このことは、地政学にたいする大状況的なアプローチをとる場合よりも、地域的な政治力学を考慮する場合に当てはまる。ほとんどの地域でみられるのは、国家の死滅もしくは後退が過剰に伝えられながら、「国益」によって導かれる領土をめぐる政治力学がいまなお残存するという事態である。たとえば、中東におけるイスラエルの政治は、徹頭徹尾「ウェストファリア的」なものである。エジプトとスーダンの関係は、ナイル川の水資源にたいする利害によって形成された地域的な環境政治に規定されている。同様のことが、トルコとギリシア、ロシアと中国、中国と日本、インドとパキスタン、そしてバルカン諸国などの関係にも当てはまる。ほとんどの地域で、各国は、領土問題を含む国益にしたがって行動しているのである[42]。

領土はいまなお重要性を帯びており、それを抜きに紛争や安全保障を理解することはできない。その一方で、領土問題そのものは、経済、生態、文化の政治力学のなかに埋め込まれ、そうした力学によって縦横に変化する。とはいえ、アメリカのワシントン・コンセンサスへの関与が、領土的あるいはウェストファリア的な枠組みでは理解できないことも明らかである。また、アフリカのフランス語圏、サーヴィスの国際貿易やWTOのさまざまな争点でみられるフランスの政治も、ウェストファリア的な利害を超越している。実際、領土の検討そのものが、国民の語りや国民としての想像域によって深く構造化されたものなのである。それらは文化的虚構によって方向づけられるが、そうした虚構は「戦いの虚構」ともなりうるのである。[43] ミロシェヴィッチのコソヴォにたいする見方が、そのことを示す事例であろう。またイスラエルのウェストファリア的な戦略は、シオニズムや「ユダヤ国家」、あるいはアヴィシャイ・マルガリートがいうところの「イスラエルという低俗作品」の枠外では、まったく意味をもたない。[44] 同じことが、インドとパキスタンとの関係やカシミール問題にも当てはまる。一般的にいって、それは、バルカン諸国、スーダン、スリランカのタミール・イーラムでみられるような、「エスニック」紛争として語られる紛争にも当てはまるのだ。これらの紛争は、文化的に複合的な要因で生じているのである。[45]

戦略分析の分野にも、文化と戦略を結びつける視角のなかに検討に値する同系統の議論がある。[46] 実際、最近の議論のなかには、「戦略的な行動は文化の枠を超えることはできず」、「戦略のあらゆる次元は文化的なものである」と結論づけるものがある。[47] 戦略を「支配するものが文化」であるとすれば、国際問題についてはどうなのだろうか。国際関係論の構築主義への転回を受け入れるならば、「理念と言説が重要」ということになる。[48] それは、われわれを現実主義から「文化現実主義」へと導いてゆく。それをさらに突き詰めれば、国際関係論のポスト構造主義的転回ということになるだろう[49]。

こうした見方が、ねじれをともないつつ、ふたたび拡がっている。同じようなねじれは、以下のようなジャン－マリ・ゲーノの現代の政治的指導者にたいする考察でみられる。「彼らの政治的な行動計画は曖昧である。非常に幅広い観点から目的を定義しておきながら、彼らのアイデンティティも目標も、プログラムというよりもたんなる表現方法にすぎないといってよい。……そこで語られる戦略とは、行動パターンでしかなく、放っておけばばらばらのままの状況を結びつけているだけなのだ……。企業が『ブランド』確立のために競争するように、政治的な主体もまた『表現方法』を確立しようとしている[50]」。この言説は、政治経済や政治的利害を過小評価している。ブランドの基礎をなすものが市場における地位であるとすれば、おそらく指導力の表現方法を基礎づけるのは利害だといえるだろう。もはや製品をブランド・イメージから切り離すことができないように、利害は文化的な語りと切っても切れない関係にある。「外交においては、表現方法が実質を形成する場合が多い[51]」。では、そのような戦略的な「表現方法」の一貫性を保証する要素とは何なのか。それは、利害なのか、イデオロギーやイメージなのか、それともこうしたものすべてなのか。

古い言い回しに、「言語とは、陸海軍をもつ方言である」というものがある。この言葉から、われわれは言語分析や言説分析の重要性を確認させられる[52]。ルワンダからセルビアに向けられる「憎悪に満ちた演説」や、NATOやペンタゴンの弁舌さわやかな発表にみられる同様の悪意が、格好の事例となる。言説やイメージが紛争において果たす役割という点では、かりに見解に相違があっても、そうした見解どうしが反駁しあう関係にあることを意味しない。むしろ、各々の見方が、それぞれ異なる認識水準で

表6-1　さまざまな領域の技術

技　術	労　働	戦　争	政　治
ハイテク	柔軟な生産	スマートな戦争	統治
ICT	相互接続性（Connectivity）	C4ISR	結合性（Connexity）
柔軟化	ジャスト・イン・タイム	緊急展開	双方向の意思決定
情報化	知識集約性	情報戦	熟議民主主義
	多能工	ソフトとしての兵士	権限を付与された市民
情報の循環	「学習組織」	C4ISR 対指揮構造	横の政治，電子政府，住民投票
情報管理	マーケティング，ブランド，ロゴ	情報作戦	情報操作，表現方法
美意識	記号・デザイン集約性	「華々しい戦争」	メディア政治
組織構造	集権化と分権化	集権化と分権化	分権化，地域化，国際化
	ネットワーク型資本主義	ネットワーク型戦争	ネットワーク型社会
	吸収合併，ジョイント・ヴェンチャー	モジュール型連合	連合政治，着脱式同盟
空間	脱領土化	領土的	新しい中世主義，「電子化された封建主義（electronic feudalism）」
	越境的	国境管理	国境交渉

自己の役割を果たし、そのすべてが紛争における メディアの役割を方向づける[53]。そのさい、メディアは、ネットワークや紛争の政治を構成する必要不可欠の要素となっている。レバノンでは、ヒズボラの標的はイスラエル兵士向けのヘブライ語テレビ放送であった。情報戦は抵抗の政治を変化させている。「情報戦は、往々にして欧米の関心を引きつける広報合戦となる。そのため抵抗の普遍的言語として英語が採用されるのだ。そこでは、欧米の意思決定は、メディアや世論をつうじてなされると想定されているのである[54]」。

さらに表現方法の問題は、労働、戦争、政治の技術のあいだに、さらに類似の関係が存在することを示唆している。軍事とは、徹頭徹尾、審美的で記号集約的な領域であり、印象管理や「見栄えの政治」に積極的にかかわってゆく。(55) アメリカのミサイル防衛構想や「スター・ウォーズ」計画は、「将来のイメージ構築」といったあやふやな題目のもとで進められてきた。マーケティングやメディアの重要性が高まるにつれて、経済学は、記号集約的かつデザイン集約的なものになっているが、(56) そのことは政治についてもいえる。(57) このように、労働、戦争、そして政治は、すべて記号論的、審美的なプロジェクトとなり、リビドー経済と結びつく。こうした労働、戦争、政治の技術の相互関係の概略を示したのが表6－1である。

技術は重要であるが……

これまでの議論を要約すれば、生産の様式と破壊の様式は相互作用するということになる。したがって、技術は、人間にかんするさまざまな事柄が定型化される態様をみるための、横断的な視角としての役割を果たしているといってよい。それは、マルクス主義者のように生産から社会関係を、また生産から政治をみるというだけでなく、技術という視点から、幅広く生産、政治、戦争を横断的に眺めるという視角でもある。そのさい、技術は、歴史の律動の深層構造が可視化されたものとみなすことができる。

それゆえ、技術が重要であることに疑問の余地はない。だが、これは技術決定主義だとはいえないか。これにたいして、決定要因となるのは技術ではなく、技術によって表現される潜在能力であるというのが、もうひとつの見方として成り立つ。技術の基礎をなすのは、人間の潜在能力なのだ。つまり技術とは、内包化された人間の技能であり、マルクス主義の枠組みを使うならば、体化された労働なのである。したがって、技術は、ひとつにまとめあげられ、ルーティーン化された、持続性のある社会関係にほかならず、「社会を映し出す写像《マッピング》」の一形態である(58)。このように、生産、政治、そして戦争はすべて、さまざまな領域でますます大きくなる人間の潜在能力を反映している。人間の潜在能力は、協力や社会的実践という形態で社会化され、技術という形態で具体化される。そのさい、技術は、行動の成功因子であり必要条件であるが、十分条件であるとはいえない。むしろつぎに問題としなければならないのは、潜在能力決定主義である。しかし、これもまた正しいとはいえない。

能力に加えて主要な構成要素となるのが、意志である。技術は問題の半分しか説明しておらず、残りは、政治的意志もしくは動機にかかっている。ヘンリー・キッシンジャーによれば、ヴェトナムでアメリカが敗北したのは、アメリカの意志力の失敗、つまり「度胸のなさ」によるものであった。テロとの戦争においても、「われわれの脆弱さは、政治的意志のなかにある」ということがふたたび語られている(59)。ときにそれは、士気ともみなされる。アドルフ・ヒトラーは、このことを大胆にもつぎのように表現した。

ドイツ国民の復活は、すべからく対外的な権力を回復することによってのみ可能となる。だが、そのための前提条件は、ブルジョワ「政治家たち」が御託を並べるような武器ではなく、意志のもつ力である……。最高の武器であっても、それを使う心の準備、意志、決断力といった精神が欠けているかぎり、死んだ、役立たずの物質でしかないのだ。……ドイツの権力を回復するという問題は、おそらく、どうすれば武器を製造できるのかということではなく、どうすればドイツ国民が武器を手にする重圧に耐えうる精神を生みだせるのかということなのだ[60]。

実際、このすばらしき新世界においては、技術だけではなく政治的意志もたえず変化しつづけている。これにたいして、豊かさに満ちあふれた状況のなかで、いったいどこから犠牲の精神が沸いてくるのか、と首をかしげる人もいるだろう。また、多文化主義と超国家主義の時代に「戦争の精神をつくりだす」のに必要な類の国民の結束とは何なのか、という疑問を呈する人もいるだろう。このことは、プロパガンダと表象の政治が、その道のりのあらゆる段階で決定的に重要なものとなっていることを示している。湾岸戦争、そしてコソヴォ、アフガニスタン、イラク戦争における多国籍軍の作戦行動のなかで目の当たりにしたのが、戦争そのものが多様なレヴェルで情報操作活動となっているという事態である。そこではメディア操作が、戦略上、決定的に重要な構成要素となっている[61]。このすばらしき新世界が、どのように分割されるかを説明する語りや表現のなかに、そうした情報操作が埋め込まれているのである。この点についてはは次章で取り上げよう。

非対称な紛争

暴力の政治は、兵器、組織、情報の競争優位を利用する。ビジネスは利幅をめぐって競うものであり、技術、生産、マーケティング、流通における一時的な優位性からレントを引き出す。同じく、暴力には、保護の幅をめぐる争いと関係している。(62) 世界の状況は、農業社会から工業社会、そして知識社会とさまざまである。先住民を含めれば、その範囲は石器時代からポスト工業化社会にまで拡大する。領域間や社会的文脈に応じて存在する技術もしくは潜在能力の違いが、暴力の政治に一役かっている。一九世紀において、植民地の軍隊が巨大な人口を統制するために用いた技術は単純なものであった。このことは、「われわれはマキシム銃を手に入れたが、彼らはそうではなかった」との言葉に象徴的に言い表わされている。(63) 同じ原理から、近代的な兵器にアクセスできる地方軍閥は、国家を不安定にすることも可能なのだ。小火器でさえ、潤沢に供給されれば、多くの違いを生む。実際、「ウガンダでは、スイスで六ドルで売られてきたAK－47型ライフル一丁が、鶏一羽で手に入る(64)」。

ウェストファリア型の国家システムは、国家には、自己の境界の内部で強制手段を事実上独占できるだけの一定水準の技術が備わっている、との仮定のうえに成り立っている。ところが、多くの諸国でこの種の統制を行なうことは、もはや不可能である。武力では、国家主権を対内的に保証することができなくなっている。兵器でも、経済学の場合と同様に、柔軟な技術が地域間や国家間の関係、そしてローカルなものとグローバルなものとの関係を変化させている。外国にたいする軍事介入の環境の特徴は、複雑性と不確実性にある。(65) そうした困難な状況のひとつに数えられるのが、非対称な紛争である。そこには、小規模戦争や対ゲリラ戦といった古典的なレパートリーから、ソマリアへの衝撃的な介入にみられるようなエピソードまでが含まれる。

こうした状況のなかで、先進社会のもつ情報の優位性とは、イラク、ボスニア、コソヴォで例証されたように、限定的な価値しかもたないかもしれない。「近代的な感知器が本領を発揮するのは、通常の戦力組成を観測する場合であって、都市の民兵や農村ゲリラ、トラックに積まれた粗末な迫撃砲を監視するには問題が多い(66)」。ICTは、将来の流れを形づくるものとなるだろう。だが、実際のところ情報は、それにもとづいて、どの程度まで優位性を構成するものとなるのだろうか。

一般的に、高い質を備えた情報システムがもっともうまく作動するのは、そうしたシステムが、敵の資産を攻撃するか、自己の資産を防衛する物理的能力と結びつく場合である。情報システムを目標として重視する場合に見過ごされているのは、いまでは情報も容易に蓄積され、再生産され、そしてアクセスできるようになっているということである。……それゆえ、大切なのは、西側の情報の優位性を過大評価しないことである(67)。

このことが、安全保障からみたグローバルなリスク社会の一部を構成しているとすれば、リスク管理や紛争管理は、どのような方向に向かってゆくのだろうか。紛争管理というとき、いまやそれは、紛争予防、紛争転換、紛争解決、人道活動や人道的介入、援助、そして紛争後の社会復興という幅広い領域を指すようになっている。西側諸国は、現地の諸事情に真に関与することが必要だという理由から、こうした幅広い紛争管理の領域のうち、中間段階ではなく、初期段階か最終段階、つまり紛争予防か紛争後の社会復興に積極的にかかわりたいと考えている(68)。この面では、NGOや当該地域および第三世界の治安部隊に業務を委託することが、ひとつの流れとなっている。

従来の組織や統制・監視技術を再活用し、冷戦の終結後、不完全使用状態にあった国家安全保障装置を再利用することが、もうひとつの流れを形成している。これは、第三国内部の紛争を管理する手法としてだけでなく、テロリズムや犯罪、麻薬にたいする政策にも適用されている。

麻薬との関連でいえば、その撲滅のための闘争が依然として主要な潮流となっている。とはいえ、麻薬もまた消費者主義の一翼を担っており、「禁止」型政策は、現代の個人主義や社会選択、消費者選択の水準に合致するものではない。しかも、今日の技術を用いても、そのような戦いに勝利することはできない。麻薬を合法化するほうが現実的であるといえるだろう。そうすれば、社会選択の余地が生まれ、麻薬取引は犯罪とはみなされない。それは、個人や集団によって担われるリスク管理がもっと高度になるという事態を受け入れることを意味する。禁止型の政策は、まさに反対のものを実現し、犯罪組織と警察組織の双方を資するだけである。そして、都市の警察活動に「情状酌量の余地を認めない」ことが、指揮統制型政治のもうひとつの事例となる。

いいかえれば、とりわけ技術変化によって、紛争の小規模化を経験し、その結果、武力紛争が国家の特権ではなくなり、国家内部の多種多様な集団にとってかつてなかったほど身近なものになっているとすれば、適切な対応策は、紛争管理を柔軟化することであろう。ウェストファリア型の勢力均衡や予防戦争という教義は、技術的、政治的、そして文化的な諸過程と調和するものではない。国家政治の余地は存在するが（その余地は、まちがいなく「国家の退場」論が認めるよりも大きいとはいえ）、それは紛争管理にたいして、より柔軟かつ創造性に富んだアプローチで補完しなければならなくなっている。

新たな封じ込め政策

ヴェトナム戦争の戦略上の教訓にかんするアメリカにおける重要な研究に、ハリー・サマーズの『戦略論』がある。そこで導き出された結論が、ペンタゴンは、議会の支持を得てはじめて戦争に突入すべきであり、また「泥沼」化を回避するためには撤退戦略ももたねばならない、ということであった。ペンタゴンには、もはや布告なき戦争を戦う余力はなく、正統性も世論の支持もない(69)。メディア戦の時代には、遺体袋を見せるだけで世論の支持は失せてゆく。ソマリアでの「希望回復作戦」が、それを示す好個の事例である。

乱暴な隣人宅に果敢に乗り込む債権回収人のごとく、紛争に介入するさいの第一の必要条件が、いまや信頼するに足る撤退戦略をもっているかどうかである。これこそが、信用が欠落していることを示す兆候でもある。離れた安全な場所から、とくに空軍力を駆使して事態に影響を及ぼす方法を模索していることも、もうひとつの兆候である。強制することができないのなら、罰を与えねばならない犯罪分子を取り扱っているのだ、という考えとも、このことは整合性をもっている(70)。

そのためには、生命のリスクをともなわない、また犠牲者や涙を見ることのない紛争管理という、歴史的にもまったく新しい概念が必要となる。これを「脱英雄型の戦争」もしくは死ぬことのない戦闘と殺人と呼んでもよい(71)。空中戦と洗練された技術によって、一見するとリスクのないスマートな戦争の夢が実現しているようにも思える。一九八九年の七八日間にもおよぶユーゴスラヴィアにたいする空爆で、アメリカ軍の犠牲者はゼロであった。それは、遺体袋なき紛争管理といえよう。リスクに見舞われたロサンジェルスの隣人たちの上空を旋回するLAPDヘリコプターと、セルビアやコソヴォで安全な高度から標的に向かって爆撃を行なうNATOの戦闘機とのあいだには、明確な類似点が存在するのだ。とはいえ、ある時点で、ロサンジェルスの場合がそうであったように、コソヴォでも、地上軍を投入しなければならなかった(72)。ロサンジェルスでの見せ場は、警察による黒人トラック運転手ロドニー・キングにたいする殴打であり、スマートな戦争におけるそれは、一九九七年七月のスレブレニツァ〔同地で行なわれたセルビア人によるイスラーム教徒の大量虐殺〕であった(73)。では、関与の条件が平和維持部隊の生命にリスクがおよばないことであるとすれば、脅威にさらされている人びとに、いったいどのようにして安全な避難所を提供するのだろうか。

　涙をともなわないスマートな戦争は、地球全体の状況、そして遠隔地の状況を把握する監視技術や地図作成法の発展によって可能となっている。ジェームズ・スコットのいう、『国家のように見る』とは、「上から」眺めること、つまり科学的林業や巨大ダムのように自然を、そして都市計画や開発計画のように社会を形づくる工学的・経営的なまなざしのことなのだ。彼によれば、その反対のものが、ローカルな監視技術である。マクロ経済学も類似の特徴をもち、軍事関連の類似物には、ポール・ヴィリリオの「空中から眺めること(74)」や宇宙から見る(75)といったことがあげられる。これらはすべて、それに必要不可欠な技術にたいする幻想、つまり統制の幻想を表象している(76)。

多くの場合、軍人と民間人を空中から区別することなど到底できないし、洗練された兵器は、いわれるほどスマートなものではない。こうしたことが問題にならないのは、全体的に現地の利害関係者がそこに関与していないからである。このことは、イラクであれ、クルド人居住区であれ、またボスニアやコソヴォ、ルワンダ、ソマリア、スーダンであれ、当てはまることであり、シエラ・レオネやリベリア、ブルンジはいうまでもない。相手側の犠牲者が重視されることなどないし、その数が数えられたり、報告されたりすることすらない。それは、大規模紛争のない先進地域と「小規模戦争」が継続する「イラクやルリタニア」といった後進地域に、世界は分割されているという見方とも符合する。また、こうした視角は、「原理主義」やエスニシティの具現化、エスニック紛争の具体化、そして戦闘員や紛争をいくぶん非合理的で野蛮なものとみる見方ともかかわっている。諷刺画や漫画のように（これこそが戯画化された政治といえるものだが）、それは結局のところ、空飛ぶスーパーマンたち、もしくは天空を舞う天使たちと地上の野蛮人という構図で描かれたものにほかならない。そこに、われわれは「進歩の天使」の横顔をみてとるのである。

　このような監視技術は、地政学的な目的、戦略的資源（石油、戦略的鉱物資源、ダイアモンド、金）、そして軍事的要衝という観点から世界を眺める、グローバル・パノプティコン〔一望監視施設〕論を随伴するものである。この議論では、先進地域と後進地域にうまく二分される圏域間の関係は、企業の戦略的利益と、そうした利益にとっての脅威や障害に還元される。グローバル・パノプティコン主義は、つぎのような表象をともなうものである。

・（ハンティントン風の）グローバルな分裂の宣言
・そのために求められる封じ込め政策
・封じ込め政策を可能にするリモート・センシング技術、
・封じ込め政策を操作可能にする、たとえば以下のような諸政策
・体制転換（アフガニスタン、イラク、パレスティナ、リベリア、イラン）
・禁輸措置や制裁措置（キューバ、リビア）
・封鎖（ヨルダン川西岸やガザ地区）
・人道的介入（ソマリア、ボスニア、コソヴォ）
・援助をつうじた統治
・移民管理（ヴィザ制限、国境警備）

前記リストの後ろのほうにあげられた政策は、封じ込め政策によって、迂闊にも（イラク、アフガニスタンにおける地方軍閥の支配地域、シエラ・レオネその他でみられたように）全体主義的な統制がなされ、封じ込められた圏域内部で権威主義的政治やレント追求が生まれ促進される、という結果をもたらした[77]。また、封じ込め政策は、イスラエルで目の当たりにしたように国境管理の軍事上の脆弱性を高め、人身売買の増大にみられるように抜け穴を探し犯罪を助長する。さらに、それは軍事的機能と警察機能、もしくは抑止力と強制力の混同をもたらしている[78]。封じ込めの目的は、紛争を沈静化させ、解決することにあるのではなく、安全保障上のリスクを抑制するところにある。したがって、封じ込め政策

が紛争を持続させることは明らかである。現地で現実に起こっている事態に取り組むということに関心もなければ、動機もなく、その能力も政治的手段もないというのが、この政策の基調なのだ。このことは、新自由主義の絶望に満ちた政治、つまり敗者に何も与えることなく強者に賭ける政治とも一致する。アメリカでみられるこれと類似の事態が、ゲットーとゲーティッド・コミュニティという対をなす現象である。世界的規模でアメリカ型資本主義を生みだし、ターボ資本主義として語られるような、技術と経済によって牽引された成長を促進しつつ、不平等を解決することなど基本的に実現不可能である。これが、今後五〇年間にわたって、新自由主義的グローバル化から導き出されるひとつの展望である。

つぎに、新たな封じ込め政策の輪郭をもっと正確に描いてみよう。冷戦時代でも、封じ込めはたんなる宣伝文句にすぎず、いったい何が継続的に行なわれているのかを十分に説明するものではなかった。実際、そこには、企業間のジョイント・ヴェンチャー、政治同盟の構築、秘密調査活動、巻き返しのための介入といった、分割線を横断するさまざまな介入が含まれていた。今日も同様、封じ込めは政策リストの一部でしかなく、通貨安定貸し付け、開発協力、海外直接投資などといった他の形態の関与とともに、安全保障の一翼を担っているにすぎない。冷戦時代とグローバル化の加速する時代の封じ込め政策を比較したものが、表6－2である。

現在の封じ込め政策の前身は、共産主義と「過激派」に対抗することを目的とした冷戦末期の二重の封じ込め政策である。(79) ところが、グローバル化による分裂には、冷戦とは異なる点がいくつかある。まず、明確な敵というものが存在しない。資本主義と共産主義が対抗していた領域は、アングロ－アメリカ型資本主義を筆頭とする資本主義に取って代わられた。東側ブロックの監禁政策（つまり「壁」）も、

表6－2　封じ込め政治

次　元	冷　戦	現代のグローバリゼーション
イデオロギー	自由世界対共産主義	文明の衝突など
境界	東西 イデオロギー，政治システム 同盟	南北 開発指標，貧困 「文化」
脅威	共産主義	ならず者国家，テロリズム，犯罪
リスク	ドミノ理論	経済危機：伝染理論 政治：「新しい野蛮（new barbarism）」
インフラ	国家安全保障型国家	モジュール型連合

もはやない。また、グローバル化による分裂は、冷戦による分裂ほどに流動的なものではない。いまや壁は、（たとえばイスラエルによるフェンスの建設、アメリカによる国境警備や空輸における安全保障、ＥＵが課すヴィザ発給条件にみられるように）侵入者を締め出すために資本主義の側に現われている。そして差異の全体的な軸心は、東西から南北にシフトし、北および南内部の差異が南北間と同じ程度か、それ以上に大きくなっている。したがって、グローバル化による分裂に対処する治安維持装置は、既存の安全保障構造にもとづいて構築されているものの、その領域、利害関係者、そして政策は根本的に異なっているのである。

たしかに、冷戦には勝利を収めた。では、グローバル化による分裂にも勝利を収めることができるのか。新たな封じ込め政策は機能するものなのか。九・一一は、それが不可能であることを示している。アメリカの防衛システムは、脅威を、国家の生き残りにかかわるカテゴリーＡと国益にかかわるカテゴリーＢ、そして軽微な紛争のカテゴリーＣに分類している[80]。九・一一は、カテゴリーＣに属する脅威をカテゴリーＡの水準に昇格させるものであった。グローバル化による分裂と封じ込め政策は、破壊と抵抗の政治を奮い立たせるものとなっている。ガザにあるイスラーム系大学には、つぎのような落書きがあった。「イスラエルが核爆弾をもっているなら、俺たちには人間の爆弾がある」[81]。

封じ込めか、関与か?

アメリカ議会が援助を削減し国際機関の数を減らす決定をしようかというときに、どのようにすれば、不遇な状況にある少数派を満足させながら支柱となる国家の後押しができるのか。この問題は、国際外交上の一大課題となっている。

——B・スレイヴィンの『USAトゥデイ』への寄稿文

相互に結びついた世界は、他人にとっての利益が自分にとっての不利益を意味するゼロサム・ゲームのルールを拒否する。

——ジェフ・マルガン、一九九四年

グローバル化を彩るゴテゴテとした飾りを剥ぎ取れば、そこからは、まぎれもなく不平等、貧窮、そして紛争があらわになる。一九九〇年代前半、アメリカの国家安全保障のアドヴァイザーたちは、「過激派」が「排除」から生まれていることを理解していた。二〇〇二年の『国家安全保障戦略』報告書は、最大の危険が「急進主義と技術が交わる地点」で発生する、という認識を示している[82]。「長い戦争」の政治経済とともに、いまや新たな特徴をなすのが、グローバル化した社会ダーウィニズムであり、開発－安全保障の結びつきである。

遠隔地監視技術と遠隔操作技術が、紛争管理者と戦闘員の分離が可能であるとの幻想を生みだし、それを維持あるいは増幅させている。と同時に、遠く離れた地で苦しむ人びとの姿を身近なものにする（だが、アフガニスタンやイラクでみられたように、民間人犠牲者や「巻き添え被害」を隠蔽している）メディアの実況レポートによって、そうした幻想も払拭されつつある。このように、二重の関与を可能とする技術の組み合わせもあれば、曖昧ではあるが、連帯や柔軟な関与を示唆する技術の組み合わせもある。リモート・センシングは、この遠隔地からの関与の逆説を映し出すのである。

結合性は、諸刃の刃である。一方で、遠隔地から監視し遠く離れた場所からダメージを与えることを可能にするとともに、その距離のおかげで加害者を被害者から切り離すことができるという意味で、それは分離の力をもち、他方で、行動とその結果、報道と世論の意識、関与と責任のあいだに道徳的な結びつきを打ち立てるという点で、統合力をもつのである。技術がもつ潜在能力の向上は、不可避的に責任の拡張をともなう。無数の村々とその住民の生活を破壊する巨大ダムの建設能力や、遺伝子工学あるいは遺伝子組み換え食料といった他の技術同様、この並行した二つの動きは、戦争の技術にも当てはまる。現在の接合点は、歴史の交差点の一部をなしている(83)。現代のグローバル化の本質的な問題は、技術のもつ潜在能力と経済的な変化が、制度や政治の受容能力に先行しているということにあるのだ。つまり潜在能力の高まり、また紛争にかんする能力の向上が、不適切な制度と並存していることが問題なのである。

封じ込め政策と関与政策のあいだに一貫性を期待するのは、過大な要求なのだろうか。脅威の種類が異なれば、利害関係者、兵器、紛争の手段も異なるという点でいえば、世界が先進地域と後進地域に分割されているという考えは、表面上有効であるかもしれない。だが、そうした見方は、紛争において欧米諸国が共犯関係にあり、紛争が波及効果をもつということを見過ごしている。それゆえ、それは、究極的にはミッキーマウス型政治となる。世界中の紛争で西側の大国が果たす役割には、植民地の遺制、冷戦の拡大コピー、金融および経済レジーム、ダブル・スタンダード、武器輸出[84]、戦略的かつ有用な資源にたいする欲望、国家－企業間提携が含まれ、アンゴラやコンゴ民主共和国でみられたように、それらが紛争の種を播いている。

紛争や安全保障にかんする展望を検討するさい、問題となるのは、どのようにして、そうした展望が現実を構成するようになり、それが含意する政策の枠組みを形成してゆくのか、ということである[85]。構築主義は、過去や現在のみならず未来にも当てはまるのだ。つまり、現実が構築されてゆく方法は、それを再構築する潜在力をももちあわせているということができる。入り口と出口は、視角と表象の問題である。安全保障問題では、脅威のインフレーションや最悪のシナリオが圧倒的な力をもつために、進歩的なシナリオの入り込む余地は狭いように思える。

新自由主義的帝国が持続することはなく、アメリカの政策は多国間主義の顔をした単独行動主義に回帰するというシナリオも成り立つ。また、アメリカが単独行動主義的に統制する領域と、国際刑事裁判所のもとに多国間で統治される領域の、二つの領域に分かれるという別のシナリオもありうるだろう。いずれにせよ、前向きに考えてゆかねばならない。われわれは、診断やシナリオを実現可能なものにしなければならないが、民主主義の潮流は、認知されてはじめて可能となる。だからといって、規範的な飛躍を行ないたいわけではなく、すでに動きはじめている潮流を重視したいのである。もちろん、新しいものが古いものの内部に胚胎するとすれば、新たな流れは現在の不手際とも絡んでくる。そうした構造のなかに存在する、アクター間の共犯関係に留意しなければ、いまや明らかになりつつあるドラマの筋を読み違えることになるのだ。つまり、形成途上にある技術革新を考慮しなければ、変化の輪郭も見逃してしまう。それぞれのコインには、少なくとも二つの面があることを認識しつつ、現在進行中の潮流のうちのいくつかを指摘しておこう。

・戦争ビジネスは「平和のビジネス」と対をなしており、後者は、紛争予防や紛争転換における民間部門との協調関係を指している[86]。ダイアモンドその他の資源の紛争地域からの貿易を制限する試みが、そのひとつの事例である。このように、ネットワーク型戦争とバランスをとるものが、ネットワーク型平和となる。

・主権の理解にまつわる現在進行中の変化を、主権の喪失、つまり「穴のあいた主権[87]」とだけみなすのではなく、前向きな意味で捉えなければならない。かくして、主権にたいする国際的な認識は、住民の人権を尊重することによって、事実上条件づけられるようになっている[88]。

・このことは、市民権が脱国民化する方向に向かう流れと結びついている。境界は保護を提供するが、「強力な主権」が、勝者独り占め型のナショナリズムとともに、紛争原因のひとつになっている。したがって、将来を見据えるとき、国境を越える人権レジームといった形態の主権の共有を目指す実験が、選択肢のひとつとなるだろう[89]。たとえばアフリカのグレート・レイクス地域では、その種の取り決めによって、ある国の地方軍閥から逃れてきた人は、別の国で、すぐには「難民」に分類されなくても、避難所を確保することができるようになっている。これは最終的に、「地域的な主権」に進化する可能性を秘めている。関連する概念として、坂本義和の市民の地域主義、ウルリッヒ・ベックの「世界市民国家《コスモポリタン》」や世界市民的正義をあげることができる[90]。

・「戦争ではなく法を制定する」か、あるいは国際的な法秩序を強化しなければならない[91]。ルワンダやユーゴスラヴィアの戦時犯罪法廷のように、人権侵害や戦争犯罪を国際法の基準のもとで裁くということが、いまや確立された手続きとなりつつある。こうした法廷は、紛争が勃発したときに、国際的な武力が存在しないことの穴埋めをするためではなく、国際法の手続きを設定することを目指している。それ以外にも、通常兵器の取引を制限するという改革もある（核兵器の廃絶はかつてなかったほどに望み薄にはなっているが[92]）。

・NGOの役割。複雑な緊急事態で活躍する組織には、救援機関や開発機関、医療機関、国際機関、人権団体、法律事務所、軍事部隊、警察組織までが含まれ、こうした組織が一堂に会して、新たな共同関係をつくりあげている。これは、援助の新たな統治性として批判される場合が多い。だが、それは、ますます超国家的な性格を帯びつつある国際的な公共部門が拡張し、深化していることをも意味している。救援と開発を連動させることは、複雑な緊急事態にたいする開発アプローチを強化するものであり、そこには、より参加型のアプローチ、少なくとも現地に権限を付与する機会が含まれる可能性がある[93]。NGOの関与は（一様ではないが）種々の組織的交流を促進し、それにもとづいて関連するアクターの手法を多様化するのに貢献している。ときにNGOの役割は、多様な経路をつうじた民衆レヴェルの外交にまで拡大する場合もある。(94)

・国際機関の改革もまた、国際的統治のより広い意味での行動計画の一部をなしている。地球市民の立場から、もっと反応性の高い機関をつくるために、国連安全保障理事会や国際金融機関を改革すべきであるということは、すでに長きにわたり重要な政治課題として俎上にのぼってきた。

今日は、グローバル社会ではなく、グローバル・ネットワークが存在する時代である。グローバルな情報伝達、遠く離れた場所で生起する暴力を即座に伝える実況中継は、たとえ固定観念というフィルターで濾過されたものであっても、波紋を呼ぶ効果や遠隔地の被害にたいする理解を促しただけでなく、政治的、そして究極的には法的な派生物をも生みだしている。早期警戒のために、さまざまな義務が課されている。ジュネーヴ協定にしたがうならば、大量殺戮を防ぐことは、あらゆる国際的規範に優先される道徳的・法的義務である。たしかに、われわれは、リアルタイムで事実上のグローバルなモラル・エコノミーが徐々に立ち現われる状況を目の当たりにしている。そして、それが新たな要求を生みだしている。早期警戒には早期対応が必要とされ、紛争予防にも専心しなければならない。広いカンヴァスのうえに、こうしたディレンマが、人類の進歩の一部として描かれている。社会的協力のネットワークがしだいに広がっているのに、制度がそれに追いついていない。歴史上、新たな発明や機会が現われるとき、紛争が協力に先行するのが常である。それゆえ、ある意味では、紛争を制限するために協力が生まれるといってもよいであろう。

第7章　北と南のグローバル化

グローバルな状況の主要な側面は、富と貧困のあいだにあるあからさまな断絶である。それはグローバルな経験の一側面だといえようが、どれくらいの人間にとって、それは実際に経験される問題となっているのだろうか。経験の世界は分断され、その囲いにまたがるさまざまな表象は暗号化されている。グローバルな貧困は日常の一部と化している。いわば、「貧しい人びとはつねにわれわれとともにある」のだ。援助疲れは、メディアの選択的な注意を促し、緊急事態によって周期的に中断される。難民は慈善の対象となり、政治的亡命を求める者たちは綿密な検査の対象となり、麻薬の運び屋、犯罪シンジケート、そしてテロリストに加えて、不法移民も犯罪者扱いされる。富と貧困は、相対的または文脈依存的なものであるが、資本主義の快適地帯に行きわたるお涙ちょうだい物語によれば、「金持ちにも苦労がある」。開発があいかわらず行き詰まりと失敗を繰り返しているということは、グローバル経済の運営によって糊塗される。貧困緩和や開発は、上げ潮に乗ってすべての小船を浮揚させると漠然と期待されながら、マクロ経済運営によって裏をかかれるのである。

今日、総体的省察の特徴のひとつは、北の視座と南の視座のあいだに横たわる大きな食い違いである。どちらの側でも、メディアと社会科学のなかで表象されるものは図式的であり、ともに固定観念と出来合いの知識との型どおりの衝突を粉飾している。グローバルな不平等が総体的条件の主たる部分をなしているために、総体的省察のなかで大きな存在を占めるのだと推測できるが、果たしてそうなのだろうか。世界の貧しい多数派と世界の北に暮らす特権的少数派とが経験する、それぞれの世界のあいだに大きな懸隔があることは、メディアと社会科学のなかで繰り返し論じられている。北の社会科学は、社会的理解の最前線であると自認している。その一方で、それはほとんどの場合、過度に自己陶酔しているので、世界の多数派の経験や見方を説明できない。それは、近代性、グローバル化、そして歴史に関心を抱いてはいるが、狭隘な西欧的あるいは北の見方を代弁する傾向にある。

南が北で知られているのよりも、北が南で知られていることのほうが多い。しかし、南では、北の見方への関与はしばしば背景的知識を欠いたものである。つまり、それらの背景にある歴史的文脈や文化的多様性に触れることなどない。北の「ニューエイジ」の科学者たちは、哲学や実践の分野における現実の多様性をさほど理解しないまま、神秘主義的で図式的な伝統を世界中で探し出している。南では、近代性を乗り越えようとする研究者たちが、合理主義が現実ではなくプログラムの一部であり、啓蒙にも暗黒面があり、そしてロマン主義も啓蒙の一部である（ヘルダー、カーライル、ニーチェ）ということをあまり理解しないまま、（カント、ヘーゲル、ハバーマスといった）ヨーロッパ啓蒙を吟味している。

深みと微妙な意味合い、経験と理解が欠けているのはお互いさまである。近代性、資本主義、貧困、開発、宗教、文化にかんする図式的理解が、北にも南にもあるのだ。経験と理解における北と南の断絶によって、われわれは紙細工の世界に住むことになる。現実の人間よりも、むしろ紙細工の人形に意思表示をしているのだ。南から北へと移った移民が、小説や社会科学できわめて大きな影響力をもってきたのは不思議ではない。というのも、彼らは、移民、国境を越えた活動家、そしてNGOとならんで、異なる経験世界を股にかけているからである。

グローバル化と「貧困の脱領土化」(南の富裕層と北の貧困層)が存在するにもかかわらず、北と南の不平等はかなり根深いものである。その内容には、物質や権力上の相違のみならず、異なる文化や異なる理解も含まれる。それはまた、南の中産階級のあいだでも抱かれている世界像やグローバル化理解と深くかかわっている[1]。もちろん、南的なものは北にあり、北的なものは南にもあるので、特権や貧困はもはや整然と地理的に分割されてはいない。しかし、北と南の全般的分断は、粗野ではあっても、依然として道理にかなったものではある。人口統計学的な観点から、それらは少数派と多数派の世界である。そのおのおのが世界であるのは、完全な生活世界を形成しているからである。分割線は、なにも中産階級と下層階級のあいだに横たわるだけではない。グローバルにみれば、まるで消費パターン、生活様式、そして価値観を共有しているかのようにみえる。いくつかの側面で、両者は実際に共有しているものもあるが、階級や地位が唯一の変数でないことは明らかである。したがって、南の中産階級が南の多数派の経済的・政治的欲求不満と分かち合っているものは多いし、程度は異なれど、その文化、つまり自国に共感を抱いている。南の貧しい多数派と中産階級は、国内の政治的無力や腐敗、西側のダブル・スタンダード、地政学に苦しんでおり、そして民族的かつ地域的運命を共有している。

従属理論、帝国主義論、排除論、陰謀理論、文明の衝突論といった既存の分析は、現代のグローバル化とともに現われた新しい諸関係を扱うには不適切である。エスニック政治、イスラーム、そしてテロリズムにたいする判断のような「囲いを超える」さまざまな表象は、安全保障的設計の変化と相互作用する。近代性と資本主義の相互作用よりも、むしろそれらが投影しているのは、分断された世界なのである。

このようにして、従属の経済学は、北の脱工業化地域（ウェールズ、スコットランド）が東アジア（日本、韓国、台湾）の投資家に逆に従属していることを看過している。たとえば、債務ブーメラン（南の債務が北の生産物にたいする需要を縮小すること）のようなブーメラン効果という考え方も、単刀直入すぎて、多元的な結びつきやその悪影響を監視し把握することができない。リスク分析もリスクのグローバル化も関連する道具立てではあるが、しかし誰にたいするリスクなのだろうか。特権的な少数派によるエネルギーや資源の過剰消費が、グローバルな多数派にたいしてもたらすリスクについてはどうだろうか。また、人生の出世コースから外れた大多数の人びとの排除について語る、現代のグローバル化論もある。しかし、排除もまた、グローバル化の加速という枠組みのなかで展開する新たな不平等の結びつきを理解するには、あまりにも直截な用語である。(2)

グローバル化は、南における大きな怒りと憤りの引き金となり、北の支配や富と権力の集中の別形態として経験される傾向にある。数百年のうんざりさせる経験の余波のなかで、南のグローバル化にたいいするありがちな隠喩は、修正帝国主義や新植民地主義である。第3章で議論されたとおり、これは間違った分析である。しかし、説明と状況、解釈と現実を整然と区別することなどできない。解釈は現実を生みだし、主観性と状況は混ざり合って、状況がいかに評価されるかは現実の一部なのである。社会科学共通の前提としての構築主義は、方法の各段階で、(表象の表象を含む)表象の政治を真剣に受け止めるということを意味する。とはいえ、帝国主義の隠喩が妥当することなどない一方で、これが支配の別形態であるという広範にみられる感情は、政治的現実なのである。帝国主義と現代のグローバル化の双方に共通しているのは、世界の多数派の側にある無力感と欲求不満である。最近になってはじめて、剥奪の力学が異なるようになったのである。

地政学の状況もまた同様である。一九七〇年代の世界は、もはや存在しない。当時、脱植民地化の気運はまだ高まっていた。非同盟諸国運動は強力だった。東側ブロックは対抗勢力を形づくっていたし、新国際経済秩序のような代替シナリオは当然であるように思われた。しかし、過去三〇年間にわたって、オイル・ダラーの還流とそれに起因する債務危機を経て、グローバル化が金融資本の新たなヘゲモニーとともに出現したが、これは、ヒルファーディングのいう世紀の変わり目における金融資本の新時代の幕開けと、いくつかの点で類似している。開かれた空間は縮小しつつある。ひとつの選択としての世界市場からの離脱は、一九七〇年代の新しい国際分業によって取って代わられ、別の飛び地を構築するという意味でのローカリズムにはほとんど先がない。これが、「新しい保護主義」が敗者の戦略だという理由である。対抗勢力は、グローバル市民社会、市民組織、そしてNGOの拡散した領域に、新たに存在しているのである。

くわえて、国境紛争や分離主義的闘争とともに、中東におけるダブル・スタンダード、地域のライヴァル国にたいするインドの懸念、そしてインドネシアの脆弱さにかんする東南アジアの関心といった、地域不安が高まっていた。

欲求不満は偏執狂を生みだし、陰謀理論は便利な近道となる。マレーシア首相マハティール・モハメドのように、「ユダヤの金貸し」やジョージ・ソロスを激しく非難することは、あまり有効ではない。中東で人気の高い陰謀理論は、アメリカのユダヤ・ロビーの存在ゆえに、アメリカとぐるになったシオニズムを中心に論じられている(3)。アフリカ、カリブ海諸国の一部に、そして多くのアフリカ系アメリカ人のあいだで主たる陰謀とされるのは、白人中心主義とそのたくらみである。国際開発政治の細部に立ち入れば、その議論は十分理にかなっている(4)。

文化的・象徴的な暴力の一部は、西洋的制度のヘゲモニーと象徴の政治である。十分強力な別の連合勢力の不在のなか、西側の思想は支配的な思想となっている。アシス・ナンディがマックプラネット(McPlanet)について述べているように、異議申し立てですら、標準化された。異議申し立ての西洋的形態ならびに権利と正義の思想が、その基調をなしているのである(5)。

南におけるこうした見方は、西側における陰謀理論と酷似している。たとえば、ジハード対マックワールド、文明の衝突、イスラーム教徒による自爆テロといったものがそれである。南の紛争は、フクヤマの歴史の終焉論におけるように、遠方の小規模な戦争として矮小化されるか、カプランの世界の終焉論におけるように、最後の審判的な見方を生みだす(6)。非合法移民、犯罪組織、テロリスト、そしてドラッグの運び屋が、文明の要塞を脅威にさらすのである。問題は、こうした現象が存在しないということではない。表象の政治が問題なのである。

グローバルな分裂の表象

ここ当分のうちに、世界は、歴史以後《ポスト・ヒストリカル》の地域と歴史から抜け出せない地域に分断されるであろう。……明らかに、大部分の第三世界は依然として歴史のぬかるみにはまり込んでいる。そして数年のうちに紛争領域と化すであろう。

――フランシス・フクヤマ、一九九二年

総体的歴史は、実存的ディレンマと文化的嗜好性の鏡であり、プリズムである。その解決法は、たいてい最小限の合意を生みだすのに十分広範で、構造的と思われる潮流が何かを明確に示すよう試みることである。近年にいたるまで、戦略アナリストのあいだの決まり文句は、マイケル・マンデルバウムの言葉を借りれば、大規模戦争は不可能ではないにせよ、「本来の目的にもはや寄与しないという意味で、すたれる」ということだった(7)。マンデルバウムはこれを、「脱好戦化」あるいは「戦争不在状態」と捉える。

戦争不在状態とは、二〇〇年以上も前の西洋に起源をもち、この数十年のうちに力を得てきたいくつかの展開の産物である。正統派共産主義の衰退……それにともなう民主主義の広がり……貿易の拡大がそれにあたる。こうしたものによって、二国あるいはそれ以上の貿易パートナー間の戦争は、まったく不合理だとはいえないまでも、少なくとも高くつくようになった。西洋の家族の平均規模の縮小によって……一人ひとりの息子がより価値のあるものになり、より不可欠になった。宗教的信仰が萎え、それとともに来世の存在にたいする信頼の崩壊までもが生じ、その結果、現世でできる限り長く生きつづけることに高い価値がつけられるようになった(8)。

これは、「よく統治された共和国は類国とは戦わない」という古典的な議論の変種である(9)。この診断が西側世界に限定されるので、それは、戦争が流行遅れとなった（つまり利益に比してコストがあまりに高くリスクがあまりに大きい）先進地域と小規模な戦争がやまない後進地域に世界が分割されるという、フクヤマの歴史の終焉テーゼを喚起するのである。

いくぶんか前にヒレル・シュワルツが行なった予言によると、「一九七〇年代には絶望の政治が、一九八〇年代には自暴自棄の政治が、一九九〇年代には破滅の政治が生じてきたが、二一世紀は絶滅の時代となろう(10)」。前の千年紀の変わり目には、終末論を売り歩くことを生業とする人びとの活動はきわめて活発であったし、終末論的シナリオに十分な選択肢を提供している。そのなかで目立つのは、新しい野蛮テーゼである。この議論は、アフリカとバルカン半島の暴力と騒乱にかんする、ロバート・カプランの新マルサス主義的な説明におけるように、エスニックな大混乱の時代が存在している、というものである。この見方によると、経済の脱領土化は、アイデンティティの再領土化とも符合する。保守的な見方においては、アイデンティティ政治と多文化主義は、ニッチ戦争、新部族主義、そして社会的断片化を強化する症候群の一部である。計算に長けた研究者によれば、およそ一万の社会が一八〇の国民国家に押し込まれていることがわかる。[11] この見方では、エスニックな断片化は、普遍主義的政治にたいする対抗シナリオということになる。新しい野蛮テーゼ（あるいは「カプラニズム」）は、紛争管理をリスクの封じ込めとして定義すること、そして紛争管理にかんする「忍び寄るクーデタ」シナリオに合致する。

「カプラニズム」は、グローバル・ガヴァナンスにたいするより権威主義的アプローチが必要だ、と主張する……われわれは、参加型分配システムというよりむしろ「人道主義的空爆」の観点から、物事を考えはじめるだろう。同意や招聘もなしに、軍事国家がこの役割を引き受け、そして「破綻国家」の部分的統治を引き受けるなら、われわれの結論は、忍び寄るクーデタとして描きうる過程は、実際に進行中であり、国連開発機関が高くつく失敗として見捨てられたために生まれた政治的空隙を埋めることになる、というものにならざるをえない。[12]

別のゾッとするシナリオは、ハンティントンの文明の衝突、そしてバーバーのジハード対マックワールドである。これらの見方が共有するのは、社会的協力の輪が徐々に広がるという仮定が逆転し、協力の様式と行動基準が狭まりつつある、ということである。つまり、普遍主義から個別主義へ、世俗主義からコミュナリズムへ、ナショナリズムからエスニシティへ、世界市民主義《コスモポリタニズム》からローカリズムへ、といった流れがあるというのだ。

より綿密に考えると、紛争の原因にかんする根本的に異なる二つの見方が優劣を競っている。ひとつの見方は、差異の政治を重視するがゆえに、紛争の増大を重視する。別の見方は、企業グローバリズムとマクドナルド化による同質性の高まりを重視するがゆえに、疎外、不平等、そして紛争を重視する。対角線上にある対立する説明枠組みは、ともに説得力があり、またともに悲観的であると考えられる。そこで、一歩ひいて、悲観主義それじたいを当然の常識として考察してみよう。

偏執狂《パラノイア》は、生得的で安楽な状態であり、明確な生存のための価値をもっており、脳にとっては完全に当たり前の状態である。進化心理学は、偏執狂の起源が太古の狩猟時代にさかのぼると考えている。政治や社会科学において、偏執狂分析はタブーに属する議論である。そのうえ、新技術もまた偏執狂シナリオを加速させる[13]。しかし、極上の分析であるにもかかわらず、偏執狂もまた、さらに建設的な方法が何であるかを明らかにするための豊饒な土壌であるのだろうか。人生の残りを費やす場所であるという理由で未来を組織化する必要があるなら、どんな仮定にもとづいて未来を組織化するのか。

左派と同様、右派にも悲観主義が存在し、ときに、それらを切り離すことが簡単でないこともある。右派の悲観主義的シナリオからは、過去と現在の潮流にかんする暗い診断が生まれる。「世界は不可避的な戦争へよろめいてゆく」という予言は、「平和の配当」を廃棄し、再軍備化を正当化するものである[14]。左派と右派の悲観主義は、人間の本性にかんする分裂した見方、すなわち悲観的人間学に依拠している。しかし、右派の悲観主義が不服従と不安定をもたらす諸力を怖れるのにたいして、左派の悲観主義は支配をもたらす諸力と権力の車輪の回し方を怖れる。狭い目的のために新しい技術がつねに用いられており、資本による支配はいまや多国籍企業とWTOのかたちをとって行なわれている。

アミィ・チュアは『危殆に瀕する世界』において、暴走するグローバルな市場の力について説明するなかで、グローバル化が紛争を生みだし、同質化と個別主義を育むのはなぜかにかんする二つの仮説を、ともにもっとも上手く表現している。[15] 市場諸力は文化的に埋め込まれており、増大する不平等はエスニックな分割線に沿って出現し、「長らく抑圧されたエスニックな憎悪」に火をつける。彼女が主として取り扱う事例は、環太平洋諸国の華人マイノリティであるが、彼女はそれを一般化して世界中の分裂を捉える。チュアは別のかたちでエスニックな大混乱を説明し、現在では、それが不十分な近代化からではなく、グローバルな経済統合から発生していると理解する。彼女のテーゼの問題は、中国人集団のうち、東南アジアのなかに同化されている多数の人びとではなくて、上流階層のことを主として考えているところにある。世界規模でのエスニックな両極分解のシナリオを一般化する過程で、エスニシティを具体的に捉えてはいるが、チュアはエスニック集団間の関係を無視するか過小評価してしまっているのだ。

必ずしも論理的なやり方ではないにせよ、言説は多様な目的に寄与する。こういうからといって、私は、機能主義的な説明を行ないたいのではない。自由の帝国を支えるいくつかの言説層を識別できるといいたいのだ。言説の一般的な枠組みは、「繁栄の狂信的愛国主義」を保護し保持する。アメリカは世界人口の五パーセントを占めているが、それとはきわめて不釣り合いな量の世界のエネルギー、資本、そして商品を飲み込んでいる。たとえば、アメリカは登録ドライヴァーよりも多くの自動車を保有している。この目を見張るほどの不均衡を当然かつ正当なものとするために、フクヤマの歴史の終焉のよう

表7-1　グローバルな分裂の象徴

テーマ	「他者」を表わすキーワード	作　者
文明の衝突	「イスラームは血塗られた国境をもつ」，「イスラーム教徒の戦争」	ハンティントン
マックワールド	ジハード	バーバー
レクサス，マクドナルド	オリーヴの木	フリードマン
「カプラニズム」	新しい野蛮	カプラン
	エスニックな大混乱	モイニハン
マーケットを支配する少数派	エスニックな分極化	アミィ・チュア
歴史の終焉	小規模な戦争	フクヤマ
戦争不在状態		マンデルバウム
自由主義	恐怖	ポール・バーマン

な言説は、他の地域は後進的で歴史にのめり込んでいる（また、グローバルな追い上げはエコロジー的に不可能であることには触れず、追いつけるかもしれない）と論ずる。アメリカは世界人口の五パーセントで、世界の総軍事予算の四〇パーセントを費やしている。脅威の評価から特定の合理性だけがもちだされる。最広義の文化の水準で、さまざまな言説が種々雑多なグローバルな分裂を投影しており、そのすべてのヴァリエーションが文明対野蛮という古典的テーゼにもとづいている。この全般的な状況のなかで、一連の言説だけが無数にある国内のフロンティアを取り扱っているのである。アメリカは世界人口の五パーセントで、世界の四人の二五パーセントを有している。新保守主義的な「貧困層との戦争」の場合にみられるように、犠牲者に非難の矛先を向けることで、漫然とした秩序が与えられているのである。これらすべての説明からわかるとおり、世界はグローバル化しつつある一方で、異なる境界線に沿って深く分断されている（この簡潔な要約を表7-1に示しておいた）。事実、世界政治の大半の記述は、「二つの世界」テーゼによって特徴づけられる[16]。

エスニック政治なのか？

西欧の観点から世界を分断する特殊な説明は「エスニシティ」と「原理主義」である。一例を考えてみよう。ルワンダでは、一九九四年の三カ月のあいだに、フツ族とツチ族の紛争で、およそ一〇〇万人の人びとが殺害され、二〇〇万人が強制退去させられた。たしかにエスニック紛争が違えば、エスニックな暴力の発現のしかたも異なる。だがこの点をおくとしても、これはエスニック紛争ではなかった。それは、よく組織化された派閥間の政治紛争であった。とりわけ、ウガンダで地位がおぼつかなくなったハビャリマナ体制とウガンダ愛国戦線の取り巻きであったアカズ（the Akazu）、つまり小さな家という個人サークル間の政治紛争だったのだ。[17] これは、大混乱のおおよその指標として、いかにエスニシティが結びついているか、そして原初的な人間の本性や古来の結束にかんする大ざっぱな一般化や考察を呼び起こし、その過程で新たな想像や人種差別の規範として機能するかという一例にすぎない。「他者」がエスニシティに惑溺する一方で、文明人はナショナリズムをもつというわけである。

エスニシティという表象は、「原理主義」の表象と同様、非合理的な群衆行動、大衆病理学、そして「悪しき指導者」によって、しばしば説明される。[18] それらは、「野獣の群れ」というテーマの変種であり、「不潔な群衆（multitude）、多頭のヒュドラ、野生獣のような群衆」といった、プラトンからフロイトまで繰り返し現われてきたモティーフである。[19] この点で左派の野蛮テーゼは、右派あるいは右翼のエスニック紛争像に依拠した新しい野蛮に酷似しており、それは堕落、アノミー、そして退廃という眼鏡をとおして捉えられる。フリードリヒ・エンゲルスからローザ・ルクセンブルク、サミール・アミンをはじめとした論者にいたるまで、「社会主義か野蛮か」は左派的思考のなかに長い伝統をもっている[20]。このテーゼは、文化的偏見を経済決定論ならびに民衆の未組織状態と文化的・政治的エントロピーという基礎的仮説に結びつけるのである。

別の見方は、エスニシティの一般化は、エスニシティが多元的で多様な表現形態を意味するのでほとんど役に立たない、というものである。われわれは多様なエスニシティを区別できるし、各タイプにたいして、支配と解放の螺旋《らせん》構造が存在する。エスニシティを疑う人びとは、ナショナリズムも疑うのだろうか。ナショナリズムは大規模なエスニシティなので、中心的問題は、まちがいなくエスニシティの政治よりむしろナショナリズムの政治にある。というのも、話の半分は、例外なくどのような形態のエスニック紛争も、単一文化支配の形態をとるナショナリズムから生じるということである[21]。

「エスニック政治」と呼称されるものは、民衆感情の古代的そして無政府表現、凶暴になったアイデンティティ政治というより、むしろ文化的差異の組織化され秩序だった日和見主義的な動員であることが多い。メインズが述べるとおり、エスニック紛争の問題は、「悪しき指導力の問題というより不適切な構造の問題である[22]」。「エスニック政治」の複雑で動態的な理解は、「武力闘争の隠れた経済[23]」ならびに暴力の政治経済の深層に関与することを意味する。それはローカルな政治の迷宮に足を踏み入れることを意味する。紛争状況は、階層化された危機をたいてい含んでいるが、それを単純に一組の問題群に還元することなどできないのである。

ブローバックを超えて

アメリカのメディアにおいて九・一一の攻撃は、まるでハンティントンのテーゼが予言であり、九・一一がその成就であったかのように、「文明の衝突」の眼鏡をとおして普通は解釈される[24]。ティモシー・ミッチェルが「マックジハード」と呼んだ布置連関の一部として、「ジハード一〇一」がメディアの解釈を主導した[25]。同じく、一般的にアメリカのメディアは自国の中東政策にかんする議論を避け、非常に恐ろしいP付きの言葉をパレスティナに向けて使うのを避けた[26]。

アメリカの政策をふまえた九・一一へのアプローチは、ブローバックである。これは、冷戦期に共産主義との戦いのなかで、アメリカが反動勢力としての保守的な宗教組織を支えた手法を再現しているのだ。一九七九年から八九年のアフガニスタン戦争中にアメリカがムジャヒディーンを支援したのは、アル・ファタハと左派パレスティナ・グループの均勢を保つ重しとして、占領地域におけるハマスをイスラエルが支援したのと同様であった。アフガニスタンの反ソヴィエト作戦の一部として、アメリカ、そしてサウジアラビア、エジプト、パキスタン、中国、イスラエルを含む同盟国は、それ以降アルジェリア、エジプト、イエメン、ボスニア、カシミール、フィリピン、そしてそれ以外のいたるところで、暴力的なイスラームのグループのネットワークを知らず知らずのうちに創出してしまったのだ。中東では、アフガン前線からの帰還兵が、ＣＩＡや他の機関によって訓練され武装され、「アラブのアフガン人」

として知られている。この見方では、ビンラーディンとアルカーイダは冷戦の弁証法の一部であり、反ソヴィエト政策の副産物である。(27) それらはまた、サウジにおける石油の富の拡大であるので、中東政策は等式の一部をなす。アメリカと他の国々は、数十年間、寡頭制を支援する一方で中東からの石油供給に依存し、政治的に中東を疎外する一方で、とりわけイスラエルの実質上無条件の支持をつうじて、中東に石油収入を注ぎ込んだ。かくしてアメリカの政策が、中東の政治的敵対関係の資源、潜在能力、そして動機づけを生みだしたのである。冷戦期に戦略的地域を経済的には強化し、政治的には疎外するという不均衡は、反共産主義闘争によって埋め合わされた。アメリカ、サウジアラビア、そして他の国々は、アフガニスタンからザイールにいたるまで共同作戦を指揮した。それじたいの均衡化行為の一部として、サウジアラビアは反共産主義と保守的なイスラーム運動の双方を支援した。冷戦が解体したとき、アメリカ中心の同盟も解体した。その一方では、湾岸戦争によって、アメリカの軍事基地がサウジアラビア、クウェート、そしてアラブ首長国連邦に持ち込まれた。

ブローバック（もともとはCIAの用語である）の含意とは、過去の安全保障作戦が生んだ意図せざる結果であった。これは、過去の関与を承認するという含意をもちながら、過去の行動の予期せざる結果として進行中の出来事を扱うことによって、そこから政治を取り去る。一九八〇年代にアメリカが進んで支えた同じ組織が、九〇年代には新たな敵だと宣言され、原理主義者とあらためて名づけられたのである。そこで「文明の衝突」論は新たに敵を設ける原則として役立ったのである。昨日の自由戦士は、文字どおり、今日のテロリストになった。「文明の衝突」論は、犠牲者をとがめ、その等式から政治を取り去る原初主義の焼きなおしである。昨日の同盟者は生みだされたのであり、その後、それは今日の敵としてつくりなおされたのだ。

複数の近代性と複数の資本主義の相互作用

ハンティントン、バーナード・ルイス、そして他の論者によって明らかにされるグローバルな分断は、新たな脅威が近代化の失敗や近代性への抵抗の問題であることを示している。別の説明枠組みはつぎのように展開できるだろう。われわれの枠組みは、多かれ少なかれ、早晩、単線軌道に沿って差異化した多様な行程のなかに存在する、単純な近代性や資本主義の世界ではない。それは、進化論、進化、開発、近代化、西欧化の古いパノラマであった。問題の一部は、社会科学と政治の言葉が単数の言葉、つまり、複数の近代性よりむしろ単数の近代性、複数の資本主義よりむしろ単数の資本主義、多様な工業化よりむしろ単一の工業化といった言葉づかいを招いているところにある。この一般化している言葉づかいは、政治的な領域を縦横にまたがって用いられており、繊細な思考には不向きなものだ。

その結果、近代性は、多様な行程がありうるが究極的には単一の経験をなす、単一の歴史的領域だと考えたくなる。その場合重要なのは後先のこと、すなわちプレ近代とポスト近代（pre- and postmodernity）である。もちろん、近代性の内部における識別線は、初期の近代性と、より進んだ、高次の、根本的で、新しい近代性とのあいだに引かれることになる。そして同様に、近代性の縁にも、周辺の、失敗した、切り縮められた、そしてハイブリッドの近代性といった変種が存在するが、これらはすべて、多かれ少なかれ単一の近代性の一部を指している。他方で、ここから、ヨーロッパ、アメリカ、日本、アジアの近代性のような時空間的な変種、そしてこれらの各内部（西欧、南、東、そして中欧の変種）の変種を理解することまでは、ほんの一歩であろう。アジアの立場にはごく普通にみられることだが、近代化の諸過程のさまざまな順序を区別すべきだとの議論もある。多様な近代性という考え方は広く受け入れられている。同様の事例は、（第9章で議論するように）多様な資本主義にかんしても指摘できる。

複数の近代性と複数の資本主義は、それぞれ歴史的・地理的な環境によって形成され、また多様な様式の融合と接合によって多様な特徴を帯びる。近代性、資本主義、工業化の地理的・歴史的な差異化を認めることと、その相互関係を分析することとは別問題である。差異と同一性、いくつもの変奏曲と主題曲のあいだの関係とは何か。近代とポスト近代、北と南等々といったように、完全に分かれた別の領域が存在するのではない。アジア、中東、アフリカ、南北アメリカ、そしてヨーロッパにおける多様な近代性は別としても、複数の近代性と複数の資本主義の相互作用が存在する。この相互作用を理解することが、現代の力学にたいする主要な鍵なのである。「われわれは、競争が企業間関係のみならず、多様な資本主義経済体制間の関係の特徴である世界に生きているのだ[28]」。

たとえば、ポスト・フォード主義の主題は、資本主義と工業化にかんする議論とともに扱われるが、まるで北の先進経済だけの力学に関心を抱いているかのように、たいてい議論される。しかし、利用できる現実的選択肢ととりうる現実的方向性は、北の変種を検討することによって示されうるというよりは、多様な資本主義様式間の相互作用によって影響を受けうるのである。（アジア太平洋の興隆の観点からは支持できないのであるが）まるでこれらが資本主義の前工程を表わしているかのように、また、まるでその前工程が後工程によって影響されないかのようである。たとえば、もし「フォード主義の国民的変種」のなかに、周辺部フォード主義（メキシコ、ブラジル）、ハイブリッド型フォード主義（日本）、そして「本源的テーラー主義」（東南アジア）が含まれるならば[29]、問題は、いかにそれらが関連しているかである。

ポスト・フォード主義とポスト近代は、重要な分析であるにもかかわらず、完全な理解のためには、ポスト・フォード主義的経済、新興市場経済、そして発展途上国のあいだの関係を考えるべきである。たとえば、東アジア経済の悪影響を考えてみよう。東アジアの企業は、北の脱工業化地域と東欧における新規投資家となってきたし、北の地域的不均等発展に影響を及ぼしてきた。新興市場経済における労働基準（低賃金、長時間労働、低い労働組合組織率）は、北と南の多国籍企業の業務における労働基準に影響を及ぼす。新興市場経済における政府の過小介入という偽りの美辞麗句は、グローバルな規模での構造改革と北における政府の後退を強化するために用いられている。新興市場経済における金融危機、たとえばテキーラ危機、アジア危機、ラテン・アメリカ危機は世界規模の反響を呼び、その結果、国際金融レジームの構造が見直された。そこから、冷戦のドミノ理論の継承者として、伝染という考え方が生まれた。かくして、北の経済と新興市場経済のあいだの結びつきは、北と南の開発に影響を及ぼす。物的な取引と経済・金融規制の水準で、また想像力と言説の水準で、これは進展している。こうした多様な空間は、ランダムな配列から生じる逸脱部分や追加物であるだけではなく、構造的、動態的、そして自己再帰的布置の一部をなす。多様な資本主義や近代性の接合は、グローバルな資本主義やグローバルなヘゲモニーをつうじて処理され、導かれるのである。

帝国の連続体（たとえば、イギリス帝国はアメリカ帝国によって引き継がれたものである）によって、資本主義のグローバルな遍歴が形成された。帝国とヘゲモニーの隙間に巣食い、その波に乗りながら、アングロ゠アメリカ型資本主義、つまりあらゆる形態のなかでもっとも規制されていない資本主義が、グローバルな資本主義の支配的形態になった。アングロ゠アメリカ型資本主義の経済学である新古典派経済学は、経済的思考の規範となった。グローバルなヘゲモニーの一部として、差異が認知される条件のもとで、つまり、同じものの多寡として、同じ経路上の後先にあるものとして、その差異そのものが消し去られている。それは、グローバルな地位における布置連関を、つまり中心部が設定した単一の基準のもとで差異を包摂することを意味するのである。

文明の衝突は、そもそも、サミュエル・ハンティントンがハーヴァード大学の戦略研究センター所長として書いた研究資金申請書であった。それが、冷戦後の新たな敵を設ける原則のために、完全に役立つことがわかったのである。それは、他の大陸からのアメリカの地理的・歴史的な距離感を反映している。文化横断的に親密な相互作用が長期にわたって広がってきた他の文化においては、他の文化との差異を極端なかたちで認識し、世界規模での文明の衝突という点にまで行き着くとみなす議論は、奇妙な前提として理解されることが多い。この結果、九・一一が生じて以降、アメリカとの世界的な一体感が急速に解体することになった。アメリカが二分法的なやり方（われわれの側に立つか、テロリストの側に立つか）を適用したとき、大きな島国的な思考様式を世界に投影していたのであった。

「二つの世界」という鋳型は、近代性の相互作用と矛盾するものである。固定観念は進行中の相互作用を覆い隠してしまう。それぞれの文化は、その内部的な現状を維持するために、他者像を具体化する。北のオリエンタリズムと南のオクシデンタリズムは、合わせ鏡なのである。北の陰謀理論は、脅威のインフレーションという目的に貢献する。南では、それは政府とエリートを批判から守ってしまう。どちらにせよ、それらは、現に生じている相互作用を覆い隠し、差異のパラダイムを維持するために、規則の例外として取り扱われるのである。

第8章　超・超大国例外主義

今日という時代は、アメリカの権力、アメリカの文化、アメリカ・ドル、そしてアメリカ海軍によって支配されている。

——トマス・フリードマン、二〇〇〇年

グローバル化をめぐる議論は、多くの場合、アメリカ化に焦点を当てている。そして、コカ・コーラ植民地化、マクドナルド化、ディズニー化、バービー・カルチャーといったおなじみの言い回しからもわかるように、アメリカ化をめぐる議論の多くが、大衆文化やメディア、大量消費に注目する。これらはすべて、多くの人びとが経験の範囲内でも目に触れる機会が多く、容易に伝播されるものであるがゆえに、圧倒的に関心が寄せられる。だが、このように文化に焦点を当てることで、街中でそうそうお目にかかる機会がないとはいえ、経済力学、政治、安全保障面でのアメリカの影響力の重要性は正しく伝わらなくなっている。さらに、アメリカ文化の影響力やジョセフ・ナイがいうところの「ソフト・パワー」が、アメリカの影響力がもつ別の側面と適切に結びつけられることはほとんどない(1)。そのため、ソフト・パワーとハード・パワーの関係を無視した文化主義的アプローチが生みだされている。本章では、アメリカ例外主義とアメリカの国際的影響力という二つのテーマを結びつけ、それをつうじて「アメリカ化」にたいする文化主義的アプローチの修正を試みたい。

グローバルな問題を真摯に受け止め、（グローバルな環境規制や国際金融規制といった）グローバルな改革の必要性を認識し、それを政治的に実行してゆくことを検討しようとするとき、当然のことながら、誰しもアメリカの戸を叩かなければならない。世界中の進歩的社会勢力と国際機関が、グローバルな改革に向けた提案を行なっている。そのリストは相当な数にのぼり、いまも増えつづけている。だが、アメリカの協力がなければ、それが実行される見込みはほとんどない。この点において、世界唯一の超大国は、世界の際だった現状維持権力でもある。したがって、結局は、この〔アメリカという〕世界の指導国がグローバルな次元での桎梏ということになるのだ。こうした点からアメリカの諸条件と問題は、世界の問題にほかならないのである。

アメリカの社会科学にみられるアメリカ例外主義というテーゼの主眼は、アメリカが特殊ケースであるというところにある。この主張をまともに受け止めるとすれば、それは、アメリカの指導力にとってどのような意味を内包することになるのだろうか。自らを歴史の例外とみなす国が世界のルールを設定するとき、それはどのような意味をもつのだろうか。本章では、アメリカ例外主義論を修正し、この議論がどのようにして国際舞台で溢れ返るようになったのか、という問いかけを行ないたい。

といっても、反米主義をもういちど繰り返そうというつもりはない。それは、われわれの議論を数十年も前に引き戻し、保守主義の領域にひきこもらせるものでしかない。移民社会としての文化融合、大衆文化の活力、技術的・経済的な成果など多くの点で、アメリカ社会の貢献は高く評価されているし、賞賛に値するといってよいかもしれない。だが、懸念すべきは、アメリカ社会の世界の他の地域とのかかわり方にある。イギリスの歴史家ティモシー・ガートン・アッシュの言を借りれば、「私は、この〔アメリカという〕国を愛している。だからこそ、この国が世界で果たしている現在の役割に懸念を覚えるのだ(2)」。ここでの議論は、アメリカの諸条件と、それらが世界の諸条件にもたらす諸結果を、実際問題として冷静に直視しようとするものである。つまり、アメリカ例外主義が現代のグローバル化を理解するうえで重要なのかどうか、したがって、アメリカの政治的な振幅がグローバルな変化に影響を及ぼすのかどうか、という点が検証されねばならない。

さらに、本章の議論は、グローバル化＝アメリカ化テーゼに立ち返ることを目的とするものではない。それは、近代化＝西洋化＝グローバル化テーゼの亜種であり、グローバル化にたいするきわめて狭量な見方である。これにたいして、私のみるところ、グローバル化とは、世界的規模で相互連結性が高まってゆく長期の歴史的な過程であり、その性質上、現代のアメリカの影響力とは比較にならないほど多様性に富み、はるかに高い持続性をもっている。したがって、グローバル化には、東洋化や南側諸国のあいだで行き交うフローも含まれるのである。

このような捉え方は、国際関係論におけるヘゲモニー研究とも重なりあう。両者の違いは、アメリカの国内政治を考慮するかどうかにある。また、それは、従来の文化帝国主義テーゼとも異なっている。アメリカの全体的な影響力は、だいたいにおいて、ヨハン・ガルトゥングのいう「構造的帝国主義」の問題であるといってよい。それが意味するのは、たんに直接的な政治介入によるだけでなく、構造的な交渉力を駆使して他の社会を形成してゆく権力である(3)。そのための手段には、たしかに文化産業も含まれるものの、それだけでは収まりきらない。経済政策、国際政治、安全保障もまた「文化的な」ものである。だがそれも、暗にそうだといえるだけで公然のものではなく、日常生活のなかでそれほどお目にかかれるものではない。

アメリカの自由放任は、世界的規模で、ステークホルダー（利害関係者）資本主義からシェアホルダー（株主）資本主義への転換を促進してきた。世界経済の運営は、ワシントンに本部を置く諸機関と新自由主義的グローバル化によって導かれ、その結果としてグローバルな不平等が拡大している。また、世界政治の領域で、自己の権力の道具として役立たないと判断した場合、アメリカはグローバルな公共財とグローバルな制度の形成を阻止してきた。

この世界最大かつ最重要の先進国にかんする研究は膨大な数にのぼり、それが有する意義も多面的である。これにたいして本章は、アメリカの例外主義と、そこから派生するグローバルな問題に目を向け、そこに照準を絞っている。この種の研究では、アメリカのイデオロギーがあたかも現実であるかのような錯覚に陥るという弊を免れることができず、アメリカ例外主義に留意しつつ、それを問題化することは難しい。本章の最終節では、自らを戯画化するものとしてアメリカ例外主義を批判し、その対位法的な潮流を検討する。アメリカ例外主義にかんする文献は、そのほとんどがアメリカ発のものであるとはいえ、豊富に存在し、主要なテーマも聞き慣れたものばかりである。その意味で、この課題にとりかかるのは容易であろう。そこで、まず従来の議論を簡潔に要約することからはじめたい。つぎに、アメリカ例外主義から派生する国際的な諸問題の検討へと進むことにする。実際、この点は、それほど広く語られておらず、しかも比較的論争を呼びやすく、これまでは（超国家企業、国際政治、軍事問題といった）専門研究のなかに押し込められてきたものばかりなのだ。

アメリカ例外主義

アメリカ例外主義には、かなり知れわたった特徴がある。まず、その起源は、「共和主義的伝統と千年王国説の融合」にあり、「それが、アメリカの歴史著述に顕著なアメリカ例外主義のイデオロギーを形成している」[4]。もうひとつの周知の推論の筋道は、一九〇六年のヴェルナー・ゾンバルトによる「なぜアメリカには社会主義が存在しないのか」、という問いに発している。アメリカ例外主義は、アメリカでも論争的なテーゼなのだ。かくして「アメリカは、異質であるがゆえに、例外主義の単一の様式やパターンをもたなかった」と主張されている[5]（第1章では、アメリカ例外主義のなかの例外主義と、アメリカ南部およびディクシー資本主義の役割について論じておいた）。とはいえ、アメリカ例外主義は、歴史、労働研究、人種関係といった幅広い分野で影響力をもつアメリカの思想家からは依然として支持されている。とくに政治学でそれが際だっているのは、セイモア・マーチン・リプセットの重要な研究によるところが大きい[6]。また、ド・トクヴィルからグラムシ、ラルフ・ダーレンドルフ、そしてジャン・ボードリヤールにいたるまで広く海外の思想家からも、ある種のアメリカ例外主義が、多くの場合、賞賛をもって発信されてきた。

とりわけアメリカの歴史家のあいだでは、アメリカ例外主義そのものの構成要素にたいしてよりも、それを受け入れるか否かについてのほうが見解の相違が大きい。自由放任イデオロギーや財界の権力といったアメリカ例外主義の主たる構成要素は、かなり長期持続的なものである。リプセットが指摘するように、「長きにわたる戦後の繁栄は、アメリカの古典的な反国家主義、市場志向の価値を一新し」[7]、それはクリントン・ブッシュ両政権下でさらに強化された。労働組合構成員数の減少が進行する一方で、組織された労働にたいする企業の敵愾心がしだいに高まり、さらには非合法な企業戦術をとることも増えている[8]。

本章は、アメリカ例外主義にたいする批判ではない。むしろその焦点は、アメリカ例外主義そのものではなく、それから派生する国際的問題におかれている。アメリカ例外主義は、つぎのようなアメリカの基礎的諸条件との関連で、ある程度理解することができる。アメリカは、一度たりとも自国領土での戦争を経験していない資源豊かな広大な大陸であるだけでなく、入植型植民地主義の歴史と浅薄な近代性しかもたず、移民国家であるとともに巨大な国内市場を擁し、世界第四位、先進国では最大の人口大国である。さらに、このことはアメリカ特有の道（*Sonderweg*）が、そうした基礎的諸条件の反映であり、他の追随を許すものではない、との警告を発するものだといってよい。あるボストン市民がトクヴィルに語ったところによれば、「われわれの真似をしたいと思う人がいれば、その人は、われわれの歴史には前任者がいないということを知らねばならない[9]」。

だが、われわれは、アメリカ例外主義の問題化を避けて通るわけにはゆかない。アメリカ例外主義は、アメリカの歴史的・地理的な特殊性を要約的に説明するものとして、またイデオロギーとして二重の機能を果たしている。アメリカ例外主義が広く言及されるのは前者の役割においてであるが、そこにも議論の余地がある。イデオロギーとしてのアメリカ例外主義は、自らを戯画化するものであり、他の諸国でうんざりするほどステレオタイプ的に語られる「国民性」と同じくらい古臭いものなのだ。そのようなものとして、アメリカ例外主義じたいは、「アメリカニズム」の一形態であり、それが表現しようとするものの一部である。この点についての詳細は、最終節で述べることにしたい。つぎに、社会的事実としてのアメリカ例外主義と、イデオロギーとしてのアメリカ例外主義に線引きをすることは、かなり難しい。さらに、社会構築主義の前提に立てば（つまり、社会は人びとの信念や共通意識にもとづいて構築されるとすれば）、当然のことながら、両者が国際的舞台にも波及するものと考えられる。したがって、イデオロギーとしてのアメリカ例外主義は、現実のアメリカが歴史的パターンから逸脱していることと同じ程度に重要な問題なのである。

長期にわたるアメリカのヘゲモニーは、世界中の諸社会にその名を刻印し、現代のグローバル化がそのための最新の装置となっている。現代のグローバル化と関連する進行中の変化には、技術的変化、情報社会、柔軟化、個人主義化のように構造的な性格をもつものがあり、それは、とりわけアメリカの影響力によって歪められている。したがって、アメリカという超・超大国によってどのようなグローバル化が生みだされているのか、という問題を検討する作業は、アメリカ社会を再検証する作業でもあるのだ。

アメリカ以外にも、しばしば例外とみなされる国はある。たとえば、ドイツ特有の道がそうであるし、日本の特殊性（日本人論）やイギリス、フランス、スカンディナヴィア、ヨーロッパ、東アジア、中国、オーストラリアの例外主義などに話がおよぶこともある。だが、こうしたケースのほとんどは、例外主義を、単一の論点（たとえばイギリスの労働やフランスの統制主義《ディリジスム》）との関係で論じており、多面的な次元でそれが語られているわけではない。また、そうした例外主義が、（日本や最近のドイツを除けば）民衆イデオロギーとして機能することもない。さらに、もっとも重要なのは、そうした諸国は超大国ではないのである。いかなる国であれ、その歴史的な特異性が世界的舞台で増幅されれば、その国は異様な存在に映るだろう。だがこれは、現実の問題であって、アメリカ例外主義そのものではないのだ。唯一の超大国であるということもまた、例外的状況である。それを表現するために、ユベール・ヴェドリーヌは、フランス外相時代に超・超大国（つまり「あらゆるカテゴリーにおいて、支配的な、あるいは優越する国」）という言葉を用いたのである。超大国の地位は、ひとつの状況であるだけでなく精神状況、つまり見通しでもある。超・超大国例外主義それじたいをひとつのテーマとして取り上げる理由がそこにある。

アメリカ例外主義は、主に自由企業と自由放任イデオロギー、財界の相対的な権力と政府の役割の制限、「アメリカニズム」のイデオロギーと社会的不平等といった要素で構成されている。この周知の特徴に、本書では、アメリカの近代性の性格と軍事の役割を加味して検討したい。

自由企業資本主義

通常、アメリカ例外主義の礎石としては、国家の弱体化や労働組織の弱さが指摘されるが、それとともにあげられるのが自由放任である。だが、労働組織を除けば、実際的な意味で、そのいずれもが問題をはらんでいる。アメリカの課税率は他の工業国と比較しても低く、政府所有の産業の数も少ない(10)。アメリカは、「大きな社会主義運動も労働者政党も存在しない唯一の工業国なのである」[11]。アメリカの連邦政府は、最小限国家よろしく行動するが、防衛および安全保障面では強力な規制が存在し、強い政府として機能している。このようにみると、混合経済あるいはジョン・ラギーのいう「埋め込まれた自由主義」が、自由放任よりも、アメリカを語る表現としてはふさわしいといえるだろう。自由放任は、フォード主義、政党機構、ニューディール、軍事的ケインズ主義、輸出信用、ローカルな投資インセンティヴ、「貧困との戦争」、アファーマティヴ・アクションといった政府の介入のなかに終始埋め込まれ、それによって調節されている。ヨーロッパの社会民主主義とは異なり、アメリカのフォード主義は労働者の人権よりも労働者の生産性や賃金率に基礎をおき、政府の政策よりも企業の設計に依拠している。ジョンソン政権の掲げた「偉大な社会」は、ヴェトナム戦争の負担によって流産してしまった。アメリカは、残余型福祉国家であり、ワークフェア国家への傾斜をますます強めているが、それでも福祉国家である。

　アメリカの自由放任の実現は部分的なものにすぎず、しかも、それは不連続かつ機会主義的なものであった。政治的な都合から必要とあればいつでも、自由放任という立場からの逸脱が起こるのである。たしかに、一九八〇年代には、営利事業の急激な規制緩和が、現実に数多く実施された。しかし、そこで首尾一貫していたのは、自由企業というイデオロギーぐらいのものであるといってよく、その履行という面では不均等なものであった。アメリカ型資本主義の主要な特徴――つまり自由企業、最小限国家、高度な所有個人主義――は、国際的な基準からみても異質であるが、アメリカの自由放任イデオロギーはさらに異質なものだ。とはいえ、このイデオロギーは、対外的な姿勢としては一貫して支持されてきた。「国内では混合経済を実践する一方で、グローバルには自由放任経済を促進する、ということの矛盾を認識し、それに取り組む者などほとんどいない[12]」。ポール・クルーグマンの考察によれば、「ワシントンの政策立案者とニューヨークの銀行家たちは、その種の根管治療的な経済学を、他の諸国にたいしては処方する。だが、それが、ここアメリカで許容されることは決してないだろう。……私からのアドヴァイスは、スーツを着込んだそのような人間の言うことに耳を傾けるのをやめよということだ。つまり、われわれの言葉ではなく、行動に倣えということなのだ[13]」。

政治的保守主義

「最小のものしか統治しない政府が最良の政府である」——トマス・ジェファーソン
「最小の政府が最良の政府である」——ロナルド・レーガン
「大きな政府の時代は終わった」——ウィリアム・J・クリントン、一九九六年

リプセットによれば、アメリカ例外主義の永続的な価値、つまり自由、平等主義、個人主義、ポピュリズム、そして自由放任によって、アメリカは、「もっとも反国家主義的で、法律を遵守する権利志向の国家」、「もっとも古典的な自由主義的政体」、そして「偉大なる保守的社会」となってきた[14]。アメリカの最小限政府は、通常「夜警国家」と表現される。ネットルはさらに進んで、アメリカの「相対的に国家なき社会」を、法だけが最上のものとされる社会であると述べている[15]。

アメリカの政治システムの特徴が、立憲主義、チェック・アンド・バランス、大統領制にあることはよく知られている。立憲主義は、法中心の政体を生みだし、それが、やがて例外的に訴訟性向の強い社会[16]と「法‐合理的な文化」を支える基盤となった。「法規制が、アメリカほどの広がり、あるいは強制力をもつ産業社会はほかにはない[17]」。アメリカの法律家は八〇万人に達するが、その数は、世界中で活躍する検事・弁護士総数の三分の一に相当する。一九七〇年代以来、アメリカの法律専門家の数は経済成長の三倍の速度で増大し、訴訟も人口成長率の七倍の速さで増えている[18]。

アメリカの共和政体は、分割された政府形態の弱い国家として設計された。国家にたいする敵愾心は、アメリカの中央集権（君主制）国家との闘争にまでさかのぼり、独立戦争に由来する。リプセットによれば、それは、国家もしくは法に服従する伝統が、アメリカには存在しないことを意味する。その一例として、アメリカ政府がメートル制を強要することができなかったことをあげることができる。法律上はメートルが公的な尺度であるが、実際には使用されてこなかったのである。

アメリカにおける三権分立は、議会の構成員が、有権者とともに大統領や支配政党の見解に反対票を投じることを可能にし、それを促しさえしている。……議会の指導者を含むアメリカの立法者は、地元有権者の小集団の要請に応えるかたちで、主要な国際取り決めに反対票を投じてきたし、そうした取り決めを実行するための法案の抹殺に手を貸してきた。……前下院議長であるトマス・P・（ティップ）・オニールがかつて述べたように、議会では「すべての政治」がローカルなものなのである[19]。

アメリカの規模の大きさ、連邦主義、そしてチェック・アンド・バランスが、議会におけるギブ・アンド・テイク型の利権システムを育んでいる。連邦レヴェルの協力は、地域的な特殊利害にもとづく取引や再分配をつうじて実現される。そのため、議会で進歩的な政策を通過させることは難しく、そのことが、ひるがえって、アメリカの世界にたいする指導力にも影響を及ぼしている。その結果、ほとんどの諸国で右翼的とされるものが、アメリカでは政治的中心となるのである。

政治論争の枠組みを構成するさいに第三者が排除されるということも、アメリカ型民主主義の特徴のひとつである。ウィリアム・グライダーによれば、「アメリカ型民主主義の腐りきった状況がなかなか理解されにくいのは、事実が隠蔽されているからではなく、そうした事実を目の当たりにする機会がいたるところに転がっているからなのだ[20]」。そこには、大規模かつ常習的な無投票層の存在や、選挙キャンペーンの資金問題、そして短く引用しやすい候補者の発言を繰り返し放送するだけの政治論争（サウンド・バイト文化）も含まれている。

社会的不平等――勝者独り占め

「アメリカは、ブルジョワ国家の真の模範として、組合、経営、その他の諸関係において市場の競争原理にしたがっている[21]」。労使関係は敵対的で、所得格差は工業諸国のなかでもっとも大きい。かつてJ・P・モルガンは、自社の執行役員はブルーカラー労働者の稼ぎの七倍以上の報酬を得ることはできない、とするルールを設けていた。ところが、一九九八年の時点で、大企業の最高経営責任者（CEO）たちが受け取る報酬は、ブルーカラー労働者の平均給料の四一九倍に達し、この格差は拡大しつづけている。アメリカにおける下位五分の一の世帯が受け取る所得は、国民所得の四パーセントに満たない。他方、上位五分の一の世帯の所得は、国民所得のほぼ半分にもなる(22)。

人員削減は、株主価値を高める。そして、CEOの報酬は、株価のパフォーマンスと連動している。そのため、常勤雇用が大幅に削減されれば、それに応じてCEOの給料も上昇するのである(23)。経済学者フランクとクックは、勝者独り占め型システムは、競争力が通信技術の変化と結合することによって出現したと論じ、それが、企業、金融、娯楽、スポーツ、教育の分野で、勝者に特権を付与しているのだと主張している(24)。

アメリカの特徴は、他の先進国と比較して機会の平等度が高い反面、結果の不平等度も高いところにある。ロバート・マートンの古典的議論によれば、この機会と結果のズレが、アメリカで犯罪率を高める要因となっている。つまり、野心は社会的に共有されていても、それを実現する手段は共有されていないのである(25)。アメリカの大衆文化もまた、この緊張関係を反映している。

第6章で論じたように、政治文化や開発哲学の観点からみて、アメリカは先進国のなかでもっとも不平等に寛容な社会である。実際、社会的不平等は一九七〇年代から拡大しつづけている。三〇〇〇万人ものアメリカ人が貧困線以下の生活を送り、四三〇〇万人もの人が健康保険に加入していない。そして、ハーレムで暮らすアフリカ系アメリカ人男性の平均余命は、バングラデシュ男性の平均余命にも満たない。財団基金や慈善事業——「無数の小さな光」[1]や信仰組織——に政府の失敗を埋め合わせることなどできないということは、こうした事実からも十分に裏づけられている。

アメリカニズム

一部の他の大国と同じく、アメリカは、その規模の大きさから、文化的に狭量で内向きになりがちである。また地理的に孤立していることも、ひとつの要因であろう。アメリカは多くの点で自己陶酔的であり、集団的ナルシズムに心を奪われやすい。そのことを示すひとつの指標に、外交問題について十分な報道が行なわれていないということがあげられる。冷戦の終結後、外交報道の数は減少し、世界的な問題でアメリカの役割が高まっている今このときに、海外特派員が削減されている。その結果、外交問題の情報をもっとも与えられていない国民が世界でもっとも影響力をもつ、という特異な状況が生みだされているのである。海外の文献にたいする関心のなさが、もうひとつの指標となるだろう。実際、母語以外の言語で書かれた書物の翻訳数は、他国と比べてはるかに少ない。

マイケル・ハリントンによれば、アメリカというのは、「共通の歴史によってではなく、イデオロギー、つまりアメリカ的信条あるいはアメリカニズムによって統合された国であり、それが『社会主義の代替物』としての役割も担っている」[26]。アメリカニズムは、例外主義とも組み合わさって、現代社会では例外的といえるほどの熱狂的ナショナリズムを生みだし、それは、合衆国憲法、大統領の地位、国旗にたいする稀にみるほど熱狂的な崇拝、「アメリカ・ナンバー・ワン」のポップ・カルチャーに凝集している。

電子化されたマスメディアや大量消費文化を他に先駆けて活用してゆくとき、アメリカは商品の物心崇拝にいくつかの基準を設定する。その巨大な国内市場の存在によって、アメリカは、他国に依存したり敏感になったりすることが相対的に少ない。そのため、対外的な視野をもつことに経済的なインセンティヴがないのである。

浅薄な近代性

ヨーロッパは数世紀にもおよぶ歳月をかけて、部族的かつ小農的な文化、帝国、封建制、君主制、そして絶対主義の経験を積んできた。実際、それが、「旧世界」と呼ばれるものである。ここで近代性とは、他の歴史的な諸層から生じ、そうした諸層に点在するひとつの階層のことである。大陸の近代性は、こうした歴史の深部から生まれ、複雑な近代性に結実した。大まかにいって、同じことがアジア、中東、アフリカの社会構成にも当てはまる。ヨーロッパでは、国家の中心的な役割は、帝国の歴史、封建制、君主制、絶対主義の遺制が結びつくなかで生まれた。また、封建制と絶対主義を革命的に矯正するためにも、主権国家は必要なものであった。社会的市場資本主義や大陸の福祉国家は、経済的・軍事的な保護を与えることと引き換えに領主が自己の農奴を支配していた、封建時代のモラル・エコノミーと公的給付の痕跡を示すものなのである。

対照的に、アメリカの近代性の基礎は、小商品生産と南部の奴隷生産、それにつづく産業主義とテーラー主義といった経験にある。アメリカには、「進歩の時代以前から引き継いだ伝統はない」。つまりアメリカは「革命後の新しい社会」なのである(27)。独立と啓蒙主義の時期が重なったために、その建国は合理的な進歩主義にもとづくものとなった。宗教上の異議申し立てとプロテスタントの理想主義に、科学主義が組み合わさることで、「マニフェスト・デスティニー」〔第3章の訳注2を参照〕と「進歩の天使」という考えが生みだされた(28)。グラムシは、アメリカを「真の合理主義」の国と考えたし、ラルフ・ダーレンドルフは、それを「応用啓蒙主義」の国と理解した。深遠な古典的伝統がないために、アメリカ文化は「大衆と階級の和解」によって特徴づけられ、それは、必然的に「階級の脱急進化」をともなうものとなった(29)。古い階層（新石器、封建制、絶対主義）との弁証的関係が存在しないことが、歴史の重荷を背負うことも足かせもない革新を促進する。これこそが、アメリカの耐え難いほどの軽さである。それは、福音として「断絶」へと向かってゆく。征服や入植型植民地主義、移民が、歴史や地理とともに断絶を、アメリカの集団的経験の一部にしているのである。アメリカ型資本主義の主たる特徴は、アメリカの浅薄な近代性から派生したものである。それがひるがえって、世界的規模で近代性が相互作用するなかでのアメリカの役割を形づくっている。

軍の優越

軍事的装置が、アメリカの政治、経済学、社会生活において突出して大きな役割を果たしている。アメリカ政府は最小限国家であるが、法と秩序、そして安全保障はその例外として扱われる。実際、アメリカ政府が産業政策を実施している唯一の領域が防衛である。レーガン政権が長期計画の策定に取り組んだ唯一の領域も、防衛であり、宇宙ミサイル防衛であった(30)。

軍は幅広い世論に支えられ、超党派的な支持を得ている。陸海空軍は、アメリカでもっとも潤沢に資金供給がなされる公共機関であり、世論のもっとも大きな信頼と信用を勝ち取っている。ヴェトナム戦争を経たあとですら、その信頼と信用の度合いは、大学、教会、最高裁判所、企業、そして他のいかなるアメリカの機関にたいするものよりも大きい(31)。また、軍は、底辺層の社会的流動性を確保する経路としても役立っている。軍が、軍事的ケインズ主義の一翼を担い、階級的なバイアスをもつ教育システムを補完しているのだ。[32] 大統領候補はあいかわらず、党大会の直後に、まず退役軍人連盟に挨拶をし、軍のために多くの資源を割り当てる提案を行なう。つまり、「アメリカの陸海空軍は世界でもっとも優れた装備をもち、もっともよく訓練されている」ことを確認しなければならないのである。第二次世界大戦で軍の果たした役割をメディアが何度も繰り返し報道することで、そして、通常、ヴェトナム戦争やイラン－コントラ事件を省略することで、軍の道徳的地位が大衆化され、保持されている。軍事的な隠喩や、暴力にたいして鈍感にさせる要素が、娯楽部門では蔓延している。事実、ペンタゴンとハリウッドは密接なつながりをもっている。ハリウッドで製作される映画のかなりの部分は、もっぱら軍事的なテーマをとりあげ、そこにアメリカの権力を投影したいくつかの側面と符号するものを見いだすことができる。[33] その影響力の広がりは、つぎのことからもうかがえる。たとえば、ブロードウェイ・ミュージカルの振り付けの基礎は、もともと軍事教練にあり、第一次世界大戦で名を馳せた教官、ジェイムズ・バズビーによって導入されたものであった。[34]

とはいえ、兵器産業がアメリカの工業化に果たした役割は、歴史的な基準からみれば、例外的に大きいとはいえない。強力な軍事力を構築することが、とりわけ一九世紀後半、世界中の先進国の工業化を牽引する機関車であった。例外的なのは、軍産複合体の役割が持続的なものであるという点にあり、それが、アメリカの超大国としての地位と調和的であるということなのだ。一九四〇年代後半以降、ペンタゴンは、一二兆ドルの資源を費やし、毎年三〇〇〇億から四〇〇〇億ドルも支出しつづけている。[35] 冷戦終結後も、「転向」の見返りと平和の配当が支払われることはなかった。かわりに、安全保障に必要な装備は占有されつづけ、装備や兵器の性能の向上が図られた。それだけでなく、軍事予算が繰り返し拡充されるなか、実験や軍事関連の専門職に機会が提供され、「コロンビア計画」〔第3章の訳注1を参照〕のような巨大プロジェクトが実施されるという傾向がつづいている。従来の戦争経済のテーゼは、もはや擁護できるものではなくなっている。[36] 巨大な治安部隊を保有することの経済合理的な根拠は、政府からの受注と軍事施設を配分する政治原理や地域的な利権システムという、暗い影に覆われてしまった。にもかかわらず、ブッシュ政権のもとで軍事予算は記念碑的な拡張をとげ、戦争経済が復活しているのである。

二〇〇三会計年度における軍事支出は、裁量的な予算支出の四九パーセントを占め、教育関連支出が七パーセントにすぎないのと対照的である。[37] テロとの戦争の一部として軍事予算が四八〇億ドルも増大し、その結果、二〇〇三年度の軍事予算は三八〇〇億ドルにも達している。これは、軍事支出の多さからみた、世界の上位一九カ国の総軍事費を凌駕している。それに合わせて、富裕層を利する大幅な減税が、社会間接資本、教育、社会サーヴィスにたいする歳出削減とともに実施されているのである。このままでゆくと、二〇〇六年までに、アメリカの軍事予算は年当たり四五〇〇億ドルに達する見通しである。

市民の武器携行を認める憲法上の権利、全米ライフル協会の影響力、そして街角やメディアで散見される「銃文化」は、開拓農民が辺境の兵士としての役割も担った入植型植民地征服社会という、アメリカのルーツを忠実に映し出している。また、銃文化の起源は、西部開拓ではなく、一八四〇年代の工業化と南北戦争にあるという修正主義的な議論もある。[38] こうしたものの遺産が、武力と強制が政治的・経済的な手段として機能する文化に現われている。[39] アメリカには二〇〇万人以上（二〇〇二年時点で二二

表8-1　アメリカ例外主義の諸次元

次　元	基本方針	
自由企業資本主義	「アメリカの財界は歴史的に類を見ない政治的権力を享受してきた」[1]。市場の諸力に依拠するイデオロギー。	
政治的保守主義	制度上	最小限国家，立憲主義，極端な三権分立，弱い労働者階級組織，企業の並はずれた権力。
	政治過程	ポピュリズム，自発的結社，政党の役割の弱さ（国家的レヴェルではなく，州や地方レヴェル）。
	価値	個人主義，民営化された倫理，透明性，社会工学。
	イデオロギー	アメリカニズム，愛国主義。
最小限国家	「もっとも反国家主義的で遵法主義的かつ権利志向の国家」（リプセット）。	
弱い労働者階級組織	「労働組合にたいする雇用者の非合法な抵抗の程度の上昇」[2]	
人種関係	労働者階級の連帯に代替するものとしての人種。特権を代替するものとしての白人であること。ゲットーにおける慢性的な貧困，投獄，死刑罰。	
自発的結社	ド・トクヴィルからパットナムへ。ヴォランタリズム，慈善。ゲーティッド・コミュニティ。	
浅薄な近代性	応用啓蒙主義の国	
アメリカニズム	歴史的重責がないことを賛美するものとしてのアメリカニズム。「アメリカのもつ意味」が，歴史にたいする代理物として機能する[3]。	
文化	「アメリカには，ヨーロッパ・モデルにもとづいて長期にわたって伝統的に構築された文化は存在しない」[4]。	

注：1）Kammen, “The Problem of American Exceptionalism,” p. 5.
　　2）Ibid.
　　3）Howe, *25 Years of Dissent*; Kammen, “The Problem of AE.”
　　4）Mills, *The Sociological Imagination.*

〇万人）の市民が収監され、史上最大の民間人投獄数を記録しており、囚人数では世界第一位にランクづけされる。ちなみに、第二位が中国である。そうした監獄群が、アメリカ「内部の強制労働収容所」となっている。[40] 先進国のなかでも、アメリカだけが死刑を大々的に活用している国である。この力への訴えは、利潤動機とも相互作用する関係にある。アメリカ中で、刑務所を新設することが、地方の経済不況への対処法のひとつとなっているのだ。民営化された監獄が、監獄‐産業複合体を構成しているといってもよい。[41] 地域社会を塀で取り囲み、ビデオで監視することも、安全保障の民営化の一部である。「夜間警備員やボディーガード、事実上の民兵にいたるまで、セキュリティ・サーヴィス産業はブームに沸き、火器取引が記録を更新しつづけている」。[42]

以上の議論を要約するために、アメリカ例外主義の主要な次元の概要をまとめたのが表8‐1である。

グローバル化はアメリカ化なのか?

全世界は、アメリカ型システムを採用すべきである。アメリカ型システムは、世界システムとなってはじめてアメリカでも存続可能なのである。

——ハリー・トルーマン大統領、一九四七年

民主主義、資本主義、そして安定の恩恵をすべての人にもたらしたいと思うアメリカ人は、自分が

語っていることを本気で語っていたのだ。つまり、そうした人びとの考えでは、全世界がアメリカを反映するものとならねばならないのである。

――スティーブン・アムブローズ、一九八三年

アメリカ例外主義の諸特徴が、現代のグローバル化を方向づけていることはまちがいない。だが、この議論を発展させるためには、越えなければならないハードルがいくつかあることもたしかである。第一に、本来、「アメリカ化」には、方法論的にみてポピュリズムの要素が備わっている。問題は、それが、どの分析単位に当てはまるのか、つまり、どのアメリカにたいしてなのか、誰のアメリカにたいしてなのか、ということである。アメリカは、人口規模でみれば世界第四位の大国であるが、その構成はきわめて異質で、地方間の差異が重要な役割を果たしている。また、本社機能を分権化し、海外で税の申告を行なっているアメリカ系企業をアメリカ企業だと言い切ることはできない。さらに、国境を越えるフローは一方通行的なものではなく、多方面に向かって流れている。経済的にも文化的にも（外国人所有、経営、表現方法、消費パターンといった面で）、ヨーロッパ化、アジア化、ラテン・アメリカ化と呼べる潮流も存在するのである。ディアスポラ〔故郷離散者たち〕は、終始、「アメリカ」の性格を変化させてきたし、このブリコラージュ的な性格がアメリカの構造の一部なのだ。では、ここで検討している分析単位とは何なのか。それは、リプセットの想定する、長期にわたって存続する「組織原理」の集合なのか。それとも、もうひとつの極論である、アメリカがひとつの拠点つまり、超国家的な総合とブリコラージュの場ということなのか。アイルランド人からラテン・アメリカ出身者にいたるディアスポラの波

と層が、「アメリカ」を形づくってきた。したがって、アメリカの基礎的諸条件を診断するのに、ただ建国の始祖にまでさかのぼってみるだけでは意味がない。また、セルバン＝シュライバー流に「アメリカの挑戦」といった類の議論を打ち立てなおすことも、生産的なものとはいえないだろう。それは、マイケル・ポーターのように、国の競争力という環境のなかに議論を据えることになる。この種の国家的な視点は、加速するグローバル化に到底追いついておらず、アメリカ例外主義とグローバル化の関係を分析するのにふさわしいものではない。

第二の問題は、アメリカ政治における歴史的偏差を調整しなければならないというところにある。アメリカ例外主義は、アメリカ歴代政権の実際の特徴にぴったりと符合するわけではないし、必ずしもアメリカ政治に内在するものでもない。したがって、別の角度から論じてみれば、アメリカ政治の本質を抽出することができるだろう。ウィルソン的な国際主義もまたアメリカ外交政策の一部であり、アメリカによる世界秩序への貢献には、国連やブレトンウッズ体制の確立、マーシャル・プラン、ヨーロッパ統合への支援、人権や民主主義を擁護する政策も含まれている。こうした点で、アメリカの貢献度がどの程度のものであったのかについては、たしかに議論の余地はある。だが、それらは、過去数十年にわたって描かれてきたもの以上に、アメリカの外交政策には大きな偏差が存在することを示しているのである。実際、第二期クリントン政権下でも、キューバにたいする経済政策の緩和、国連分担金の延滞分の清算、国際刑事裁判所の承認などの大きな変化があった。その一部が、次期政権によって覆されたのである。

アメリカの超国家的な役割の位置を確認するさいには、つぎのようないくつかの分析レヴェルを区別しておくことが役に立つ。

・構造的な力学。これには、アメリカによって開拓され、海外に輸出される科学技術上の変化が含まれる。それらが、究極的には文明相互間の継承物を表象する。

・工業国に一般的な基礎的な力学。ここでは、そうした傾向の先駆けとなる国の提供する先導的な総合政策が、すべてのものに影響を及ぼす。とはいえ、この力学は、必ずしも当該の国に特有のものではない。それは、最終的に産業社会は類似したものになるとみる、近代化論の収斂テーゼへとわれわれを導いてゆく。大量生産、大量消費、マスメディア、ジェントリフィケーション〔郊外化〕、そして情報技術そのものは、「アメリカ的」なものではない。その先駆者がアメリカであったがゆえに、アメリカに栄光をもたらすものとなったのだ。

・アメリカ系企業やアメリカの文化産業は、「手段の善し悪しを問わず」、一時的な優位性から独占的レントを引き出そうとする。これは、歴史的にも前例に事欠かない、ごく普通のビジネス行為である。たとえば、イギリスも、インドの繊維生産と貿易を壊滅させたし、萌芽期にあったエジプト、ペルシア、オスマン＝トルコ帝国の工業化を妨げた[43]。現代における同様の策謀が、正確な意味での「アメリカ化」の領域の一部をなしている。

・国際的な交渉の梃子（国際金融機関やＷＴＯ）や地域的な取り決めをつうじて、アメリカ政府は、アメリカ系多国籍企業の優位性を制度化しようとしている。

・テロとの戦争や帝国への旋回によって、地政学的な政治課題が新たにつけ加わっている。

このような分類を行なってみて明らかになるのは、グローバルなアメリカ化の中心的問題が、右の分析レヴェルの終わりから三つの点、つまり独占的レント追及、超・超大国の交渉力を用いたその制度化、「長い戦争」の地政学にある、ということだ。

国内政治と国際政治の分割線が曖昧になっているというのは、おなじみの論点だが、そのさいの強調点は、多くの場合、国際政治が国内政治に影響を及ぼしているという点におかれている。だが、逆に、国内政治は国際政治にどのような影響を及ぼすのか、ということも問われねばならないだろう。より具体的には、問題は、どのようにしてアメリカの政治が、国際的な領域や他国の政治に影響を及ぼしているのかなのである。

アメリカ例外主義は、現代のグローバル化に影響を与える諸政策に転換される。その経路を検証するための大まかな素材を、表8－2で提示しておいた。ここにあげられる政策の各々について分析した文献は、広範囲におよんでいる。ワシントン・コンセンサスと国際開発の政治力学が、アメリカ方式であるグローバル化の主要部分を構成していることは、第1章ですでに論じておいた。そこで、本章では、世界地図上に現われるアメリカ例外主義の側面として、アメリカ型自由放任と、それが資本主義および世界政治を形成するさいに果たす役割という、二つのテーマに議論の照準を絞ることにしよう。

自由放任

二〇世紀の前半から、テーラー主義、フォード主義、高度大量消費、自由貿易、そしてアメリカ企業とそのビジネス慣行といったものの大規模な輸出が、資本主義のアメリカ・ブランドを彩っていた。とくに一九八〇年代以降は、ワシントン・コンセンサスの緊縮財政、民営化、自由化、規制緩和が、そのレパートリーに加わった。

アメリカのヘゲモニーは、連続する諸事象の一部にすぎない。アメリカの台頭は、イギリスのヘゲモニーの時代を引き継ぐものであった。つまり、マンチェスター自由主義、一八七〇年代以後の新古典派経済学、そして一九七〇年代以後それが新自由主義として復活したことは、ひとつの歴史的な連続体を形成している。その推進力は、いくつかのヘゲモニー闘争の時期に中断されはしたが、一八三〇年頃から延々とつづく、およそ一七〇年にもおよぶアングロ－アメリカのヘゲモニー期と切り離して考えることはできない(44)。

世界的な基準からみれば、アングロ－アメリカの自由企業資本主義こそが一種の例外である。ヨーロッパ、アジア、そして発展途上国では、混合経済や社会的市場資本主義のほうが経済運営の主流を占め、社会主義諸国には中央計画経済が行きわたっている。イギリスやアメリカの経験からいっても、自由企業というものは、部分的にみられる状況やプログラムにすぎず、現実の一部を構成するものでしかない。自己調整的市場が実行されたのも最近のことで、それも部分的かつ断続的なものであった。実際は、埋め込まれた自由主義と呼べるものであったのだ。この埋め込まれた自由主義にも、大陸ヨーロッパ版とアングロ－アメリカ版の区別が必要である。だが、その差は、程度の問題にすぎない。とはいえ、両者がともに関心を寄せるつぎのような領域には、その違いが本質的なものに転じてしまうものがあるのも事実である。つまり、産業政策、労働規制、マネジメント、銀行、ヴェンチャー・キャピタル、株式の役割である。アメリカだけをみれば、両者の違いは、自由企業イデオロギーの主張ほどではないが、か

表8-2　アメリカ例外主義と国際的派生物

アメリカ例外主義の諸次元	現代の国際的派生物
自由企業資本主義	・資本主義の規範としてのアメリカ型資本主義 ・ワシントン・コンセンサス，構造調整，IMFと世界銀行のコンディショナリティ ・成長の両極化をもたらすグローバル・モデル；不平等の拡大 ・国際金融の規制緩和 ・国際通貨としてのドル，たとえばドル化 ・アメリカ系多国籍企業の役割 ・アメリカのビジネス・スタンダード，法，MBAの普及 ・オフショア経済の促進
自由貿易	・対外政策手段としての貿易政策，たとえばアメリカ通商法301条 ・WTOと新自由主義的かつグローバルな貿易ルール ・NAFTA，APEC，自由貿易協定
最小限国家と政治的保守主義	・国連分担金の延滞 ・国際条約やICCへの不参加 ・国際法廷の非遵守 ・地域的問題におけるダブル・スタンダード（中東） ・民主主義という手続き形態の促進 ・開発政策における政府の後退
弱い労働者階級組織	・（ICFTUにおける）AFL-CIOの保守的な影響力 ・ILOにたいするほぼ皆無といえるほどの支持のなさ（たとえば労働基準など）
残余型福祉／ワークフェア国家	・開発における社会部門の後退（健康，教育，社会サーヴィス）
自発的結社	・「市民社会の強化による民主主義の促進」 ・NGOの促進（USAIDの新たな政策課題）
個人主義	・専門化，脱政治化，政治的断片化と一致するかたちでのNGOの促進
浅薄な近代性	・法的手段をつうじた超国家的な社会工学 ・アメリカ基準の会計システムの配置 ・一方的な透明性（財務省，IMF，世界銀行） ・「超・超大国のごとく監視すること」，つまりグローバルなパノプティコン主義
アメリカ内部の軍事的ヘゲモニー	・冷戦の波及効果（地域的介入の残滓） ・禁輸措置，制裁措置 ・外交政策の軍事化

表8-2　アメリカ例外主義と国際的派生物（続き）

アメリカ例外主義の諸次元	現代の国際的派生物
	・繰り返される戦争の比喩：麻薬との戦争，犯罪との戦争，貧困との戦争，テロとの戦争 ・敵のイメージの促進（ならず者国家など） ・軍産複合体の巨大プロジェクト ・「人道主義的軍国主義」と人道的介入 ・軍事基地と諜報監視の配置 ・情報監視の配置転換（エシュロン） ・機密工作，民間軍事請負業者 ・核拡散（1997 年の NTBT の未批准） ・軍事作戦の健康上，環境上の災害（湾岸戦争，バルカン半島，アフガニスタン，イラク，そしてアメリカにおける DU〔劣化ウラン〕） ・武器販売，訓練，地域的な軍拡競争の促進 ・国境の軍事化（米墨モデルのイスラエルや南アフリカへの輸出）
アメリカニズム	・単独行動主義；国連の指令の枠外での行動 ・国連指揮下に服することの拒否 ・他の国を異常であると表現すること ・「アメリカ方式」の促進
アメリカ文化	・高度消費，高度資源利用 ・自動車文化，化石燃料依存 ・支配的な文化スタイルとしてのマーケティング ・スターおよび著名人のシステム ・マクドナルド化，ディズニー化，バービー化 ・CNN 効果，サウンド・バイト文化 ・インターネット，マイクロソフト，ドットコム ・アフリカ系アメリカ文化（ジャズ，ヒップホップ） ・抽象的表現主義，ポップ・アート

なり大きい。ヨーロッパの観点からみれば、アメリカの影響力を構成しているのは、進行過程にある資本主義のステークホルダー・モデルからシェアホルダー・モデルへの転換ということになる。あるいは、それを、社会契約の政治経済が、企業、金融市場、株式市場の政治経済に組み込まれる事態だといってもよいだろうし、社会契約から法‐合理的な契約主義への全般的なシフトとみなしてもよい。いずれにせよ、この過程は、株式市場がもっとも発達した国でもっとも進展する。[45] アメリカの自由放任の経済学を国際的に伝播させる媒体となるのは、株式市場の諸機能、アメリカ系多国籍企業の諸活動と、それが企業統治や国際的な信用格付け、競争力に及ぼす影響力、またワシントン・コンセンサス、アメリカへの海外投資、そしてアメリカ経済が活況を呈していたときに金融市場で発揮された牽引力、といったものである。

アメリカの世界的指導力

アメリカが、環境、金融、経済の規制といった面で、世界的指導力を発揮することができないのは、議会における制度的な行き詰まり、特殊利害、そして地方政治という点で、アメリカの政治的諸制度がそれを許さないからである。また、それは、主要なサークルのなかで明確に感知できるようなアメリカの利害関係者たちが、規制によって利益を得るところがないためでもある。アメリカは、多くの領域で世界的指導力を発揮できないにもかかわらず、他の機関がその役割を担うことを許さない。アメリカの利害関係者が、規制の欠如もしくは足並みの乱れの受益者であることはまちがいない。したがって、アメリカが世界的指導力を発揮できないのは、受容能力（つまり政治的諸制度）の欠如の問題であるとともに、意志（政治的・経済的な関心）の欠如の問題でもあるのだ。たとえば、アメリカは、あらゆる形態の女性差別撤廃のための国連条約（ＣＥＤＡＷ）を批准していない唯一の先進国である。その理由は、ＣＥＤＡＷを批准すれば、家族法における州法の権威を覆すことになってしまうことにある(46)。同様の制約が、先進国のなかでアメリカだけが部外者となっている多くの他の条約にも当てはまる。

アメリカは、国際連合を、世界にたいする指導力をめぐるライヴァルだとみなしている。アメリカが国連を認め、それを強化することは、世界にたいして指導力を発揮する台座から自らがすべり落ちることを意味する。一九八〇年代に国連の権力は、国連総会（一国一票制）から、アメリカをヘゲモニー的な強制力とする安全保障理事会とその五常任理事国にシフトした。端的にいって、それが「新しい世界秩序」なのだ。アメリカは、分担金の支払いを慢性的に滞らせることで、ユネスコ（ＵＮＥＳＣＯ）などの批判的な国連機関や国連システムにたいする出資を停止した。また、アメリカは、国際労働機関（ＩＬＯ）に権力を与えず、ＵＮＤＰや他の機関にたいしては政治的圧力をかけ、コソヴォやイラク戦争のときのように、都合が悪ければ安全保障理事会をも素通りする。国連に権力をもたせるよりも、アメリカは、拠出金に応じた投票権ルールで運営されるＩＭＦや世界銀行をつうじて行動することを選好する。アメリカは、これらの機関を管理下に置くことができるのだ。その結果、生まれたのがワシントン・コンセンサスにほかならない。

とはいえ、多国間機関にたいするアメリカの態度には、多様な層と潮流が存在するのも事実である。実際、アメリカは、国際機関を創設するさいにはその先頭に立ってきた。国際刑事裁判所の起源は、一八九九年のアメリカのイニシアティヴにまでさかのぼる。また、国際連盟とその後の国際連合、そして

ＩＬＯの創設は、アメリカの発案によるものであった。そうした機関が、ヨーロッパの植民地大国にたいするバランサーとしての役割を担うかぎり、アメリカはその推進者であった。リースマンは、国際機関が繰り返し互いに対立状態に陥ることと関連づけて、アメリカの果たす多様な役割を（預言者的 - 改革主義的役割、管理者的役割、国内圧力に感応的な役割に）分類している。この役割の多様性によって、「アメリカは、多国間機関をもっとも貪欲に支持する国のひとつにもなるが、状況が異なれば、その同じ機関を構成する諸国と執行組織に対立するものとしてもふるまうようになるのである[47]」。

改革にたいするアメリカの考え方は、「大規模かつ国際的な社会工学に取り組みたいとの願望」を反映し、「……そこでは、法のもつ象徴性がきわめて重要となる。アメリカ人は、法が国内の諸過程で大きな役割を果たしていると信じているが、国際政治でも、それと同程度の役割を法に求め、司法機関が……その中心に位置すべきであると考えている」。したがって、「アメリカが導入を支援した制度の様式は」、遵法主義的なものとなる[48]。法を中心にした国際的な社会工学への傾倒は、アメリカの近代性の浅薄さの現われであり、その啓蒙主義コンプレックスの裏返しといえよう。

孤立主義者たちにたいして、グローバリストたちは、アメリカは国際的にも関与したいとの願望を捨ててはいないものの、それは国連下で行なわれるものではないのだ、と答える。国連の世界秩序にたいする考えは、アメリカとは異なり、その意味で国連は非アメリカ的であるとされる。また、国連総会では第三世界諸国が大多数を占め、そうした諸国がアメリカのヘゲモニーにたいする批判を展開している。その点において、国連は反米的なものとみなされているのである。これまでも、アメリカのメディアや政治エリートたちは、南の諸国を標的に固定観念をつくりあげてきた。彼らにあって、世界の多数派であるそうした国々は政治的な負け犬であり、それらの国々が抱く懸念は負け犬の遠吠えにすぎない。パリやボンの南にある世界は、政治とは無関係である、と嘯くキッシンジャーが、多極化の支援に回ることなどない。ジャクソン主義的に、あるいは国際問題に「平凡なアメリカ人として（Joe Six-Pack）〔2〕」アプローチすることが、アメリカの対外政策のもうひとつの立場なのである。(49)

アメリカのメディアは、アメリカの自己陶酔の関数として、自国以外のすべての諸国を問題化する傾向にある。さりげなく描かれる敵対的なヴィジョンのなかで、いくつかの国は「狂気の旋律」とか「ならず者国家」の名を付され、ナショナリストの指導者は「狂人」扱いされ、途上国や宗教全体が後進的なものとみなされ、ヨーロッパ連合（EU）は「労働市場の硬直性」に苦しんでいるといわれ、日本は経済ナショナリズムの罪に問われるのである。世界におけるアメリカの立場をみるさいに、自己再帰性の欠如もしくはユーモアやアイロニーのセンスのなさが、集団としての習慣行動を構成しているように思われる。

アメリカ上院は包括的核実験禁止条約を批准しなかったし、ブッシュ政権は、国家ミサイル防衛システムや地球全体を射程とするミサイル開発を進めている。アメリカが核実験禁止条約を批准できない背景には、「すべての政治的・軍事的な選択肢を開かれたものにし、実際、その選択肢の範囲をさらに拡大したいという願望」がある。(50) アメリカの宇宙防衛計画は、長い歳月をかけて構築してきた軍拡競争の管理構造を完全に無効化してしまった。ブッシュ政権が議会に送付した「二〇〇二年度核体制見直し」（the 2002 Congressional Nuclear Posture Review）や四〇カ国を上限として核抑止力を行使するという考えが、「選択肢を開かれたものにしておく」ということの意味を明らかにしてくれている。

注意しなければならないのは、アメリカ例外主義ではなく、全体的にみて、アメリカの指導力に服従することにほとんど疑念を抱くことのない国が存在することである。たしかに、そうした国の主たる例外としては、ＯＥＣＤ諸国のなかにフランスがいるし、[51]アメリカの指導力に対抗する国としてロシアや中国をあげることもできる。だが、ロシアは、ＩＭＦという装いをまとったワシントンの政治によってかなり弱体化してしまった。一方、中国は、ＷＴＯ加盟の交渉過程をつうじて中立的な立場に追いやられた。アメリカの強さは、他の政治的布置連関の結びつきの弱さ、もしくはその欠如の関数である。ヨーロッパとアジアの結束の欠如は、国際問題におけるアメリカの機会主義とも符合しつつ、グローバルな膠着状態を生みだしている。

キンドルバーガーによって定式化され、クラズナー、コヘイン、ラギーが精緻化したヘゲモニー安定論によれば、「世界政府が存在しない状態でグローバル経済が安定するのは、ひとつの強力な国家がはずみ車の役割を担い」、何らかの安定化機能を発揮するときであるとされる。[52]これは、アメとムチの政策のうち、前者について言及しているにすぎない。ヘゲモニー的な妥協という観点からみれば、ＥＵ諸国も日本も、Ｇ８やＯＥＣＤ、ＷＴＯ、そしてＩＭＦとの関連では、アメリカの政策をおおむね受け入れている。それは、ＥＵにみられるように貿易政策や農業政策面での譲歩といった、全体的な利益をこれらの諸国もまた享受し、アメリカの軍事力の傘のもとに避難場所を見いだし、アメリカ経済の成長の恩恵にあずかっているからなのだ。こういうからといって、諸国間の対立がなくなるわけではない。各国間のさまざまな相違が、これまで積み上げてきた努力を台なしにするほど、大きくはないということなのである。

国際関係論は、物事に実在する以上の結びつきを見いだそうとし、ときに、即席でつくられた政治的産物といえるものまでも合理化しようとするかもしれない。だが、繰り返し生起する危機(メキシコ・テキーラ危機やアジア、ロシア、トルコ、ラテン・アメリカ、アルゼンチン、ブラジルにおける危機)、中東の膠着状態、アメリカの後退傾向を考慮してもなお主張されるヘゲモニー的安定とは何なのか。また、予防爆撃や「長い戦争」が語られるなかでのヘゲモニー的安定とは、いったい何か。国際関係論は、舞台裏で展開される政治よりも公の場に出てくる政治をとくに重視し、戦略や地政学の作用を抑制的に捉えることで、政策諸過程の全体的な解釈を行なうかもしれない。しかし、それが提示するものは、ときに、ばかげているとしかいいようがないものになる。

アメリカ例外主義を超えて?

アメリカ例外主義が現代のグローバル化に影響を及ぼしてきた経路は複数存在する。アメリカ流の自由放任がグローバルな次元に置き換えられ、ステークホルダー資本主義からシェアホルダー資本主義への世界的規模での転換を促進している。「民間の富と公の腐敗」というアメリカの双生児が、徐々にグローバルな領域へと伝播されつつある。ワシントンに本部を置く諸機関によって、三〇年間にもわたって経済運営が行なわれるなか、グローバルな不平等は倍増した。世界政治においてアメリカは、自己の権力の道具として役立たないかぎり、公共財や国際機関の形成を阻止している。

アメリカ例外主義の評価でも、とりうる立場はさまざまである。ティモシー・ガートン・アッシュの見方が、そのひとつである。彼によれば、「多くのヨーロッパ人が考えているものとは対照的に、アメリカの権力の問題は、それがアメリカのものであるという点にあるのではない。たんに問題は、その権力にあるのだ。たとえ大天使であっても、あれほどまでに大きな権力を振るえば、危険といわざるをえないだろう」(53)。この見解は、アメリカの権力からアメリカという押印を引き剥がそうとするものである。だが、それはまったく非現実的である。アメリカの権力の性格、範囲、程度は、アメリカが生みだす力学を離れて理解することなどできない。他方で、この代替的な見方が魅力的なのは、反米主義という重荷を避けて通ることができる点にある。たしかに反米主義は、退屈で古色蒼然としている。そのため、アメリカの保守主義を天気のごとく当たり前のものとみなすか、アメリカのもつ差異と突出した活力のために、それを高く評価するという反応が出てくるのもうなずける。また、CNNからラジオのトーク番組にいたるまで、ほとんどのアメリカ・メディアが耳障りなほど保守主義を喧伝することにすっかり慣れてしまっているために、それ以上のことにほとんど気が回らなくなるということも考えられる。だが、こうした思考経路が至り着く果てには、アメリカ例外主義がもたらすグローバルな効果を当然のごとく受け入れるという状況が待ち受けているのだ。さらに、反米主義が古臭いものならば、アメリカニズムも同様に古臭いものである、ということを忘れてはならない。

もうひとつのとりうる立場は、アメリカ例外主義を額面どおりに受け取るというものである。だがそれは、アメリカの自己表象における本質主義と保守主義に屈服することを意味する。そうした屈従の痕跡は、リプセットの研究からはすっかり取り去られてしまっている。リプセットによれば、「アメリカ例外主義の闇の部分」は、「その肯定的な特徴と同じく、アメリカという国の組織化の諸原理に由来するものである。そうした原理には、犯罪率の上昇、麻薬使用の増大、アメリカ型家族の解体、性の乱れ、過剰な訴訟などが含まれる」[54]。この原理や価値という観点から物事を考える本質主義からは、過程と政治がこぼれ落ちてしまう。さらに、この診断は、いやというほど繰り返される新保守主義的な言辞と同様に、強い道徳的な立場からつくられたものである。それゆえ、それは、不平等の持続や拡大、肥大化する軍事力、アメリカ型民主主義の衰退といった、もっと構造的で厄介な諸傾向を見過ごしてしまうのである。

アメリカ例外主義は、古くからある自己戯画化にすぎない。それは、公民権運動、ヴェトナム戦争反対運動からシアトル闘争にいたる「一九六八年」以後の社会運動、そして通常、メディアや政治エリートが主張するよりもはるかに進歩的な労働者や女性の諸権利、環境その他の問題に過半数の支持を示す世論調査、といったアメリカのもつ別の側面を無視している。アメリカは、活気に満ちた多文化主義の国でもあるのだ。アメリカは、マイケル・ムーアの『バカでまぬけなアメリカ人』が一週間で九刷までいき、結局、数カ月間連続でナンバー・ワンのベストセラーとなった国である。リプセットのアメリカ例外主義は、ウォルト・ディズニーのモデル・タウンのように擬似的にしか存在しないおとぎの国について語っているにすぎず、そこはカントリークラブの理事会やステップフォード〔3〕のメディアによって統治されている。リプセットの評価の根本的な問題は、それがアメリカ例外主義を同質化し、狭い意味でしか捉えず、ある種のアメリカ例外主義を生みだす政治的諸過程を無視しているところにある。

アメリカ例外主義を無視するか、当然のものとみなすという極端な見方は、ともに単純すぎる。そこで、アメリカ例外主義を自己戯画化するものとして捉え、政治的かつ文化的に維持・再生産されるという点を認めることが、両者の中間の道となるだろう。アメリカの基礎的諸条件とそれが生みだす力学は、独特のものである。だが、それにもとづいて、国内外の多様な政策を策定することは可能であるし、実際、これまでも策定されてきたことは、(その影の部分はさておくとしても)ウィルソンの多国間主義、ローズヴェルトのニューディール、ジミー・カーターの人権国際主義をみればわかる。

また、リプセットの評価は、まったく内向きのものであり、アメリカ例外主義の対外的な派生物を等閑視している。その結果、それじたいが自己陶酔的なアメリカニズムの一形態となっているのだ。世界的な基準からみれば、現在の形態のアメリカ例外主義がまとう影の部分は、アメリカ方式が反復可能で持続可能な発展モデルではない、という点にある。メイド・イン・USAの自由市場と民主主義は模範とはならない。アメリカの消費パターンを模倣することはできないし、アメリカ内部ですら反復することは不可能である。必ずしも、この世のすべての人が一家に二台の車や郊外の家をもち、大学教育を受けたいと思っているわけではないし、それができるわけでもない。アメリカに住む者にとっても、それが標準となっていることに議論の余地はないものの、もちろん同じことがいえる。アメリカが歩んできた生態学的な足跡――エネルギーその他の資源の過剰使用――もまた、真似できない。この点にかんして、アメリカ例外主義にともなう問題は、それが世界の資源を浪費しつくし、その結果、アメリカでは、国民的な疾病として人びとが肥満に苦しんでいるさなかに、世界の他の地域が、アメリカの欲望の充足と保守主義を補助しているところにある。アメリカ方式であるグローバル化は、勝者独り占めのグローバル化を生みだし、はなはだしい不平等、ペテンまがいのマーケティング文化、逸脱にたいする懲罰的なアプローチというアメリカ的な諸条件を、ますます反映するようになっている。このパターンが暴走し、アメリカを長い戦争プロジェクトに駆り立てているのである。

アメリカの諸制度が世界政治にどのような影響を及ぼすのかを検討するさい、重要となるのは、何が起こっているのかだけではなく、何が生じていないのかをみることである。この点で際だつのは、グローバル公共財の不足に関心を寄せる一部の議論である。[55] だが、実のところ、「グローバル公共財」そのものも、アメリカの保守派陣営では、「グローバル・ガヴァナンス」の成功が見込めないことにたいして、アメリカが押しつけた婉曲表現なのである。では、アメリカ方式としてのグローバル化という現在のシナリオに対置しうるものは何なのか。

本質的には、対内的変化と対外的変化の二つの選択肢がある。前者にかんしては、たしかに「もうひとつのアメリカ」と呼べるものが存在し、それは過小評価されるべきではない。だが、力の調和関係に大きな変化はみられない。もうひとつのアメリカは存在しうるが、それは現在ではないのだ。緑の党のような新しいアメリカの政治運動は、アメリカの政治システムの制度的諸特徴から制約を受けている。アメリカ文化の商業化が意味するのは、公共圏が民営化され、メディアが企業的になり、ドキュメンタリー番組を作成する余地がほとんどなくなっているという事態なのだ。アメリカ人は、公的な関与の場を放棄してしまった。それは、あたかも自らを植民地と化す大々的な作戦のなかにいるかのような様相を呈している。エンロン事件や企業スキャンダルにたいする対応とイラク戦争は、現状維持の権力の存在を例証してくれている。したがって、グローバル化の現在の方向性に意味ある変化があるとしても、それはアメリカの外部から訪れることになるだろう。この点について、次章で検討しよう。

第9章　資本主義の多様性――エンロン以後のアジアとヨーロッパの対話

資本主義という家のなかには、多くの部屋がある。

――大来佐武郎、一九九三年

本章では、議論をつぎの四つのステップを踏んで行ないたい。第一に、自由市場資本主義には「代替するものがない」と主張するプロパガンダから、資本主義の多様性を擁護する。第二に、エンロンとそれにまつわるエピソードを考慮しつつ、アメリカ型資本主義の現状を検証する。第三に、経済の趨勢と軍事的野心に注目し、アメリカ型資本主義の安定限界点について考える。そして第四に、オルターナティヴな資本主義が成立しうる余地と複数のオルターナティヴな資本主義の接合を試みる。そのさい、将来を見据えたひとつの選択肢となるのが、グローバル化と現代の資本主義の方向性をめぐるアジア諸国とヨーロッパ連合（EU）の実質的な対話である。この手の議論は、二つのレヴェルで、つまりグローバル化について考える機会を広げ選択の余地を探るものとして、また、大まかな政策の方向性を示すものとして役立つであろう。

大陸ヨーロッパの福祉国家とアジアの開発国家、いいかえればライインラント型資本主義と東・東南アジアの国家支援型資本主義は、調整された市場経済の亜種であり、大規模な政府介入と相対的な（あくまでも相対的なものであるが）平等主義を特徴とする。このことは、大部分の途上国経済と移行経済でみられる資本主義のタイプとも類似点をもっている。それらがともに、大多数の資本主義の形態を表象しているのである。これにたいして、アングロ‐アメリカ型資本主義はきわめて特殊な歴史的諸条件から生まれた。それは、資本主義の形態という意味では少数派に属し、国際的な改革という点ではグローバルな障害といえるものである。アジア型資本主義とヨーロッパ型資本主義が共有する性格は、自らを最高のものとみなすことも理想化することもせず、また新自由主義的グローバル化のもつ現在の影響力を過小評価することもなく、グローバルな方向性に別の選択肢がある可能性を十分に示してくれる。

資本主義の多様性

資本主義と社会主義の対立が過去のものとなってしまった今日、差し迫った新たな論点は資本主義間の差異である。この点について、フランスの経済学者ミシェル・アルベールは、資本主義対資本主義という論調を打ち出している。また制度派経済学では、多種多様の資本主義が、アメリカ、イギリス、オーストラリア、ニュージーランドの自由市場経済と、上記以外のほとんどに国でみられる調整された市場経済に分類され、異なる特徴づけがなされている。これ以外にも、競争的管理資本主義（アメリカ）、協調的管理資本主義（ドイツ）、官僚的資本主義（日本）といった用語も使われ、株式市場資本主義や福祉資本主義などの呼び名もある[1]。

ここで注意すべきは、言説に足並みの乱れがあるという点である。通常、制度派経済学、国際政治経済学、開発研究、企業分析やビジネス文化の分析では、資本主義の多様性が幅広く論じられている。だが、その一方で、社会学でそれが取り上げられることはほとんどない。また、大部分の政治的および政策的な言説は、「資本主義」そのものを唱導するか、攻撃の的にしつづけている。『エコノミスト』誌や『ウォール・ストリート・ジャーナル』紙などの情報源は、自由市場が現代経済学の究極の目的であると仮定し、資本主義を単数形で語る。社会活動家もまた、多くの場合、資本主義という語を単数形で用いている。これにたいして、資本主義が多様であること、そして、その差異が永続的なものなのかどうか、あるいは複数の資本主義が収斂しつつあるのかどうかといった問いや、その改革の余地を探ることは、決定的に重要な論点なのである。

資本主義の多様性は、たんに照準が異なるという問題ではない。異なる資本主義が存在するということは、市場関係の規制形態が異なり、それは、文化や地理の歴史的力学と特殊性に深く埋め込まれている、ということを示している。また、それに必然的にともなう複雑さのすべてを備えているのが、近代性である。したがって、複数の資本主義が存在するということは、近代性にも違いがあることを示唆している。複数の近代性から選択が可能であり、それをどう捉え理解するかは、自らの帰属する近代性によって政治的、認識論的に形づくられる[2]。自己と他者を定型化すること、つまり肯定的な像あるいは否定的な像を描くことは、近代性の表象の政治に固有のものである。

第7章で論じたように、資本主義や近代性の違いだけでなく、両者を関連づける方法も重要である。複数の資本主義間の相互作用は、さまざまな諸国の潜在能力のあいだにみられる競争や補完性、そして、経済部門もしくは生産局面の特化をめぐる競争や補完性という観点から捉えることもできるし、[3]多様性や収斂の高まりという点から理解することも可能である。基本的に、複数の資本主義と関連して考えられるシナリオには、多様性の持続、その収斂、そして混在化の三つがある。[4]

多様性　リチャード・ホイットリーの提示する説明が、資本主義間の差異は持続するという見方の典型である。つまり、「単一のもっとも効果的な市場経済のタイプに収斂する可能性は、一九世紀後半の高度に国際化された経済よりも二一世紀のほうが高いとはいえない[5]」。制度的環境の多様性は、いまや「制度的裁定」とでもいうべき海外投資戦略によって強化されている。[6]この議論に依拠するなら、重要なのは海外投資の数量データだけではなく、それがどのセクターで行なわれ、どのようにして企業組織や企業統治に影響を及ぼすかということになる。たとえば、二〇〇二年におけるフランス・ブルターニュ地方の主要な海外投資家は、イタリア人、アメリカ人、ドイツ人であった。[7]だが、それを知ったからといって、その地域における企業統治の方向性についてはほとんど何もわからない。

収斂　スーザン・ストレンジは、資本主義間の相違が持続するという考え方に異議を唱えている。[8]彼女にあって、そうした見方は、市場の力でもあり政治力でもあるアメリカの構造的権力を無視するものにほかならない。資本主義が収斂するかどうかは、経済的・政治的な力学に左右される。もっとも成功を収めた資本主義の形態が金融市場で最大の吸引力を発揮するという点で、この問題は経済の論理とも関係している。市場化を牽引する諸力のひとつであり、複数の資本主義が相互作用する原動力となっているのが、金融化と金融サーヴィスの成長なのだ。[9]「資金移動、証券管理、企業組織の再編、資産の証券化、デリヴァティブその他の形態の金融パッケージ取引の諸過程が、モノを作りだし、それを育み、輸送するといった行動に徐々に取って代わりつつある」。[10]

また、収斂は、政治によって主導されるものであり、「自由市場」の優位性を叫ぶ絶え間ないプロパガンダによって促進される。この主張によれば、自由市場こそが単数形で語られる資本主義の真の論理となる。とくにレーガン‐サッチャー時代から、アメリカ型資本主義は、第1章で論じたように、それそのものが劇的な変化をとげているにもかかわらず、資本主義の原型として、つまり資本主義のまさに規範として支持されてきた。規制緩和によって生みだされたシステムは、敵対的な企業買収取引、アメリカ会計基準による高水準の情報開示、文化英雄《ヒーロー》としての最高経営責任者（CEO）、そして勝者独り占め的な結果によって特徴づけられる。アメリカ型資本主義の影響力は、複数の要因が合流する地点で発生する。そうした要因には、一般的な性格にかんするもの、すなわちグローバル化やポスト・フォード主義と関連した全体的な変化もあれば、アメリカのヘゲモニーと冷戦の勝利という地政学的な要因もあるし、さらには、低賃金に依存するディクシー資本主義やニューエコノミー型の技術革新といったアメリカに固有の要因も含まれている。

過去数十年におよぶアメリカ型新資本主義の影響力は、ステークホルダー（利害関係者）資本主義からシェアホルダー（株主）資本主義への転換によって特徴づけられてきた。つまり、株主の価値を高めることと引き換えに、被雇用者、供給者、債権者、顧客、地域社会といった利害関係者の価値がないがしろにされているのである。[11]ウォール街やダウ・ジョーンズの台頭、（外国人所有者に与えられる税インセンティヴという支援を受けつつ）アメリカ経済に流入する海外投資、ドルの価値、アメリカ型金融サーヴィスやビジネス慣行の影響力をみれば、このシステムのもつ魔力とは何かがわかるだろう。

左翼版の収斂論が、超国家的資本階級論である。この議論は、資本家の利害を同質的なものとみなし、本質還元論的に資本主義を分析する傾向をもち、往々にして資本主義の「生物多様性」やミクロ経済の比較制度分析で示される差異を無視する。[12] 同様に、「資本主義の危機」テーゼも、そもそも収斂を暗黙の前提とするものであるために、資本主義の複数性やその地域的な偏差から資本主義の柔軟性が導出される程度を過小評価しがちである。過剰生産危機[13]――それはアメリカ型資本主義の脆い部分の足元にまで迫っている――は、十分に深刻なものではあるが、資本主義の地域的な偏差を適切に考慮するものとはなっていない。もっと視野を広くとるならば、過剰生産だけでなく、不適切な分配も重要だとみなさなければならない。問題は、資本主義後に生きているかどうかというだけでなく、資本主義という時代のなかで生きられるかどうかなのである。

複数の資本主義と複数の近代性が相互作用する状況では、イデオロギー的に中立な空域など存在しない。文化、文明、近代性、歴史、宗教、資本主義、安全保障との関連で「西側」について語ることは、ヨーロッパと北米の違いを隠蔽してしまう。大西洋を挟むいずれの側でも、「西側」という呼称は収斂の御旗なのだ。ところが、アメリカでは、収斂を口にすれば、話の方向は、経済のダイナミズム（硬直的な労働市場）と（腰砕けの）安全保障という点からヨーロッパを蔑む行為にやすやすと転じてしまう。他方で、反米主義が、世界中で気晴らしの種となっている。

混在化　差異の持続と収斂の中間物である混在化と制度のハイブリッド化が、第三のシナリオである。

とはいえ、それが、たとえば政治経済の舞台に登場することはほとんどない。このシナリオの実現可能性がもっとも高いことは十分に理解できるのだが、曖昧さもいなめないというのが実情である。そのことは、制度的融合の事例を指摘することなら簡単にできるが、混在化の相対的な程度と条件を評価することは難しく、それゆえに、その全体的な方向性もまた評価しづらい、ということからもわかる。ハイブリッド化に賛意を示すことは容易であっても、混成の政治とその政治経済を評価することは困難なのである(14)。

ドット・コム・バブルの崩壊、エンロンの破綻、ウォール街バブルの破裂、軍事支出のすさまじいまでの拡張といった最近の事件を契機に、アメリカ型資本主義とその国際的な立場の別の側面に光が当てられるようになった。これらの警鐘は、資本家の未来についての前記三つのシナリオにどのような影響を及ぼしているのだろうか。収斂が、経済やプロパガンダの魅力しだいなのだとすれば、まさに収斂の基礎は掘り崩されてきたといってよい。アメリカの軍事的・政治的な力に変化はないものの、アメリカ経済が弱体化し縮小しているとき、その有効性は小さくなるのだ。

不思議の国のエンロン

数字が信頼できないとすれば、どうすれば資本を正しく配分することができるというのだ。

——ポール・ヴォルカー前連邦準備委員会議長、二〇〇二年エンロンの崩壊とそれにつづく企業スキャンダルは、「腐ったりんごが二つ、三つ」にとどまらないことを明らかにした[15]。エンロン事件は、規制緩和、金融化、市場化のもたらす衝撃を示している。それは、ワシントンのマネー文化を暴露するとともに、ニューエコノミーが破綻してしまったことも意味する。カリフォルニア・エネルギー危機と途上国におけるエネルギー市場の民営化の底流には、エンロンの陰謀がある。エンロンの執行役員たちは、「会計の鏡の間」をつくりあげ、エンロン株への投資で利益を得ていた提携企業に損失を移転した。エンロン株は、そうした提携企業に割引価格で売却されていた。第1章で論じたように、それが、金融工学から帳簿操作へと踏み出す小さな一歩であった。

インサイダー情報にもとづいて行動する執行役員が、自分の株式を売却するとき、そしてその情報開示義務が緩やかなとき、これまでの治療法——経営者所有や執行役員にたいするストック・オプション——は病根となる。一九九〇年代の貯蓄住宅組合の破綻にかんするある分析によれば、「会計が貧弱であったり、規制が緩やかであったり、あるいは不正行為にたいする罰則が軽いと、所有者には、自社の価値以上の報酬を受け取り、債務義務を履行しないインセンティヴが与えられる。そのような場合、利益を求めて倒産させるという事態まで生じることになる」との結論を打ち出している[16]。コストの開示を数年後にまで引き伸ばすことを認める会計と、ウォール街の短期志向性が、執行役員による企業の略奪を合理的なものとみなすシステムを生みだしたのである[17]。

このようなことが可能なのは、CEOや主任財務官、コンサルティング会社として二重の義務を果たしそうした業務から収入の九〇パーセントを引き出している会計会社、銀行、弁護士、市場アナリスト、メディア、そして証券取引委員会を監視し、彼らに説明責任を果たさせる制度が欠けているためである。

監督機関の失敗は、リスクの配分に著しい不平等を生みだす。会計士はコンサルタントとして行動し、投資銀行は主要顧客企業の価値のない株式の購入を薦める。アナリストたちは株価の下落よりも上昇について語るほうが簡単だとみなし、メディアは市場を褒め称える。個々の投資家の貯蓄は、水のように彼らの手から零れ落ち、インサイダーたちが数百万ドルもの利益を持ち逃げする。実際、二〇〇〇年三月から二〇〇二年夏までに、株式市場は価値にして七兆七〇〇〇億ドルを失い、退職後のプランや大学進学のための蓄えは消え失せてしまった。

九・一一がタカ派にとっての天恵であったとすれば、「経済におけるウォーターゲートに相当する」とまでいわれたエンロンは、「かなり手痛いスキャンダル」だといえるだろう。[18] この事件は、機会とリスク・エクスポージャーには階層構造が存在することを暴露し――「金持ちは逃げるときを知っている」――、制度化されたインサイダー取引を明るみにしたのである。アメリカの家計の六〇パーセントが株式投資を行なっている。だが、株式市場が民主的なものになるかどうか（人民資本主義）は、情報が信頼できるかにかかっている。特権層で構成されるサークルは情報のネットワークそのままであり、マンハッタンとハンプトンズの社会的インサイダーたちは情報を共有している。社会的資本と経済的資本は重複し、金権的な性格を帯び、その形態はあたかも王朝を見るかのようだ。[19] 市場が情報の非対称性ゆえに不完全なものとなるのは、散発的な事態ではなく、構造的な状態なのである。

だが、アメリカの改革は、限定的なものにとどまる可能性が高い。アメリカビジネス・ラウンドテーブル（BRT）、民主党（つまり、ビジネスに友好的な態度を示す「経済成長の政党」）、そして主流派経済学者は、根本的な改革には反対している。主要なプレイヤーたちは全員、規制緩和を提唱する雰囲気のなかで昇進に与っているのだ。なるほど、二〇〇二年の企業改革法案は、過酷な罰則を課し、詐欺行為を働いた執行役員に実刑を与えるものである。しかし、詐欺目的であったかどうかを立証することなど不可能である。アメリカの主流派経済学者も、規制緩和を放棄するより、それを微調整するほうを好んでいる。より具体的には、彼らは、規制緩和と、監視や会計ルールを厳格化するといったかたちの規制を組み合わせることを選択している(20)。これは、より深遠な問題を覆い隠してしまう。レーガン政権によって実施されたビジネスと金融の規制緩和がもたらした結果が、いま目に見えるかたちで現われつつある。エンロンは、企業による不正行為の氷山の一角にすぎない。規制緩和が行なわれたあと、企業の不正行為は増大の一途をたどっているが、利害関係者が法的手段に訴える余地ははるかに小さくなった。規制緩和の先には企業を免責する文化があり、最終収益がその実現方法よりも重要視される。成功が過程よりも重要であると考えられるのは、不可解な会計ルールと監視の甘さによって、その過程が判読不可能なものになっているからである。それは、企業が税を払わない文化であるともいえる。つまり、「税金とは世間知らずが払うものなのだ」。「金で買うことのできる最良の民主主義」のなかで、ワシントンの政治は金権にまみれ、議会そのものも汚れきっている(21)。

「エンロニティス」〔不正会計病〕から派生する国際的問題は、国内への波及効果よりも大きいかもしれない。ほぼ世界中で生じているステークホルダー資本主義からシェアホルダー資本主義への転換、（社会保障、年金、年金基金の民営化をつうじた）労働者の経営参加から労働者の株式参加への転換の成否は、会計の信頼度と会計ルールの整合性にかかっている。現代のグローバル化は、制度的な結束性および適法性と清廉さの雰囲気に左右される。それが公平と公正をともなわないものだとすれば、少なくとも勝者が真の勝者となる。この物語の行き着く先が、企業スキャンダルである。新自由主義イデオロギーは、自己調整的市場を賛美するが、その一方で新自由主義が明らかにしているのは、自由化と市場の論理を装った市場の政治的かつインサイダー的な操作なのである。成長の論理は、収縮の論理とは異なる。収縮は、鏡に入ったヒビを示している〔1〕。

一九九七年のアジア危機では、タイ、韓国、マレーシア、フィリピン、インドネシアのクローニー資本主義にその責任があるとされた。だが、そうした資本主義が成り立ちえたのは、財務報告が貧弱なものだったからである。ラテン・アメリカの危機にたいしてもまた、同様の診断が下されている。エジプトからトルコにいたる中東で行なわれた綿密な調査によれば、新自由主義的市場の利益は、実は、金融工学と政治的な操作の結果であることがわかっている(22)。

アメリカにおける危機は、「将来の鏡にもヒビが入っている」ことを意味している。アメリカ財務省／IMFが危機にたいして処方する薬は緊縮財政とデフレーションなのに、九・一一以後、アメリカ財務省は、航空産業や保険産業を救済するために数十億ドルも支出している。アメリカ方式は自由貿易を唱導するものなのに、実際にはアメリカによって保護主義的な行動がとられている。新自由主義正統派という現場監督は、いまやクローニー資本主義＝アメリカとしての姿をあらわにしているのだ。新たなアメリカ方式であるグローバル化が世界にたいして掲げる鏡は、社会的不平等の深化とセットとなったCEOの富裕化である。IMF失業者、IMFホームレス、IMF反乱が多くの国で常套句となっている。いまや、アメリカにおけるホームレスも増大傾向にある。

繰り返し生起する危機を経て、新しい国際金融の制度設計についても論じられるようになった。だが、そのなかで現存するのは「透明性」だけとなってしまっている。それは、アメリカ財務省やＩＭＦによって提唱され、世界銀行の掲げるグッド・ガヴァナンスのための総合政策のなかにも含まれている。ここでいう透明性の真の意味は、一貫して、会計制度をアメリカの基準に合わせるということにほかならなかった。それによって、ウォール街やアメリカ財務省は、帳簿を読むことができるようになるのである。アメリカ型会計基準は、今日、「拝金主義の基準」としての姿を露呈し、「会計報告は、それを書いた紙の価値すらなくなっている[23]」。したがって、アメリカは、法的な清廉さという優位な立場を失ってしまった。アメリカ自身のルールが偽りであるとすれば、アメリカが国際的なルール作成者としての役割を担うことなどできるはずがない。「グローバル経済の立役者のあいだでは、アメリカこそが、役員報酬から会計にいたる、あらゆるものの議論の余地のない基準設定者であるという考えを再考する動きが、世界中で沸き起こっている。彼らは、貪欲さと短期的利益に報い、野心的な執行役員を名士に仕立てる西洋型資本主義システムの影の部分に目を向けるようになった[24]」。超国家的な新自由主義の基盤は、ヘゲモニー的な妥協にある。それに代わる十分に結束力のある連合が存在しないために、この妥協は、信念というよりますます怠慢によって突き動かされるようになっている。

エンロン事件は、安定限界点となるかもしれない。これが、規制緩和という道の終着点に待ち受けているものなのだろうか。詐欺資本主義が、カジノ資本主義の後に来る新たな一章を綴ることになるのか。安定限界点が生じるのは、規制緩和と真っ当な資本主義が、アメリカ経済を下り坂に転じさせるときである。そうした資本主義では、説明責任、透明性、企業の不正行為にたいする法的な訴求、会計会社、市場アナリストといった非常に多くの安全装置が徐々に撤去されており、そのために、最終的には、経済とそのインフラストラクチャーそのものが衰退する可能性を示唆しているのである。

安定限界点

現在のアメリカの政策の脆弱性はどこにあるのか。その底流にあるのは、目下の諸政策に正統性がないということであろう。ところが、アメリカ、つまりメディアから政党までを含むアメリカの公共機関は、短期的にみれば、実際の目的にとって重要な場でほとんど機能しているとはいえない。アメリカのメディアも企業体であり、チアリーダーとしての役割を果たしているにすぎない。したがって、正統性の危機が表面化し、政治的な結果に翻訳されることなどめったにない。事実、エンロン事件では途方もない損失が発生したにもかかわらず、それがもたらした政治的帰結は軽微であり、軌道修正も上辺だけのものに終わってしまった。従順なメディアのおかげで、たとえもっと多くのスキャンダルが噴出したとしても、行政府が、その政治的帰結から直接の影響を受けることはないのである。また、アメリカは、海外で民衆の抗議の声がいかに高まろうとも、それをたんなる「反米主義」だとして片づけてしまうことができる。

アメリカの政権が悪評を免れない主要な領域が経済である。南部の保守主義者は、あり余るほどの政治的資本をもっているかもしれないが、南部の経済学はアメリカのなかでさえ上手くいっているとはいえず、いまや失業の増大、ウォール街の衰退、海外投資の減退がつきまとっている。軍産複合体は、もはや過去のような成長のエンジンではない。二〇〇三年には大幅な減税策がとられ、議会は国家債務の上限を七兆四〇〇〇億ドルに引き上げた。これによって、連邦政府は赤字支出を増大させることが可能となったが、州と都市は、法令により予算の収支均衡をとらなければならない。ウォール街の損失、景気後退、反テロ政策のためのコストを勘案すれば、二〇〇三年時点で七八〇億ドルの債務を抱えていた州と都市は、さらに二〇〇二年から二〇〇三年にかけて七五〇億ドルもの社会支出や教育支出を削減することになるだろう。また、サーヴィスが低下しているにもかかわらず、連邦税の削減は、州税や地方税の引き上げによって補填しなければならなくなる。社会的・企業家的な政府から法秩序型政府への転換が、連邦レヴェルでは実現されつつある。かくして、同じ転換が、州や地方のレヴェルでも再生産されようとしているのである。

さらに、南部の経済学のおよぶ範囲は、グローバルなものではない。エンロン問題とワシントンの好戦的な姿勢は、海外投資、ドルの地位、そしてアメリカの文化輸出の魅力を左右する、成長、活力、革新というアメリカがまとう雰囲気に亀裂を生じさせてしまった。実際、二〇〇三年前半以降、中国が世界第一位の海外投資受け入れ国として、アメリカを凌駕するようになっている。

アメリカの経常収支赤字（貿易収支および資本収支の不均衡によってアメリカが世界の他地域に負っているもの）は、世界史上最大の規模になっている。経常収支赤字の約八〇パーセントは、貿易赤字、つまり輸出にたいする輸入の超過分で構成されている。前アメリカ・チーフ・エコノミストのキャサリン・マンは、つぎのような問いを発している。「アメリカの経常収支赤字は、アメリカの貿易収支の拡大によって牽引されているが、それは、アメリカ経済に占める比率でみても、ドル建てでみても、かつてなかったほどの規模に達している。いったいいつまでアメリカは、自分が稼ぐ以上に金《カネ》を使い、グローバルな成長の回復を支えつづけることができるのだろうか[25]」。一九八〇年代前半、アメリカは、世界の他の地域にたいして純債権国の立場にあった。だが、いまや純債務国となっている。連邦議会予算事務局によれば、アメリカの経常収支赤字は、二〇〇二年の四二〇〇億ドル（GDPの四・一パーセント）から二〇〇三年には四八〇〇億ドル、二〇〇六年には七三〇〇億ドル（GDPの五・九パーセント）にまで拡大し、二〇〇四年から二〇一三年にかけての赤字額は一兆四〇〇〇億ドルに達するものと予想されている。現在の赤字をファイナンスするには、一取引日当たり一九億ドルの資本流入が必要となる[26]。「フロー・ベースでみると、アメリカは、いまやすべての途上国を合計したよりも多くの純資本を引きつけている[27]」。

『フィナンシャル・タイムズ』紙のレポートによれば、「アメリカを守っているのは、自国通貨建てで借り入れを行ない、対内直接投資と株式投資を引きつける能力である」。だが、同レポートは、「そうした請求権をアメリカにとって相対的に安全なものにしているのと同じことが、そうした請求権を外国人投資家にとってリスクの高いものにしている。アメリカにおける資産が、外国人投資家の富の比較的大きな部分を占めているために、彼らは通貨リスクと評価リスクに神経質にならざるをえないのだ」と結論づけている[28]。経常赤字の拡大と債務元利払いの増大はドルを弱体化させ、それによってアメリカの輸出は刺激されるものの、アメリカの証券やドル資産は海外投資家にとってそれほど利益のあがらないものになってしまう。二〇〇二年には、ヨーロッパの投資家によるアメリカ証券の取引がネットの売りとなったために、アメリカ資産の最大の海外投資家はアジアとなった[29]。日本だけでも（二〇〇三年四月をつうじて）三八六六億ドルものアメリカ財務省証券を保有し、中国もいまや世界で五本の指に入る財務省証券保有国となっている。[30] アジアの中央銀行は、一兆ドルを超すアメリカ財務省証券を保有している。「アジアの投資家は、ドルに非常に深く組み込まれているために、実際、望んだとしてもそこから抜け出すにはかなりの困難がともなう。彼らが自己の保有するドルを売却すれば、自らの保有額を清算しきる前に、ドルの通貨価値の下方スパイラルが生じるであろう」。とはいえ、アジアの投資家は、国内消費支出を加速的に増大させ、輸出依存度を低下させるために、ドル準備の比較的大きな部分を国内に配分することができる。[31]

アメリカ経済が毎年必要とする五〇〇〇億ドルもの資金を外国人が供給するのをやめたとき、アメリカ政府は、国内金融市場で借り入れを行なわざるをえなくなり、民間の借り手とのあいだに競合関係が生まれる。教科書的な経済学によれば、このことは、利子率をつり上げ経済成長を減速させるだろう。

その結果、起りうる事態は、世界経済の序列の大々的な再編である。だが、それも金融面・経済面での超国家的な相互接続性の高さゆえに、困難である。アジアとヨーロッパは、莫大なドル残高を保有している。それを清算することになれば、両地域の財務状況は危険水域に達するだろうし、アメリカに経済危機が生じれば、両地域の輸出はダメージを受けることになる。ドルが「断崖絶壁」に立たされることは、国際経済の利益にかなうものではない。そのためアメリカ政府は継続的に赤字支出の道を歩むことになる、と連邦準備銀行は推測している。ワシントンがアメリカ第一主義をとり、長い戦争に没頭している姿は、偏狭な愛郷心の裏返しであるばかりか、経済の現実とも一致しないのだ。ウィル・ハットンも指摘しているように、「ブッシュが嘲笑する多国間主義が、実のところ経済的には必要とされているのである」。アメリカの軍事力は、「砂のようなおぼつかない経済的基礎の上に構築された戦略的なポジション」にすぎない(32)。アナトール・リーヴェンは、つぎのように主張する。

> アメリカは、その膨大な富を前提にすれば、地球を支配するだけの軍事力をもつことができる。あるいは、大多数の高齢者人口にたいして社会給付と医療給付を提供する、安定的かつ確実なシステムを構築するだけの余裕が、アメリカにはある。また、もっとも豊かな市民にたいして大規模な減税を行ないつつ、それ以外の市民の税率を引き上げずにおくことも、アメリカには可能であろう。だが、巨額の貿易赤字と国際借り入れという組み合わせを無限に持続可能なものとしないかぎり、これら三つのすべてを行なうことはできない。とくにグローバル経済が退潮するただなかにある今日、それが持続可能なものになる可能性はもっとも低いように思われる(33)。

アメリカ経済の構造的な脆弱性を踏まえるならば、軍産複合体と長い戦争に依存することは、タイタニック号の進路を変更するのではなく、むしろその速度を速めるようなものである。大規模なねずみ講のごとく、最後の審判の日を引き伸ばしているにすぎない。アメリカの軍事力は、粘土の足〔feet of clay：思わぬ欠陥の比喩〕をもつ巨人ゴリアテのようなものである。このゴリアテ複合体の役割は、ナンバー・ワンにならねばならないと繰り返し主張することにある。だが、基本的に、アメリカの軍事力と長い戦争を可能にし、それをファイナンスしているのは、世界の黒字国、とりわけアジアとヨーロッパの黒字国からのドル・フローなのである。

オルターナティヴな関係

この点に照らしてみて、ヨーロッパ型資本主義とアジア型資本主義が代表する立場を、分析的にも政治的にも正しく位置づけなおすことが重要となる。ここで問題となるのは、アメリカ方式がグローバルな障害となっている時代に、グローバル化をどのように形成し、方向づけるのかということである。アジア―ヨーロッパ対話や大陸間対話が、オルターナティヴな関係を築く余地を探り当てる可能性がある。それは、必ずしもワシントンに目を向けるものではなく、それに代わる道筋に沿って進むものとなるだろう。

これまでも大規模な国際取り決めは、アメリカの協力なしに実現できた。そのことは、京都議定書や国際刑事裁判所、対人地雷禁止、クリーン・エネルギー計画、無許可小型武器の国際取引を防止する国連条約、国連生物毒素兵器禁止条約、国連子どもの権利条約、経済、社会、文化的権利のための国連規約などをみればわかる。これらの取り決めは、反米的なものではなく、アメリカをけっして排除してはいない。アメリカが自ら参加しなかっただけである。経済と技術はいまや相互に絡み合い、アメリカの軍事的優位は圧倒的である。そのため、反ヘゲモニー的な連合を形成することは、実現可能なものでも望ましいものでもない。だが、アメリカの参与を歓迎しつつも、アメリカが設定する軌道からは独立に動くオルターナティヴな連合を形成する余地はある。

そうした形態の多国間協力を、国際金融、開発、貿易政策にまで拡張することが重要である。アジア諸国とヨーロッパ連合（EU）との実質的な対話と調和的関係は、新たな政策課題を設定するのに資するものとなる。アジアとラテン・アメリカの新興工業諸国、途上国および移行経済諸国は、安定的な多国間機関、国際金融の規制、そしておそらくは社会的・民主的な資本主義への回帰にも共通の利害を見いだすであろう。世界社会フォーラムや国際的な労働団体といったグローバル・ジャスティス運動は、超国家的な改革のための政策課題を作成するのに必要不可欠な貢献をしている。アジア、アフリカ、ヨーロッパ、アメリカ、ラテン・アメリカの進歩的諸勢力の連合が形成されれば、グローバル化の進む方向性を再設定し、作りなおすことも可能となるだろう。新自由主義やワシントンの政策に不平をもらすのではなく、その図式を反転させ、それに代わる複数の資本主義のもつ資源と復元力について考えをめぐらすことが求められているのである。そして、ヨーロッパ－アジア対話のなかで問題となっている論点の一部を、これから先は賛否両論を織り交ぜつつ検討する必要がある。

経済と多国籍企業は、いまや複数の地域を横断し、互いに絡み合う関係にある。そのため、ヨーロッパの領域、アジアの領域、そしてアメリカの領域といったかたちで、自立的な活動の余地があるかのように描くことはもはや意義を失っている。地域ブロックや地域間競争という概念は、現代の力学を叙述するものとしては有効なものではない。だが、この論理の流れからもう一歩踏み出して、国境がますます意味を失ってゆく世界では、国家がもてる力を喪失していると考えることも、問題を極端に捉えすぎている。したがって、現在行なわねばならない議論は、公共政策の中間地帯に属するものである。そこでは、国家（および地方政府）と（EUのような）広域的な政策が重要となる。しばらく前に、ロナルド・ドーアは、ウォール街の衰退から派生しうる諸問題について、つぎのように述べている。

……ちょうど一九三〇年代の大不況が、資本主義の社会的規制にかんする戦後の試みを促進したように、もし来るべきウォール街バブルの破裂が「修正」以上の地殻変動を呼び起こし、〔アメリカという〕支配的経済の真の不況が「危機に立つグローバル資本主義」という議論に十分な裏づけを与えるものとなれば、事態は変わるだろう。そのさい、ふたたび、日本と、ドイツに率いられたヨーロッパが先駆となって、社会の名のもとに国民国家の権力を回復させようとする諸々の試み、いいかえれば、自由かつ公正な市場のたんなる監視以上のものへと導く規範や、社会構造の境界の内側に経済活動を「埋め込もう」とする試みがなされるだろう(34)。

しかしながら、この種の再構築が国家の境界内部にとどまらないことも明らかである。とはいえ、国際協力の基礎として機能するに足る対内的な結束や地域的な結束があるといえるのか。資本主義の多様性は、本質還元論的に論じるべきではない。さまざまな資本主義は、たえず変化の過程にあり、対内的には競争状態におかれている。そして国際的な連関は、国内的な支柱として二重の義務を果たすのである。注意すべきは、複数の資本主義と複数の近代性のあいだで生じる相互作用が、アジア－ヨーロッパ対話という問題では、イデオロギーと固定観念の地雷原にもなりかねないという点である。どのアジアであり、どのヨーロッパなのか。その内部の多様性が非常に大きいために、「アジア」と「ヨーロッパ」は、意味ある単位としての役割を担うことができない。東アジア「モデル」ないしは虎《タイガー》「モデル」という考えにも異論がある。同様に、ヨーロッパ内部の違いも甚だしく大きい。イギリスはヨーロッパ連合の構成国であるが、ラインラント型資本主義ではなく、アングロ－アメリカ型資本主義に追随するものである。ところが、アジアとヨーロッパの各々の領域で繰り広げられる論争は、通常、アメリカにおける論争よりもその範囲は広い。この多元主義こそが、アジア－ヨーロッパ対話ならびに大陸間対話に活力を与える、主たる源泉なのである。アメリカの弱点は、アメリカ以外の場所で形成される多元主義によって資本主義の生物多様性が保持される状況下で、アメリカだけが単一の正統派によって支配されているところにある。

企業や経済を格付けする方法は、各種の指標や会計基準によって定義される。しかし、たとえば、UNDPの人間開発指数や競争力指数、そして市場アナリストが各国の信用度を評価するために用いる格付けのあいだには、大きな開きが存在する。ロナルド・ドーアによれば、株式市場資本主義とは、「企業の成功の尺度として株式市場を、国レヴェルの快適な暮らしの尺度として株式市場指数を中心に据える経済のことである。それは、良い社会に向けて歩みを進めるために、より良い人間の福祉というもっと多元的な別の基準をもつ経済とは正反対のものなのだ(35)」。アジア諸国とヨーロッパ諸国のあいだの対話は、もっと大きな意味ある多元的な国際協力の基準を設定することに貢献しうるのである。

ヨーロッパの会計原則では「実体が形式より優先される」が、アメリカ型会計では「形式が実体よりも優先される」。アメリカ型会計の規則本は、ヨーロッパの二倍の厚さになる。ところが、そこで重視されているのは、法の精神ではなく字面にすぎない。そのため、弁護士たちは、つねに新しい抜け穴を見つけることができる。システムの違いの基底には文化的な違いがあり、それは究極的には、異なる近代性の問題である。アメリカ式の啓蒙主義の応用と近代性の浅薄さが、アメリカの法遵守文化を支えている。このことは、他の文明国で歴史に織り込まれた複雑な近代性とは対照的である。したがって、会計規則をめぐる現在の論争の基底にあるのも——皮肉を交えて、文明の衝突をもじっていえば——、いわば近代性の衝突なのである。二〇〇〇年に欧州委員会は、二〇〇五年までにすべてのヨーロッパ連合（ＥＵ）内の企業が国際会計基準審議会（ＩＡＳＢ）にしたがって、会計報告を行なわなければならないことを決定した。欧州委員会は、アメリカにも会計基準を国際化しヨーロッパ・ルールを適用することを促している[36]。

ＩＭＦによって阻止されたものの、一九九七年には、日本がアジア緊急地域基金〔アジア通貨基金〕の設立を提案した。最近では、タイが、アジア債券基金の創設を提案している[37]。アジア‐ヨーロッパ対話は、アジアとヨーロッパの開発基金を、ワシントンに本部を置く諸機関からアジア基金や地域開発銀行など、地域的な機関か国連機関に振り返ることを検討することになるだろう。

アジアの関心は、アジア型資本主義がより民主的となり、家父長的な性格を弱め、生態学的に持続可能で社会的に責任を負うものでなければならないというところにある。アジア危機後の構造再編は、この方向での再生の機会となっている[38]。

アジアでは、ヨーロッパ植民地主義の記憶がいまだに尾を引いている。アメリカの影響が異種雑多な結果をもたらしてきたとしても、いまヨーロッパの視点に寄りかかることは当を得たものであるといえるだろうか。なぜアジアは単独で歩もうとしないのか。アジア・ルネサンス、「太平洋の世紀」あるいはグローバルな世紀といった視角も、選択肢としてはありうる。超国家的な相互作用はいずれにせよ起こっており、したがって無線封止を決め込むことは選択肢とはならないというのが、こうした問いにたいするひとつの解答である。同じことがヨーロッパにも当てはまる。マーストリヒト条約は、競合する複数の資本主義、超国家的な金融化、株式資本主義のまっただなかにEUを置いたが、こうしたものすべてが超国家的な資本の流れに影響を及ぼしている。EUは、OECDや国際的な話し合いの場では、代替案を示すことなく、新自由主義的な資本主義の基準に同調している。また、WTOの交渉では、貿易障壁を撤廃せよとのヨーロッパの要求が、アメリカの要求よりも過酷なものとなる場合が多い。しかし、本書の議論がヨーロッパを好意的に捉えているのは、EUが、対内的には、その社会憲章を強化することで、また対外的には、それほど自己中心的とはならずに統合と拡大の過程に専心し外向き志向を強めることで、従来の歩みを変化させているからにほかならない。

「東アジアの奇跡」は、世界銀行によって自由市場型輸出志向の経済成長を証明するものとしての役割を割り当てられているが、それは、アジアの中華圏では儒教倫理のサクセス・ストーリーとして、日本では教育と人的資本が重要であることの実証事例として援用される[39]。ヨーロッパの保守派、イギリスのトーリィ党、アメリカの新保守主義者は、労働組合と福祉国家的な要求に圧力を加えるために、東アジアを模範として取り上げる。ヨーロッパの保守派だけでなく社会民主主義者も、スリムで実行力ある政府のモデルとして東アジア型福祉システムを賞賛している。この見方では、東アジア福祉システムとは、福祉を経済的効率性に従属させ、低コストの重労働に従事するインセンティヴを生みだし、国家に依存することなく利用可能な社会的資源を活用するものとされる。そうしたシステムの否定的側面がこれまで広く検討されることはなかった。アジア型福祉システムは、家族、とくに女性に負担を負わせ、不平等、制度的統合の欠如、権威主義的な政治的遺制を再生産している。[40]同様に、アジア危機は、あらゆるイデオロギー的な紋章をつけた者たちが、自分たちの論点を証明するためだけのものになってしまった。

ヨーロッパ連合は、先陣を切って制度的な地域統合を推進しているが、アジアにそれに見合うものはない。[41]いずれにせよ、アジアもヨーロッパも統治における民主主義の赤字に苦しんでいる。したがって、アジアの新しい民衆レヴェルの地域主義が、地域という壁を越えた対話で重要な役割を果たす可能性がある。サード・ワールド・ネットワークやフォーカス・オン・グローバル・サウス、アリーナその他の社会運動、超国家的なNGOが、WTO、APEC、生物工学、遺伝子組み換え作物、そして生態学的な懸案について諸々の批判を接合する主要な役割を担っている。

多国間交渉が千鳥足状態にあるという意味では、地域間主義は、グローバルな多国間フォーラムにとっての情報交換の場として機能することができる。[42]WTOの場でのそれは、アジアとヨーロッパが、国際的に公正な貿易ルールを求める圧力を形成するという意味をもちうるし、国際開発の分野では、開発努力をIMFや世界銀行の活動領域の外に振り向けなおし、そうした機関に代わって地域開発機関を強化するという意味をもつだろう。さらに、国際金融では、地域間主義はトービン税協定に支持を与える可能性もある。

越えるべきおなじみのハードルが、西側あるいはヨーロッパの主張する、人権にたいするアジアの抵抗である。アジアの文脈における人間の安全保障の重視とは、人権ではなく、個人の諸権利に社会的関心をおくものである。[43]このことが、アメリカ型個人主義への傾斜をともなう対話ではなく、ヨーロッパ型社会民主主義との対話の基礎を提供している。人間開発アプローチは、東アジアの経験から着想を得つつも、ヨーロッパの社会民主主義のいくつかの形態と類似点をもっている。その結果、このアプローチは、さらなるユーラシア対話の土台を与えるものとなる[44]。

アジア経済のほとんどは、アメリカの技術、投資、市場、安全保障協力、そしてアメリカ文化のなかに深く取り込まれている。中国の活動の余地は、ＷＴＯ加盟によって制限されている。アジア諸国の立場からすれば、対外的な諸関係を多様化することは、アメリカとの関係で行動の余地を与えるものとなるかもしれない。地域の枠を超えた予防的な協力関係の広がりが、近年みられる。ＡＰＥＣの存在価値は、アジアにおけるヨーロッパの役割を限定的なものにするところにあるが、アジア－ヨーロッパ会合（ＡＳＥＭ）は、こうした策略にたいするひとつの対応でもあるのだ[45]。ヨーロッパの立場からすれば、アメリカの立場と同じ程度にアジアとの関係を強化することから、利益を得ることができるかもしれない。アメリカの場合にもっとも重視されるのが市場アクセスと地政学であるとすれば、ヨーロッパの場合には、利害と関与の幅はもっと広いものとなる可能性がある。

ヨーロッパの関心は、統合以外に、社会民主主義の刷新にも向けられている。福祉国家を国家ベースで再建することが不可能であるとすれば、ヨーロッパ規模で、またおそらくは超国家的な規模で再構築してゆかねばならない[46]。福祉国家の基礎をなすケインズ主義的需要管理は、福祉依存をもたらす可能性があり（おなじみの新保守主義的な主張）、スカンディナヴィア諸国や人間開発アプローチでみられるような、技能やケイパビリティ、教育、医療、住宅を重視する社会分配へと進路を変更しなければならない。アメリカ経済が活況を呈したことが、ヨーロッパの「労働市場は硬直的」であるとの主張を生みだした。だが、アメリカにおいて新規に創出された職の多くが最低生活賃金をともなうものではなく、社会的不平等は拡大の一途をたどっている。社会民主主義を刷新することは、ひるがえって、ヨーロッパのアイデンティティを再構成し、多元主義の危機を解消するためにも必要不可欠である。移民の流入が増大し、高まる社会的要求を満たすため、教育、住宅、健康、社会サーヴィスにより多くの投資が必要とされているときに福祉国家を後退させたことが、多くのヨーロッパ諸国で右翼的な方向へのブレを生みだす一因となった。ヨーロッパ型福祉国家の行き詰まりと多文化主義の危機は、相互作用の関係にあるのだ(47)。

ここで、ミシェル・アルベールの比喩を用いれば、ライン川のカメは、アメリカのウサギを追い越すかもしれない。自由市場の規範から逸脱しているがゆえに、アメリカの軽蔑の対象とされてきた二つの地域、つまりアジアとヨーロッパが収斂し、オルターナティヴな社会的市場の基準を設定することになるとすれば、なんと皮肉なことであろうか。

ユーラシア

ポール・ヴァレリーによれば、ヨーロッパは「アジアにつづく道（cap d'Asie）」である。シルク・ロードのように、古代の陸および海上の道が両者をつないでいる。ユーラシアの夢は、現代の深刻な政治経済の議論にとってはあまりにも叙情的なテーマである。にもかかわらず、ユーラシアは多くの夢を呼び起こし、ペルシア帝国、アレクサンダー大帝国、モンゴル帝国、オスマン゠トルコ、ナポレオン、ロシアといった帝国によって、入れ替わり立ち代わり主張されてきた。ユーラシアは、ロシアのポピュリズムの底流――アジアとヨーロッパをつなぐロシアの魂――とも共鳴しあい、トルコの想像域でも役割を果たしている。「新しいシルク・ロード」という考え方が打ち出されてから、日は浅い[48]。また、最近のユーラシアの夢は、ロシアと中国の反ヘゲモニー的連合であったが、これが実体をもつことはなかった。というのも、この連合は、双方ともにアメリカの投資と技術から排除されることを意味したからである。

ユーラシアにたいして権利を主張するもっとも新しい国は、アメリカである。ユーラシアは、アメリカの地政学上、世界の心臓部に位置する。つまり、「ユーラシアを支配するものは世界を支配する」のである[49]。ズビグニュー・ブレジンスキーはアメリカの地政学上の対象を概観するなかで、ヨーロッパをアメリカの「民主主義の橋頭堡」として描き、日本、韓国、台湾は、アメリカの保護領と位置づけている。今日、誰もがもっとも欲する広大な土地が中央アジアである。そこに埋まる石油と天然ガスに比べれば、中東の埋蔵量は微量にみえるほどである。アンドレ・グンダー・フランクの議論によって、われわれは、「中央アジアの中心性」、つまり「ヨーロッパ史と世界史の真の意味でのミッシングリンク」という、これまで隠されてきたテーマに考えをめぐらせることになる[50]。

国際秩序についての耳慣れた説明に、グローバル・トライアングルというものがある。北アメリカ、西ヨーロッパ、東アジアが極となり、多国間主義の精神のもと、それらが統治されるという[51]。だが、ワシントンが推進する長い戦争は、この三極構造を弱体化させてしまった。さらに、アメリカは、より公平で、責任ある持続可能なグローバル秩序の形成に向けた改革の障害として、長きにわたり立ちはだかってきた。ユーラシアの調和的関係は、アメリカ内部の穏健派勢力を強化する一助となるであろう。

長期にわたりアメリカの政策が目指してきたのは、フランス、ドイツ、ロシアの連合を先んじて阻止することであった。ところが、イラク戦争によって、この連合が現実のものとなりつつある。アメリカが論理的に導き出した対抗手段が、仏独露連合に代わって、日本と中国を巻き込んだ連合を構築することである。[52] だが、中国もまたイラク戦争には反対しており、ロシア、中国、そして中央アジア五カ国は、上海協力機構のもとでいまや協力関係にある。これが、ユーラシア対話の地政学的および経済－地理的な環境の一部をなしているのである。

ユーラシア対話が、主に経済政策や社会政策に焦点を当てるものであるとすれば、防衛や安全保障についてはどうであろうか。アメリカの軍事支出は、他のいかなる国や地域も、競いたいと思うことすらできないほどの、あるいは、これからもそんな気にならないほどの水準に達してしまっている。アメリカの戦略的投資は、追いつくことができないほどのグローバルな優位を示している。そうした投資が示唆しているのは、アメリカの疎外感をますます反映した荒涼たる世界である。この点において、ユーラシア対話の目的は、多国間主義をつうじて国際的な安定を高め、アメリカの地政学の影響がおよぶ範囲を制限する国際法や多国間機関を強化することにある。

過去数十年にわたり、世界の多数派は、国際法を強化し、建設的な多国間の規範や機関を発展させる方向に、徐々にではあるが動いてきた。多くの事例が示しているように、アメリカはそうした新しい合意に参加してこなかった事実上唯一の国あるいは唯一の先進国である。アメリカは、いまや崩壊しつつあるワシントン・コンセンサスの自由市場レジームと軍事力を構築することに何十年も精力を傾ける一方で、他の国際取り決め、とくにアメリカの権力の行使もしくは法システムを制限するような取り決めでは、協力を差し控えてきた。アメリカが多国間取り決めに参加することを拒否しているのは、行き当たりばったりの強情さゆえではなく、超・超大国例外主義のなかに埋め込まれたものなのである。ここしばらくのあいだ、アメリカが奏でる行進曲の太鼓のリズムは、世界の他の地域とは異なるものであった。この「丘の上の町」[2]は、「大海によって守られた遠く離れた場所」にあるのだ[53]。したがって、軍事介入が引き起こす結果のなかでも、力の均衡に重大な影響を及ぼすものにしかアメリカは関心を示さないとの仮定も、別段こじつけというわけではない。それこそが、現段階で、修正がアメリカの外部から生じざるをえない理由なのだ。

むすび

第1章で論じたように、アメリカ型資本主義は、新自由主義的グローバル化としてアメリカが描くイメージどおりに、現代のグローバル化を形成するのに大きな役割を演じてきた。アメリカ型資本主義そのものがリスクにさらされている今日、ステークホルダー資本主義からシェアホルダー資本主義へのグローバルな転換の危険性が増しているように思われる。それは、エンロン事件によって例証されたところでもある。上流階層には過大な報酬を与え、下層および中間階層には十分な賃金すら支払わないことで、新自由主義は自壊しつつある。ディクシー資本主義は、アメリカ人にも情け容赦がない（アメリカの労働者の三〇パーセントが最低生活賃金を稼ぐことができず、四三〇〇万人が医療保険もなく暮らし、「富める者がますます富み、貧しき者は囚人となる」）。アメリカ最大の企業であり、世界最大の小売業者であるウォルマートは、最低生活賃金すら支払っていない。ウォルマートが販売する財の大部分は、安価な輸入品、とくに中国からの輸入品である。数年間にわたってアメリカは、貿易赤字と雇用の喪失が構造化されるほどに脱工業化し、熟練労働を解体しながらも、消費だけは行なってきた(54)。

アメリカの新自由主義の根幹にあるのが、軍産複合体である。これまでの諸章でみてきたように、その根は深く、フロストベルトからサンベルトへの経済のシフト、南部保守主義と右翼的キリスト教勢力の台頭、そして軍国主義文化といった重大な問題を派生させてきた。このアメリカが、新自由主義的帝国の建設、つまり軍事的、政治的、経済的に持続不可能なプロジェクトに着手しているのである。新自由主義的グローバル化が、不条理な者たちの劇場であり、グローバルな不平等を急激に拡大させるものならば、新自由主義的帝国は、醜悪な者たちの劇場なのだ。いまやアメリカが顕在化させた世界中に広がる懸念と敵愾心は、複数の層をなしている。新自由主義的グローバル化とそれが世界の大多数の人びとの暮らしにもたらす結果にたいする憤り、「マクドナルド化」あるいはアメリカの消費者文化・マーケティング文化の影響力、アメリカの多国間協力や改革からの意図的な離脱、そしてアメリカの地域政策、とりわけ中東政策にたいする怒りである。アメリカは溜まりに溜まった不満を摘み取っている。もっとも新しい憤りは、イラク戦争にかんするものである。だが、イラク戦争は、もっと深刻な問題のひとつの現われにすぎず、ペンタゴンが計画している長い戦争の一部でしかない。戦争は、世界が抱える諸問題にたいする答えではないが、世界の軍事支出の四〇パーセントを支出する世界人口の五パーセントを占めるにすぎない国民には、おそらく与えるべき答えがないのであろう。

国庫のかくも大きな部分を軍事に支出しつつも、なぜアメリカでは、そうした支出やその目的、それがアメリカ経済や社会に及ぼす結果について、真摯かつ持続的な国民的規模の対話や公的な討論が存在しないのか。軍事契約を特別扱いすることは、アメリカ経済が非競争的なものになってしまったことを意味する。そうした状況について深く反省するならば、おそらく本質的な問題は、アメリカが数世代にわたる経済的成功によって堕落してしまったということなのだ。これこそが、アメリカの制度の根本的な弱さの基礎をなしている。アメリカ人に力を付与するためには、ニューディール型の経済規制に回帰しなければならないだろう。だが、ニューディールは、経済危機にたいする対応として形成されたものであり、経済危機がなければ、ニューディール政治に回帰する可能性は低い。アメリカは、先進国のなかでも、ビジネスが労働よりも最優先される特徴を長期にわたって示してきた。南部の保守主義者たちは、頑ななまでにニューディール政治に反対し、軍産複合体に傾注し、脅威のインフレーションと、それによって姿を現わす世界の「他の地域」を固定観念で捉える権威主義的な文化を身にまとっている。脅威のインフレーションという考えに賛同し、帝国を是認するリベラル派もまた、知ってか知らずか、アメリカの権威主義とアメリカ人の無力化に承認を与えているのである。それこそが、最高位につくことの代価なのである。グローバルな不安定を恐れて、彼らは、アメリカの軍国主義を正当化し、その制約を解いている。アメリカの軍国主義じたいが、不安定化作用をもたらす力であると全世界的にみなされているのに、である。

アメリカ人にとって最高位を追求する代価は、アメリカが権威主義的で保守的な社会になってしまったことである。軍事への過剰投資は、それ以外の多くの領域でアメリカから能力を奪っている。アメリカは、無教養で、文化的に遅れた内向きの国であり、経済的には膝を屈し外国からの借り入れに依存している。この世界でもっとも富をもち、もっとも豊かで、もっとも権力をもった国にたいして繰り返されつづける単調な説教は、それが持続不可能な水準の債務を抱えた世界最大の債務国であるというものだ。そのような国が無制限の権力を行使するとすれば、予期せぬ結果をもたらすことになるのは当たり前のことである。それは、ますます弱体化する経済、低下する製造能力、持続不可能なほどの規模に達した対外債務という基盤の上に立っている。長い戦争という大戦略は、アメリカの権力の終焉の始まりを知らせる前兆にほかならないのである。

訳者あとがき

本書は、Jan Nederveen Pieterse, *Globalization or Empire?*（London & New York: Routledge, 2004）の全訳である。筆者からは原著出版後のグローバル化と帝国の展開に照らし合わせて、原著出版時の展望にたいする自己診断とでもいうべき「日本語版への序文」を寄稿いただいた。*Ethnicities and Global Multiculture: Pants for an Octopus*（Rowman & Littlefield, 2007）がつい最近刊行されたばかりである。

筆者のこれまでの略歴と業績を簡単に記しておこう。

現在、ネーデルフェーン・ピーテルスは、イリノイ大学アーバナ・シャンペーン校社会学教授（グローバル社会学）である。本書からもうかがえるとおり、彼の関心は幅広く、グローバル化、開発研究、そして間文化研究（intercultural studies）におよぶ。教授歴も多様であり、オランダのアムステルダム大学、ガーナのケープ・コースト大学、そしてニューヨーク州立大学ビンガムトン校における教授歴のみならず、ドイツ、日本、インド、インドネシア、スリランカ、パキスタン、南アフリカ、スウェーデン、タイにおいて招待教授として滞在した経験をもち、また数多くの国々で講演歴がある。一九九七から二〇〇四年まで『レヴュー・オブ・インターナショナル・ポリティカル・エコノミー』誌の共編者をつとめ、現在でもクラリティ・プレス社、ラッセル・セージ・ファンデーション社、『フューチャー』、『サード・テクスト』、『グローバリゼーションズ』、『ヨーロピアン・ジャーナル・オブ・ソーシャル・セオリー』、『エスニシティズ』、『カルチャー・アンド・ソサエティ』など各誌の編集顧問もつとめている。さらに世界芸術科学アカデミー（the World Academy of Art and Science）の会員でもある。

右にあげた以外の彼の主要著作は、以下のとおりである。

- *Globalization and Culture: Global Melange*（Rowman & Littlefield, 2003; second edition 2007）
- *Development Theory: Deconstructions/Reconstructions*（Sage, 2001; second edition 2007）
- *White on Black: Images of Africa and Blacks in Western Popular Culture*（Yale UP, 1992）
- *Empire and Emancipation: Power and Liberation on a World Scale*（Praeger, 1989; Pluto, 1990; 1990 JC Ruigrok Award of the Netherlands Society of Sciences）
- *Racism and Stereotyping for Beginners*（Dutch, 1994）
- *Global Futures: Shaping Globalization*（edited, Zed, 2000）
- *Globalization and Social Movements*（co-edited, Palgrave, 2001）
- *Humanitarian Intervention and Beyond: World Orders in the Making*（edited, Macmillan and St Martin's, 1998）
- *Emancipations Modern and Postmodern*（edited, Sage, 1992）
- *Christianity and Hegemony*（edited, Berg, 1992）

以上の業績からも明らかであるが、ネーデルフェーン・ピーテルスの主要な関心は、簡潔にいえば、グローバル化時代における政治経済研究、文化研究、そして開発研究という三分野の交錯地点におかれている。研究キャリアの初期から、帝国主義、国家テロリズム、ならびにアメリカとイスラエルの関係を追究してきた彼にとって、現在の「帝国」ブームは、これまでの研究蓄積を披露する絶好の機会となった。その集大成ともいえる本書は、圧倒的な筆致で描かれたグローバル化と帝国にかんするいわば一大絵巻であり、どの学派にも組みせず、批判的で複眼的な視点に貫かれた政治経済学的な構成は類書の追随を許さない分析力を有するものである。

本書の狙いと関心については「はじめに」をご参照いただくとして、本書の読みどころを二、三かいつまんで指摘しておくことにしよう。

まず、ネーデルフェーン・ピーテルスの議論の特徴は、ともすれば混同されがちな新自由主義とグローバリゼーションを峻別しつつ、ハイエクやサッチャリズムにではなく、むしろアメリカ南部の資本主義（ディクシー資本主義）に新自由主義の起源を求めた点にある。彼によれば、冷戦期における国内プロジェクトであった新自由主義は、国際金融レジームの転換とワシントン・コンセンサスを通じてグローバルに拡散浸透したのであった。

第二に、新自由主義的グローバル化が階層的で非対称的な統合という矛盾したダイナミズムをもつ過程であるという認識にもとづいて、新自由主義的グローバル化と帝国の親和性が指摘される。その端的な事例が、反テロ戦争において劇的に展開した「民営化される戦争」（本山美彦）であった。右のアメリカ国内政治力学に根ざした視角は、ここでもまた大いに活かされることになる。

このように、ネーデルフェーン・ピーテルスの批判的なまなざしは、一方でアメリカ社会とその例外主義に注がれている。歴史、経済、政治、社会、そしてイデオロギーにたいする彼の透徹した分析は、アメリカ社会論としても読者をたびたびうならせることだろう。

とはいえ、ここで特筆すべきは、彼がグローバル化をアメリカ化と同一視する立場には与していないという点にある。なぜなら、多種多様な近代性（modernities）との相互作用によって誕生し絶えず変化しつづける複数の資本主義（capitalisms）が存在することに、新たな調和的力関係形成の突破口を見いだしているからである。アメリカ方式としてのグローバル化が、エンロン事件とイラク戦争によって破綻する一方で、アメリカが自浄能力を喪失したように見える今日、もはや外部からの変化に期待を寄せるよりほかない。ネーデルフェーン・ピーテルスは、その可能性を新自由主義にとっての異端であるヨーロッパとアジアの連合に託している。

アジア‐ヨーロッパ間対話によるアメリカへの対抗軸形成という本書の結論について、訳者は現実的困難を覚えないわけではない。ヨーロッパではEU統合のもと、「ヨーロッパ化」という名の新自由主義が浸透している。また、日本はいうまでもなく、アジア危機後に東アジア諸国を席捲した構造改革によって、新自由主義正統派の影響力は日に日に強まっている。このネーデルフェーン・ピーテルスの構想は、あらゆる読み手に決定的な解答というよりは開かれた問いを投げかけたものだと理解したいと思うが、いかがであろうか。

博覧強記と晦渋な文体で知られるネーデルフェーン・ピーテルスの翻訳にかかわるということは、訳者の両名にとっても大きなチャレンジであった。気づく限りで原著の誤植や不明な用語法については著者に問い合わせ、見直しは重ねたものの、思わぬ誤訳や誤植が依然含まれているかもしれない。多くの読者のご指摘やご批判を仰げればと心より願っている。なお、翻訳作業は、まず原田が第1～4、7章を、尹が第5、6、8、9章を担当し、お互いの原稿をチェックし、訳語の統一を図るという手順で進めた。日本語版への序文、「はじめに」は尹が、謝辞は原田がそれぞれ素訳をつくり、意見交換のうえ訳文を仕上げたものである。訳文の責任は各訳者にあるが、実質的には共訳と考えていただいてよい。

本訳稿の準備過程では、参考文献と索引の作成で竹川慎吾君（当時中部大学国際関係学部、現京都大学大学院人間・環境学研究科）にお手伝いいただいた。記して謝する次第である。

最後になったが、法政大学出版局編集部の勝康裕さんには、本翻訳の企画から最後の装丁にいたるまで、たいへんお世話になった。訳者両名とは大学院生時代からの旧知の間柄ながらなかなかお仕事でご一緒できなかったが、今回初の共同作業にとりかかることができた。予想どおり、最良の編集者との仕事は知的緊張と発見の連続であった。深夜におよぶ長電話のなかであれこれと訳書の構想を交わしはじめてから、早二年近くが経とうとしている。ついつい仕事が遅れがちな怠慢な訳者に、勝さんは本当に愚痴ひとつこぼさずおつきあいくださった。なんとか一人前の成果を世に送り出し、勝さんのご尽力にささやかなご恩返しができたとすれば、訳者としてこれほどの喜びはない。

二〇〇七年春

原田太津男
尹　春志

索　引

lateralism　32, 34, 36, 42, 73, 95, 102
経済的な――　24, 69
政治－軍事的な――　69
多国間主義の顔をした――　179
アメリカ例外主義 American exceptionalism　viii, 15, 206-207, 223, 237-238
→「アメリカ（合衆国）」も参照
――と歴史的な偏差　226
――の国際的派生物　230-231
――の諸次元　223
自己戯画化するものとしての――　208, 239
あらゆる形態の女性差別撤廃のための国連条約（CEDAW）　233
アルカーイダ Al Qaida　81-82, 198
アルベール Albert, Michael　244, 268
イギリス帝国　72, 74, 202, 227
イグナティエフ Ignatieff, Michael　56
イスラエル　viii, ix, 22, 41, 174, 177, 197, 198
――のウェストファリア的政治　162
イスラーム Islam　186, 197
一極－多極システム Uni-multipolar system　34
遺伝子組み換え食品　101, 178, 266
イラク　47, 51, 75, 89, 92-94, 156, 171, 173, 178
――の石油　91, 98-101
――の民営化　91-94
イラク戦争　vii, 98, 99, 152, 167, 241, 273
イラン－コントラ Iran-Contra　41, 221
陰謀理論 Conspiracy theories　186, 188, 203
ウィリアムソン Williamson, John　28
ウェード Wade, Robert　117
ヴェトナム戦争　40, 52, 84, 171, 213, 220
ウォルフォウィッツ Wolfowitz, Paul　33, 46, 99
ウォール街　ix, 13-15, 24, 28, 30, 48-51, 248, 250, 254, 262　→「金融工学」も参照
ウォール街－財務省－IMF 複合体 Wall Street-Treasury-IMF complex　24, 38, 61
ウォルト Walt, Stephen　viii
ウォルマート Wal-Mart　272
エスニシティ　173, 193, 195, 196
NGOs　29, 66, 169, 181, 185, 187, 266
エンパワーメント Empowerment　128, 181
エンロン Enron　ix, 13, 27, 30, 35, 49, 59, 102, 241, 249-255, 272
大前研一　x
オクシデンタリズム Occidentalism　203
オリエンタリズム Orientalism　203

［カ　行］
会計基準　254, 263
開発政策　23, 26, 117, 147, 183, 201
――と救援　181
――に向けたハイチの道のり　25
カプラン Kaplan, Robert　55, 72, 99, 188, 190
カプラニズム Kaplanism　191
監獄－産業複合体 Prison-industrial complex　81, 224
カント Kant, Immanuel　71, 184
企業　47, 48
多国籍――　58
帝国的――　58-60
企業市民権 Corporate citizenship　59
技術　151-156, 157, 164, 175, 178
――とグローバル化　151
――と戦争　178
柔軟な――　168
政治の――　157-165
潜在能力としての――　165-167
規制緩和　13, 247, 252
北大西洋条約機構（NATO）　73, 150,

154, 163
キッシンジャー Kissinger, Henry 166, 235
ギデンズ Giddens, Anthony 65
キリスト教右派 Christian right 41, 44, 272
キリスト教シオニズム Christian Zionism 41
9. 11（9/11） September 11 26–27, 38, 42, 45, 49, 52, 176, 197, 202
キューバ 174, 226
脅威のインフレーション Threat inflation 47
緊急展開部隊 Rapid Deployment Forces 152
近代性 Modernity 199
——と紛争 150
もうひとつの—— 15
金融工学 13, 25, 253
クズネッツ Kuznets, Simon 122
グラムシ Gramsci, Antonio 44, 46, 209, 219
クリントン政権 17, 19, 26, 33, 39, 42, 44, 210, 226
クルーグマン Krugman, Paul 214
グレイ Gray, John 120, 145
グローバル化 ix, 65, 149, 151, 176, 185, 186 →「新自由主義的グローバル化」も参照
アメリカ方式としての—— 240, 253
イスラームの—— 160
——と 9. 11 26
——と資本主義 64
——と紛争 148–151, 193
——と権力の拡散 66
——と帝国 56, 63, 65
——と階層的な統合 67, 139
——のインフラ 151
総合政策としての—— 4–5, 7, 149–150
帝国主義としての—— 55, 57, 63, 65, 186
非対称な統合としての—— 138
グローバル・ガヴァナンス Global governance 241
グローバルな公正 Global justice 139, 142, 144
グローバルな不平等 108, 115, 131–133, 137, 142, 184, 237
——と力の均衡 143
——へのアプローチ 134–140
グローバルな分裂 Global divide 174, 175, 194
グローバルなモラル・エコノミー Global moral economy 182
グローバルなリスク社会 Global risk society 139, 169
軍産複合体 Military-industrial complex 19, 22, 26, 152, 256–259, 273
軍事的ケインズ主義 Military Keynesianism 156, 213, 221
軍事における革命（RMA） Revolution in Military Affairs 140, 154, 156
啓蒙主義 158, 184, 219, 234
——の応用 264
ケインズ Keynes, John M. ix
ケーガン Kagan, Robert 42, 71
減税 12, 40, 48, 256
言説 Discourse 163, 193, 201
原理主義 Fundamentalism 195
構造調整 Structural adjustment 25, 48, 201
構築主義 Constructivism 162, 179, 187
国際機関 126–129, 141, 145, 206, 237
——の改革 181
国際刑事裁判所 International Criminal Court 72, 101, 179, 226, 233, 260
国際通貨基金（IMF） x, xi, 8, 10, 21, 24–26, 29, 44, 59, 76, 101, 124, 130, 233, 253, 254, 264, 266

国際法　181, 270
国際連合 United Nations　58, 182, 233, 234, 260
国連開発計画（UNDP）　105, 107, 111, 127, 130
コソヴォ Kosovo　34, 167, 168, 173, 174

[サ　行]
ザックス Sachs, Wolfgang　113
サックス Sachs, Jeffrey　140
サッチャー Thatcher, Margaret　8, 17
CIA（Central Intelligence Agency）　41, 197
シエラ・レオネ　173, 174
シカゴ学派 Chicago school　8, 12
指揮統制 Command and Control　152-157
指揮，統制，通信，コンピュータ，諜報，監視，偵察（C4ISR）Command, Control, Communications, Computers, Intelligence, Surveillance, Reconnaissance　153-154, 157
ジニ係数　110, 116, 117, 121
ジハード Jihad　81
　── 対 マックワールド（McWorld）　149, 188, 191, 197
資本主義　ix, 66, 201-202
　アジア型──　24, 244, 260, 264
　アングロ-アメリカ型──　20, 24, 174, 175, 202, 229, 244, 263
　国家支援型──　244
　最先端の──　26
　シェアホルダー（株主）──　208, 232, 237, 247, 271
　──と帝国主義　56-58, 62-65
　──の危機　248
　──の多様性　244-249, 262
　社会的市場──　219, 229
　自由企業──　20, 71, 212, 223, 232
　自由放任──　210, 213, 228, 232
　ステークホルダー（利害関係者）──　208, 232, 237, 247, 271
　ディクシー（Dixie）──　10, 21, 25, 30, 209, 247, 272
　ネットワーク型──　158, 180
　ヨーロッパ型──　244, 260
　ラインラント型──　244, 263
社会運動　47, 65, 239, 266
　グローバル・ジャスティス　144, 261
社会科学　184, 185, 187, 199
社会工学　127, 223
社会ダーウィニズム Social Darwinism　178
社会民主主義　265-268
自由の帝国 Empire of liberty　75, 193
収斂
　経済的──　122, 246
　条件付き──　122, 145
従属論 Dependency theory　122, 132, 186
シュトラウス Strauss, Leo　39, 98
情報戦 Information war　155, 164, 167
情報通信技術（ICT）　152-155, 160, 169
ジョンソン Johnson, Chalmers　22, 52, 60
シルク・ロード　269
ジン Zinn, Howard　61
シンク・タンク　viii, 20
新自由主義 Neoliberalism　ix, 27, 45, 47, 77, 88, 133, 175, 208, 254　→「民営化」も参照
　──とグローバルな不平等　125, 133, 143
　──と紛争　148
　──と冷戦　20-22
　──の局面　7-9, 47
人道的介入 Humanitarian intervention　151, 169, 174
新自由主義的グローバル化 Neoliberal globalization　4-6, 7-30, 31, 38, 45, 48, 56, 61, 64, 72, 73, 76-78, 88, 102, 116, 175, 208
新自由主義的帝国 Neoliberal empire　67, 76-78, 81, 103, 178, 272

新保守主義 Neoconservatives 41-44
スコット Scott, James 172
ストックマン Stockman, David 40
ストレンジ Strange, Susan 246
スレブレニツァ Srebrenica 172
西洋化 Westernization 66, 207
世界市民的正義 Cosmopolitan justice 181
世界銀行 World Bank x, xi, 8, 25, 29, 44, 59, 76, 101, 111, 122, 126, 128, 233, 254, 265
世界システム論 World system theory 131
世界社会フォーラム World Social Forum 29, 65, 261
世界貿易機関（WTO） xi, 24, 26, 29, 33, 38, 44, 59, 70, 84, 85, 265-267
石油 91-94, 101
ゼーリック Zoellick, Robert 84
戦争 64, 159
　技術—— 159, 164-168
　攻撃—— 95
　スマートな—— 152
　——と意志 167
　——と多文化主義 167
　——と領土 161
　——文化 162
　戦略—— 161, 162
　長い—— 30, 96, 228, 237, 241, 258, 270, 273, 274
　ネットワーク型—— 158
　予防—— 95, 149, 237
戦争不在状態 Warlessness 189
戦略 101
　——と文化 162
相互接続性 Connectivity 153, 178
総司令官（CinCs） 32, 43
ソフト・パワー Soft power 205
ソマリア 101, 171, 173, 174

[タ 行]

タイ 86, 118, 264
多文化主義 Multiculturalism 167, 190, 239
ダーレンドルフ Dahrendorf, Ralf 209, 219
地域間主義 Interregionalism 266
地政学 Geopolitics 69, 151
地方軍閥 Warlords 168
中央アジア 100, 270
中国 x, xi, 19, 118, 129, 236, 256, 258, 267, 269
中東 viii, 49, 53, 99, 174, 198, 237
チュア Chua, Amy 193
超・超大国 Hyperpower 25, 31, 38, 211
　——例外主義 212, 271
チョムスキー Chomsky, Noam 60
帝国 Empire 55, 58-64, 69, 95 →「帝国主義」,「新自由主義的帝国」も参照
　アメリカ—— 55, 73
　グローバル化の一局面としての—— 66
　帝国主義との対比での—— 62
　普遍主義的—— 72
帝国主義 Imperialism 4-6, 49, 55-66 →「帝国」も参照
　企業—— 59, 63
　経済的—— 59, 64
　構造的—— 207
　——とグローバル化 4-5, 65
　——と資本主義 63, 65
　——の周辺中心的な理論 66, 74
　——の定義 58, 60, 64
　——の連続体 118, 135
テキサス 14
テロ情報認知プロジェクト Terrorism Information Awareness 80, 154
テロとの戦争 War on terrorism vii, 75, 78, 95, 96, 101, 227

テロリズム　176
ドーア Dore, Ronald　263
透明性 Transparency　130, 254
東洋化 Easternization　66, 207
トクヴィル Tocqueville, Alexis de　209, 210
特別計画室 Office of Special Plans　80
トフラー Toffler, Alvin　159

[ナ　行]
ナイ Nye, Joseph, Jr　33, 61, 205
ナショナリズム　180, 195, 196
ナポレオン・ボナパルト Napoléon Bonaparte　161
ナンディ Nandy, Ashis　188
ニッツァン Nitzan, Jonathan　49
日本　211, 236, 258, 264, 269
ニューディール New Deal　10, 11, 16, 43, 213, 272
人間開発 Human development　128, 267
人間の安全保障 Human security　267
人間の爆弾　177
ネグリ Negri, Antonio　62-63
ネットワーク型平和 Network peace　180

[ハ　行]
ハーヴェイ Harvey, David　47-48
ハイエク Hayek, Friedrich von　8, 12, 20
排除 Exclusion　186
ハイブリッド化　249
（白人）中心主義・人種差別 Racism　188, 195
パキスタン　74, 99
ハース Haass, Richard　65
パックス・アメリカーナ Pax Americana　2
ハットン Hutton, Will　13, 259
ハート Hardt, Michael　62-64
ハバーマス Habermas, Jürgen　52, 63, 184
ハリウッド　88, 221
ハリバートン社 Halliburton　vii, 80
パール Perle, Richard　42
パレスティナ　74, 197
パレンティ Parenti, Michael　60
繁栄の狂信的愛国主義 Chauvinism of prosperity　193
ハンティントン Huntington, Samuel　34, 71, 191, 194, 197, 199, 202
反米主義 Anti-Americanism　206, 238, 255
ビアーズ Beers, Charlotte　87
東アジアの奇跡　118, 265
ピータース Peters, Ralph　96
ヒトラー Hitler, Adolf　166
ビヒラー Bichler, Shimon　49
表現方法と政治 Style and politics　164
表象 Representation　179, 184, 186
　グローバルな分裂の――　189-190
　――の政治　187, 188
貧困　112, 121
　グローバルな――　107, 111, 142, 183
　ケイパビリティ capability　110
　政治的選択としての――　145
　貧困層との戦争　125, 194
　――研究　111, 112, 127, 132
　――削減戦略　130, 142
　――の概念　110
　――の脱領土化　185
　――の問題化　113
　――へのアプローチ　134
ビンラーディン bin Laden, Oussama　81, 198
封じ込め政策　151, 171-180
　二重の封じ込め　175
フォード主義 Fordism　17, 200, 213
福祉国家　213
複数の近代性 Modernities　186, 199, 200, 202, 244, 248
　――の相互作用　220

複数のグローバル化 Globalizations 66
複数の資本主義 Capitalisms 13, 175, 186, 199-203, 243
——間の競争 24
——のシナリオ 244-249
——の収斂 246-249
フクヤマ Fukuyama, Francis 63, 70, 189, 190, 193
フーコー Foucault, Michel 62
フセイン Hussein, Saddam 46
ブッシュ Bush, G. W. 14
ブッシュ政権 14, 16, 28, 31, 43, 53, 210, 222
短期の帝国の出現 38-41
長期にわたる帝国の属性としての—— 31-38
——の外交政策 43
——の経済的基盤 48
——の減税 40, 48, 256
——の破滅的な外交 51
——のマーケティング 86-89
——の民営化 79
レーガン政権の再演としての—— 39
ブッシュ・ドクトリン Bush Doctrine 73
プラトン Plato 98, 195
フランク Frank, André Gunder 269
フランス 236
プリースト Priest, Dana 33
フリードマン Friedman, Milton ix, 8, 12
ブレジンスキー Brzezinski, Zbigniew 269
ブローバック Blowback 74, 101, 197-198
冷戦 179
分配的世界市民主義 Cosmopolitanism, distributive 108
文明の衝突 Clash of civilizations 71, 81, 149, 188, 191, 197, 198, 202
ベクテル社 Bechtel 58, 80
ヘゲモニー Hegemony 57, 71, 152
ヘゲモニー安定論 Hegemonic stability theory 236
ヘゲモニー的な妥協 Hegemonic compromise 130, 134, 237
ヘゲモニー的な政治 Hegemonic politics 158
ベック Beck, Ulrich 26, 181
ペトラス Petras, James viii
偏執狂 192
ペンタゴン Pentagon ix, 32, 41, 43, 51, 72, 97, 152, 155, 163, 171, 220-222, 273
ヘンダーソン Henderson, Hazel 62, 109
ホイットリー Whitley, Richard 246
暴力の政治 Politics of violence 168
北米自由貿易地域（NAFTA） 33
ポスト構造主義 Poststructuralism 44, 45
ポスト・フォード主義 Post-Fordism 17, 200
ポッゲ Pogge, Thomas 130, 143
ホロコースト Holocaust 152

［マ　行］

マクドナルド化 McDonaldization 60, 205, 272
——と紛争 192
マクドナルド理論 Golden Arches theory 147, 151
マクマイケル McMichael, Philip 67
マックジハード McJihad 197
マニフェスト・デスティニー Manifest Destiny 37, 60, 65, 219
マハティール Mahathir bin Mohamed 51, 190
麻薬撲滅のための闘争 War on drugs 170
マリエラ Marighella, Carlos 52
マルガン Mulgan, Geoff 158, 177
マレーシア 51, 118
マンデルバウム Mandelbaum, Michael

189
ミアシャイマー Mearsheimer, John viii
見栄えの政治 Politics of appearance 165
民営化 77-84
安全保障の―― 79, 224
イラクにおける―― 91-94
民主主義 75, 159
――と自由市場 121
メイド・イン USA の―― 240
メディア 164, 167, 178, 183, 221, 227, 235, 241
アメリカの―― 239, 255
ムーア Moore, Michael 239

[ヤ 行]
ユーラシア 268-271
ヨーロッパ連合（EU） xi, 235, 243, 265

[ラ 行]
ライス Rice, Condoleezza 71
ラギー Ruggie, John 134
ラムズフェルド Rumsfeld, Donald W. 73, 96, 154
ランド研究所 Rand Corporation 81, 159
リスク分析 186
グローバルな―― 140
リプセット Lipset, Seymour Martin 209, 213, 225, 238, 239
リベリア 74, 96, 173, 174
リンド Lind, Michael 14, 15, 44, 46
ルイス Lewis, Bernard 46, 199
ルワンダ 173, 181, 195
例外主義 Exceptionalism 210
冷戦 9, 20-22, 31, 45, 74, 76, 175, 179
→「封じ込め政策」も参照
――と新自由主義 20-22
――とディクシー化 21
――の弁証法 198
――の物語 41, 76
レーガン Reagan, Ronald ix, 8-9, 11, 13, 17, 24
レーガン政権 28, 40, 41, 43, 125, 252
レーニン Lenin, V. I. 64
レンドン社 Rendon Group 87
ロウ Rowe, Thomas 134
ローヴ Rove, Karl 44, 85
ロサンジェルス 172
ロシア 236, 269
ローズヴェルト Roosevelt, Franklin Delano ix
ロストウ Rostow, Walt W. 20

[ワ 行]
ワシントン・コンセンサス Washington Consensus xi, 8, 13, 21-30, 159, 162, 232, 233
ワレス Wallace, George 11
湾岸戦争 155, 167

原註および訳註

日本語版への序文

（1） John Mearsheimer and Stephen Walt, “The Israel lobby,” *London Review of Books*, March 23, 2006, 3–12; Petras, *The Power of Israel in the United States*.

訳 註

〔1〕 2006年9月，非同盟諸国会議でチャベス大統領が提唱した，IMFからの自立，南南協力の促進を目的とした銀行のこと。

第1章　新自由主義的グローバル化

（1） Tickell and Peck, “Making Global Rules.”

（2） Wood, “The Rise of the Prison-Industrial Complex in the United States,” p. 24からの引用。

（3） Cummings, *The Dixiefication of America,* p. x.

（4） Ibid., p. 6. カミングスによれば，「過去30年間アメリカの経済にかんするアジェンダを支配したのは，伝統的な南部の保守主義経済政策，その導入，ならびにそれと1960年代に始まった共和党の保守的な国家経済政策との組み合わせである。これを私はディクシー化と呼ぶ……」(Commings, *The Dixiefication of America,* p. 7)。

（5） Ibid., p. 10.

（6） Wood, “The Rise of the Prison-Industrial Complex in the United States,” p. 27.

（7） Hutton, *The World We're In,* p. 106.

（8） Ibid. ならびに本書第9章以下の論述を参照のこと。

（9） Lind, *Made in Texas,* pp. 77 and 80.

（10） Ibid., p. 47.

（11） Applebome, *Dixie Rising,* p. 10.

（12） Jansson, “Internal Orientalism in America” ならびに Zinn, *The Southern Mystique* を参照のこと。

（13） Lind, *Made in Texas,* p. 70.

（14） Ibid., p. 84.

（15） Ibid., pp. 81–2; Applebome, *Dixie Rising*, p. 13を参照。

（16） Cummings, *The Dixiefication of America,* p. 117.

（17） Lind, *Made in Texas,* p. 94.

(18) Cummings, *The Dixiefication of America,* p. 75.

(19) 多国籍化の数値は，ロバート・ライヒによる（たとえば，Reich, *The Next American Frontier*）。

(20) Hutton, *The World We're In* ならびに本書第 9 章以下を参照。

(21) Cummings, *The Dixiefication of America,* p. 21.

(22) マイケル・ポーター（Porter, *The Competitive Advantage of Nations,* pp. 508–9）によれば，1990 年代に，アメリカは，自動車関連財，機械・器具，事務用品，家庭用電化製品や耐久消費財，衣料，鉄鋼，そして電気通信の分野で競争優位を失った。Cummings, *The Dixiefication of America,* p. 157; Hutton, *The World We're In* を参照。

(23) Halliday, *The Second Cold War.*

(24) Johnson, "American Militarism and Blowback."

(25) Nederveen Pieterse, *Development Theory.*

(26) Thacker, "The High Politics of IMF Lending," p. 70.

(27) Kindleberger, "International Public Goods without International Government," p. 10.

(28) その用語は，ギルピンによって用いられている（Gilpin, *The Challenge of Global Capitalism*）。

(29) Hutton and Giddens, *Global Capitalism.*

(30) Bello et al., *A Siamese Tragedy,* p. 52; Bello, *Deglobalization.*

(31) Manzo, "The 'New' Developmentalism" を参照のこと。

(32) Beck, "The Chernobyl of Globalization," *Financial Times,* November 6, 2001; Klein, *Guardian Weekly,* November 1–7, 2001.

(33) R. W. Stevenson, "Government Fiddles and the Economy Burns," *New York Times,* December 16, 2001.

(34) Williamson, "What Washington Means by Policy Reform."

(35) Soros, *On Globalization*; idem, *The Crisis of Global Capitalism.*

(36) J. Cassidy, "Master of Disaster," *The New Yorker,* July 15, 2002.

(37) GAO Report, "International Financial Crises: Challenges Remain in IMF's Ability to Anticipate, Prevent and Resolve Financial Crises," Washington, DC, 2003; M. Crutsinger, "IMF Reforms Fall Short-Auditors," *Bangkok Post,* June 18, 2003.

(38) Bello, *Deglobalization.*

(39) J. スティグリッツの解任とラヴィ・カンブールの任命については，Wade, "The United States and the World Bank" を参照。

(40) Stigliz, *Globalization and Its Discontents*; Nederveen Pieterse, *Development Theory,* Ch. 11 も参照。

(41) Carrier, *Meanings of the Market,* "Introduction."

訳　註

〔1〕 現代文明の産物を満載した船または飛行機に乗って，祖先たちが帰り，労働の必要がなくなって白人の支配から自由になる日が訪れるというメラネシア固有の信仰。

第２章　権力のシナリオ

（１）　Priest, *The Mission*; Bacevich, *American Empire.* 軍の影響力はもちろん後退している。たとえば，1960 年代に，ペンタゴン中心主義（*Pentagonism*）という言葉をドミニカ共和国のジョアン・ボッシュは使いはじめた。

（２）　Nye, *The Paradox of American Power,* p. 143.

（３）　Bhagwati and Patrick, *Aggressive Unilateralism.*

（４）　Mastanduno, "Preserving the Unipolar Moment," p. 66.

（５）　Huntington, "The Lonely Superpower," p. 36.

（６）　Gruber, *Ruling the World.*

（７）　Brooks and Wohlforth, "American Primacy in Perspective," p. 21.

（８）　Ibid., pp. 30 and 31.

（９）　Ibid., p. 31.

（10）　2003 年（会計年度）における 4,800 億ドルの増加は，日本の総軍事予算に匹敵する。その結果，2003 年の軍事支出は，合計 3 兆 8,000 億ドルに達し，アメリカに次ぐ 19 の軍事大国の総軍事支出をしのぐ。約 3,000 億ドルのアメリカの諜報関係の予算は，世界の 6 カ国を除く全国家の国防予算よりも多額にのぼる。この予算は，冷戦期の軍事予算を 15% も上回っている。軍事支出は 2005 年に 4 兆 50 億ドルに上昇する見込みだ。

（11）　R. Ratnesar, "In Defence of Hegemony," *Time,* June 18, 2001.

（12）　たとえば，Drury, *Leo Strauss and the American Right*; Elizabeth Drew, "The Neocons in Power," *New York Review of Books,* June 12, 2003; Hersh, "Selective Intelligence"; P. Escobar, "This War is Brought to You by . . .," *Asia Times Online,* March 20, 2003.

（13）　レーガンによれば，「政府は解決法ではなく，問題なのだ」。「経済への政府の関与は，制限するべきだ。しかし，レーガンは，中絶や学校でのお祈りのような社会問題に政府を進んで関与させた。またレーガンは，自分が増大させたい軍事支出のこととなると，政府を拡大したがった……レーガン政権は，サプライ・サイダー，マネタリスト，新自由主義的知識人，企業権力集中のための代表者を含む，幅広い人材をスタッフに迎え入れた」（Cummings, *The Dixiefication of America,* p. 79）。

（14）　Stockman, *The Triumph of Politics,* p. 402.

（15）「広範囲の減税によって，議会は，社会計画と公共投資の伸びを抑えるとともに，他の計画も台なしにせざるをえない。赤字の増大によって，不可避的に，議会はそういった『無駄な』社会計画を死に追いやらざるをえない。将来の赤字増大のために，社会保障や医療を民営化することが急務となるかもしれない」（Jeff Madrick, "The Iraqi Time Bomb," *New York Times Magazine,* April 6, 2003）。

（16）　主要な CEO からなる組織である経済開発委員会は，考えられるかぎり，新たな減税がなくても，10 年間は年間赤字額が 3 兆ドルから 4 兆ドルに増大すると予想し，新たな減税に反対している（D. Broder, "CEOs Fear Projected Budget Deficits," *News Gazette*［Champaign IL］, March 6, 2003）。

（17）　Cockburn, *Out of Control.*

(18) Hersh, "Selective Intelligence."

(19) Lieven, "The Push for War"を参照。シオニズムの批判にかんしては，Nederveen Pieterse, "The History of a Metaphor" を参照。

(20) 国家安全保障原則は，2000年9月の次期政権向けに書かれたPNAC報告書の仮定を共有している。D. Kagan et al., *Rebuilding America's Defenses.*

(21) R. Kagan, *Of Paradise and Power.*

(22) Beinin, "Pro-Israel Hawks and the Second Gulf War"; Lind, "The Israel Lobby."

(23) "America and the IMF/World Bank: What leadership?" *The Economist,* April 20, 2000を参照。

(24) たとえば，Denzin and Lincoln, *9/11 in American Culture.*

(25) Halabi, "Orientalism and US Democratization Policy in the Middle East."

(26) 「新自由主義的知識人が合理的説明を与えるのにたいして，南部の原理主義者はジョージ・W.ブッシュ向けに社会政策におけるアジェンダを与える」(これが「信念ベースの制度」を意味する)。Lind, *Made in Texas,* pp. 141-2 and 118.

(27) 保守主義的観点からのアメリカ単独行動主義批判はプレストウィッツ著作である (Prestowitz, *Rogue Nation*)。

(28) Wallerstein, *The Decline of American Power,* p. 26.

(29) Harvey, "The 'New' Imperialism."

(30) 「ブッシュ政権のもとで，財務省は，大統領官邸の政治課報員からの発進命令を受けている。『ニュー・リパブリック』誌が報告するとおり，ジョン・スノーがカール・ローヴに会うとき，ローヴ氏の事務所で会合が開かれている」(Paul Krugman, "Everything is Political," *New York Times,* August 5, 2003)。

(31) Shimshon Bicher and Jonathan Nitzan (http://bnarchives.yorku.ca).

(32) Rubin, "Stumbling into War."

(33) Johnson, "American Militarism and Blowback," p. 22.

(34) J. Habermas, "The Fall of the Monument," *The Hindu,* June 5, 2003.

(35) Sardar and Davies, *Why do People Hate America?*

訳　註

〔1〕 原著者に確認のうえ，本書では "imperial moment" に「短期の帝国の出現」，"imperial episode" に「長期にわたる帝国の属性」という訳語をあてた。

第3章　隠喩としての帝国

(1) Mallaby, "The Reluctant Imperialist."

(2) Kaplan, *Warrior Politics*; M. Ignatieff, "Nation-Building Lite," *New York Times Magazine,* July 28, 2002; R. A. Cooper, "Why We Still Need Empires," *The Observer,* April 7, 2002; M. Boot, "The Case for American Empire," *Weekly Standard,* Octorber 15, 2001.

(3) かくして，見出しはこう謳う。「帝国的な大統領 対 帝国的な司法当局」(L. Greenhouse, *New York Times,* September 8, 2002)。

(4) たとえば，Fergason, *Empire.*

(5) C. Asquith, "Righting Iraq's Universites," *New York Times Education Life,* August 3, 2003.

(6) たとえば，Barnet and Cavanagh, *Global Dreams*; Korten, *When Corporations Rule the World.*

(7) 実例として，チリのアジェンデ政権の転覆のさい，CIAとともにITTが果たした役割がある。また，ユナイテッド・フルーツ・カンパニーやアメリカが中央アメリカで搾取している，等々（Horowitz, *Corporations and Cold War* を参照）。

(8) George, *How the Other Half Dies.*

(9) Walter, "Do They Really Rule the World?"

(10) 例としては，Mohammadi and Absan, *Globalisation or Recolonization?*。外的に強制されているので，「開発」を再植民地化だと考える人もいる。エドワード・ゴールドスミスにとっては，マルクス主義者が「帝国主義」と呼ぶものと政府が「開発」と呼ぶものは，つまるところ，まったく同じものである（Goldsmith, "Development as Colonialism"）。これにたいするひとつの返答として，開発はたんに外的に強制されているのではなく，グローバルな意味での南によっても同じくらいかなり受容されている，といえる。

(11) C. Johnson, *Blowback,* pp. 19-20; Parenti, *Against Empire,* p. 1. Cf. Petras and Morley, *Empire or Republic?*; Petras and Veltmeyer, *Globalization Unmasked*; Furedi, *The New Ideology of Imperialism.*

(12) Williams, *The Tragedy of American Diplomacy*; Chomsky, *Year 501*; Lefever, *America's Imperial Burden.*

(13) Zinn, *Howard Zinn on War*, p. 153.

(14) たとえば，Said, *Culture and Imperialism.*

(15) Nye, "U.S. Power and Strategy after Iraq," p. 70.

(16) Fine, "Economics Imperialism and the New Development Economics as Kuhnian Paradigm Shift?"

(17) Henderson, "Changing Paradigms and Indicators," pp. 581 and 582; ティヴァネンは，ペルーの事例で，見せかけの政治としての経済主義を詳細に説明している（Teivanen, *Enter Economism, Exit Politics*）。

(18) Hardt and Negri, *Empire.*

(19) 「このような世界の『補正』は，便利である。というのは，それによって，アメリカも含むどれかひとつの国が世界の害悪にたいするどんな責任をもうまく免除されるからである」（Shimshon Bicher and Jonathan Nitzan, "Dominant Capital and the New Wars," *Jornal of World-Systems Research*, Vol. 10, No. 2, 2004, p. 259）。

(20) 詳細な議論は，Nederveen Pieterse, *Empire and Emancipation,* Ch. 1.

(21) たとえば，Fieldhouse, *Economics and Empire 1830-1914.*

(22) もしわれわれが反開発の立場を加えるならば，その等式は以下のように拡張される。つまり，近代化＝西洋化＝資本主義＝グローバル化＝帝国主義。

(23) Doyle, *Empires.*

(24) Haass, "What to Do with American Primacy?"

(25) Brzezinski, *The Grand Chessboard,* p. 213 および本書第5章以下。

(26) Thomas, "Globalisation as Paradigm Shift." この手の文献は，かなりよくみられるものである（たとえば，Falk, Chossudovsky, MacEvan そのほか多数）。

(27) Tomlinson, *Cultural Imperialism.*

(28) Giddens, *The Consequences of Modernity,* p. 64.

(29) Fieldhouse, *The Colonial Empires.*

(30) この議論は，（たんなるグローバル化ではなく）現代のグローバル化と帝国を対照的に捉えている。より広範な議論は，Nederveen Pieterse, *Globalization and Culture* にある。

(31) McMichael, *Development and Social Change*; T. L. Friedman, *The Lexus and the Olive Tree*; Wallerstein, *The Decline of American Power.*

訳　註

〔1〕 コロンビアの内戦とアメリカの麻薬戦争解決のためにアメリカ軍人がコロンビア軍人を訓練するという計画で，40年以上つづいている。

〔2〕「明白なる天意」，つまり領土拡張主義を神の意志とみるアメリカの行動原理を意味する表現。

〔3〕 文化的対象が言語の構成原理で成り立っているように思えること。一定の空間と時間の枠内で，無秩序の時間の導入を許容すること。

第4章　新自由主義的帝国

(1) I. H. Daalder and J. M. Lindsay, "American Empire, Not 'If' but 'What Kind'," *New York Times,* May 10, 2003.

(2) Finnegan, "The Economics of Empire," p. 50.

(3) Rhodes, "The Imperial Logic of Bush's Liberal Agenda," p. 113 からの引用。Mandelbaum, *The Ideas that Conquered the World* も参照。

(4) Rice, "Promoting the National Interest," pp. 47 and 49.

(5) F. Zakaria, "Our Way," *The New Yorker,* October 14-21, 2002; Rhodes, "The Imperial Logic of Bush's Liberal Agenda."

(6) Mearsheimer, *The Tragedy of Great Power Politics.*

(7) R. Kagan, *Of Paradise and Power*; Kaplan, *Warrior Politics.*

(8) Glennon, "Why the Security Council Failed" を参照。

(9) Sprut, "Empires and Imperialism," p. 239. 普遍主義的帝国のもうひとつの条項は，こうである。「究極の目標は，帝国内にあらゆる領土を併合することである。支配下に置かれていない地域は，実際的な拡張の限界をたんに示しているにすぎない」(ibid.)。

(10) Boyle, *The Criminality of Nuclear Deterrence.*

(11) NATO が創設以来最初に第5条を非難し，9. 11 があらゆる同盟国への攻撃だと宣言したとき，ラムズフェルドは「作戦が協力のしかたを決めるのだ」と冷笑まじりで応えた（M. Hirsh, "Bush and the World"）。

(12) D. H. Rumsfeld, *New York Times,* September 27, 2001.

(13) Boot, *The Savage Wars of Peace.*

(14) 帝国の周辺中心的な理論においては，動乱の絶えない国境領域こそ先進国の政策を動かす，とされる（Fieldhouse, *The Colonial Empires*）。

(15) このことの報告例は多い。たとえば，Confessore, "G. I. Woe."

(16) T. Turnpissed（www.CommonDreams.org.August 14, 2003）からの引用。

(17) Rhodes, "The Imperial Logic of Bush's Liberal Agenda," p. 143.

(18) T. Shaker, *New York Times,* June 5, 2003.

(19) 『ニューヨーク・タイムズ』の社説は，「割引関税とばらまき政策」について語り，コンコード・コアリションから引用している（"The Deficit Floats Up and Away," *New York Times,* July 16, 2003）。

(20) Dumbell, "Unilateralism and 'America First'?" p. 281; Begala, *It's Still the Economy, Stupid.*

(21) Tim Shorrock, "Crony Capitalsm goes Global," *The Nation,* April 1, 2002; "Selling (off) Iraq," *The Nation,* June 23, 2002.

(22) D. Baum, "Nation Builders for Hire," *New York Times Magasine,* June 22, 2003.

(23) これは目標分析と呼ばれ，私が目標を提供するからほかの誰かが分析せよ，という意味である。P. E. Tylor, "Spy Wars Begin at Home," *New York Times,* November 3, 2002 によるカート・キャンベル（Kurt Cambell）の引用。

(24) Singer, *Corporate Warriors*; L. Wayne, "America's For-Profit Secret Army," *New York Times,* October 13, 2002.

(25) Dyer, *The Perpetual Prisoner Machine*; M. Reiss, "The Correctional-Industrial Complex," *New York Times,* August 2, 1998; 本書第 8 章以下を参照。

(26) B. Hoffman, "Lessons of 9/11," p. 13.

(27) T. Shanker, "Official Debate Whether to Seek a Bigger Military," *New York Times,* July 21, 2003; P. W. Singer, "Have Guns, Will Travel," *New York Times,* July 21, 2003.

(28) Nye, "U.S. Power and Strategy after Iraq," p. 71.

(29) N. Furguson, "The Empire Slinks Back," *New York Times Magazine,* April 27, 2003.

(30) E. Becker and E. L. Andrews, "Performing a Free Trade Juggling Act, Offstage," *New York Times,* February 8, 2003.

(31) K. Watkins, "The Main Development from WTO Talks is a Fine Line in Hypocracy," *Guardian Weekly,* 5–11 September, 2002.

(32) E. Becker, "U.S. Unilateralism Worries Trade Officials," *New York Times,* 17 March, 2003.

(33) Becker and Andrews, "Performing a Free Trade Juggling Act."

(34) Finnegan, "The Economics of Empire," p. 42.

(35) E. Iritani, "Singapore Trade Deal Gives U.S. 'Full Access'," *Los Angeles Times,* May 7, 2003.

(36) D. Altman, "Global Trade Looking Glass: Can U.S. Have It Both Ways?" *New York Times,* November 9, 2002.

(37) Lewis, "Bush and Iraq."
(38) N. Klein, "America is not a Hamberger," *Guardian Weekly,* March 21–27, 2002.
(39) Ramptom and Stauber, *Weapons of Mass Deception*; E. Bumiller, "Even Critics of the Way say the White House Spun it with Skill," *New York Times,* April 20, 2003.
(40) W. P. Strobel and J. S. Landay, "Pentagon Hires Image Firm to Explain Airstrikes to World," *San Jose Mercury News,* Octorber 19, 2001; Ramptom and Stauber, *Weapons of Mass Deception.*
(41) たとえば，C. Johnson, "American Militarism and Blowback."
(42) Thomas L. Friedman, "Power and Peril," *New York Times,* August 13, 2003.
(43) 別の解釈ならびに未確認のレポートによれば，都市部での戦争を未然に防ぐために，イラクの上層部の将軍のひとりが買収された（2,500万ドルで。その後国外脱出)。アメリカ軍が到着する前に，バグダッドから共和国守備隊を引き揚げた。"Why Baghdad fell without a fight," *Hindustan Times,* June 3, 2003. その将軍は，共和国守備隊隊長マヘール・スフィアン・アル・ティクリティ将軍だと特定されている。
(44) 大統領命令1303「イラク開発基金とイラクが利害をもつ他の特定資産の保護」。S. Kretzmann and J. Valette, "Operation Oil Immunity," www.*AlterNet.org,* 2003 ならびに www.*EarthRights Inernatinal,* July 28, 2003 を参照。
(45) M. Sieff, "Soaring Cost of 'Rescuing' Iraq," *United Press International*, July 31, 2003.
(46) Gresh, "Crimes and Lies in 'Liberated' Iraq"; "The US Master Plan," *Middle East Economic Digest,* London, March 14, 2003.
(47) J. S. Herringston, "Make Iraq Our New Strategic Oil Reserve," *Los Angeles Times,* March 23, 2003.
(48) W. Vieth, "A Fund Could Spread Iraq's Oil Wealth to its Citizens," *Los Angeles Times,* May 1, 2003.
(49) Rumsfeld, "Transforming the Military."
(50) M. Klare, "Endless Military Superiority," *The Nation,* July 14, 2002.
(51) "Constant Conflict," *Parameters*, 2003; *http://carlisle-www.army.mil/usawc/Parameters/97summer/peters.htm*. Cf. Peters, *Fighting for the Future* を参照。
(52) J. Borger, "US Plannning Global-reach Missiles: Allies not Required," *Guardian Weekly,* July 3–9, 2003.
(53) Krishna, "An Inarticulate Imperialism"; F. Rich, "The Waco Road to Baghdad," *New York Times,* August 17, 2002.
(54) Drury, *Leo Strauss and the American Right*.
(55) Kaplan, "Supremacy by Stealth."
(56) Campbell and Ward, "New Battle Stations?"
(57) Johnson, *Blowback,* p. 19.
(58) S. Fidler and M. Husband, "Bush Foreign Policy is 'Creating Risks for US Companies'," *Financial Times,* November 11, 2003.

訳 註

〔1〕 秘密情報部員が外国で流したあと，本国に逆輸入された偽の情報の意味から転じて，本国に意図せず跳ね返えってくる影響関係をさす。アメリカ外交政策に反感を覚える発展途上国が何らかのやり方でアメリカに復讐する可能性を指摘した議論として，チャーマース・ジョンソンが体系化した。本書第7章も参照。

第5章 グローバルな不平等――政治への回帰

（1） Walton, "Will Global Advance Include the World's Poor?" p. 2.

（2） UNDP, *Human Development Report,* 1996, p. 13.

（3） Franklin, *Equality.*

（4） Cohen and Rogers, "Can Egalitarianism Survive Internationalization?"

（5） Hinsch, "Global Distributive Justice," p. 59.

（6） Hurrell, "Global Inequality and International Institutions," p. 35.

（7） UNDP（*Human Development Report,* 1999, p. 3）によれば，「グローバルなレヴェルで，世界のもっとも豊かな国の平均所得と最貧国の平均所得を対比すると，19世紀末のおよそ9対1から今日では少なくとも60対1にまで格差は拡大している。すなわち，アメリカの平均的家族は，エチオピアの平均的家族の60倍も豊かだということなのだ」（Birdsall, "Life is Unfair"; Sutcliffe, *100 Ways of Seeing an Unequal World,* p. 83を参照)。「……アメリカの上位10%の人口が受け取る所得の合計は，世界のもっとも貧しい43%の人口の所得に等しい。いいかえれば，世界でもっとも豊かな2,500万人のアメリカ人の総所得は，ほぼ20億人にもなる人びとが手にする総所得に等しいということになる」（Thorbecke and Charumilind, "Economic Inequality and its Socioeconomic Impact," p. 1479)。

（8） Nowak, "Concepts of Poverty," p. 53.

（9） 人間貧困指数は，人間開発指数と関連がある（UNDP, *Human Development Report,* 1997, p. 7)。

（10） UNDP, *Human Development Report,* 1996, p. 27.

（11） Ibid., p. 13.

（12） L. Elliott and C. Denny, "Top 1%Earn as Much as the Poorest 57%," *Guardian Weekly,* January 18, 2002.

（13） Samad, "The Present Situation in Poverty Research," p. 36.

（14） ポッゲの議論によると，『世界開発報告 2000』において，世界銀行は1985年時点の1米ドルの購買力を1993年時点の1.08米ドルの購買力に置き換えることによって，新たに国際的な貧困線を確定しているが，そこには1985年から93年のアメリカのインフレーションが要因として適切に組み込まれていない（Pogge, "Priorities of Global Justice," p. 7)。「かくしてこの修正は，国際的貧困線を19.6%だけ引き下げ，それによって，誰にコストを負わすこともなく，幅広く公表されるグローバルな貧困の数値を都合よく引き下げている」。

（15） 「貧困と貧困の程度を公衆の目に見えるようにすることを確保するためには，最新のデータが必要である。だが，純然たる測定問題の研究に注ぐエネルギーを

いくぶん減らして，貧困の理解という点で実りの多い論点に目を向けるほうが賢明かもしれない」（Øyen, "Poverty Research Rethought," p. 10）。

(16)「アメリカからは，貧困線には，その有用性と引き換えに，主につぎの2つの経済的弱点があるとの考察結果が出されている。(1) 貧困線は，調査対象となる家計からは正確に入手することがきわめて困難な年当たりの貨幣所得にあまりにも依拠しすぎている。また，(2) 貨幣所得そのものが，諸資源にたいする支配力を示す指標としては適切なものではない」（Wilson, "Drawing Together Some Regional Perspectives on Poverty," p. 21）。測定の困難さについては，たとえば Firebaugh, "Empirics of World Income Inequality"; Stucliffe, *100 Ways of Seeing an Unequal World*; Babones, "Population and Sample Selection Effects in Measuring Internal Income Inequality"; Ravallion, "The Debate on Globalization, Poverty and Inequality" を参照。

(17) Mishra, "North America," p. 482.

(18) W. Sachs, *Planet Dialectics.*

(19)「貧困そのものがきわめて政治的な論点であり，そこでは，権力と利害集団が分配のパターンと貧困の存在に重大な（圧倒的な，という人もいるだろうが）影響を及ぼしてきたのである」（Wilson, "Drawing Together Some Regional Perspectives on Poverty," p. 24）。

(20) R. Wade, "Winners and Losers," *The Economist,* April 28–May 4, 2001.

(21) Øyen, "Poverty Research Rethought," p. 11.

(22) Sutcliffe, *100 Ways of Seeing an Unequal World,* pp. 10 and 13.

(23) UNDP, *Human Development Report,* 1996, p. 13.

(24) Atkinson, "Is Rising Inequality Inevitable?" p. 3.

(25) アメリカについては，Mishra, "North America"; Burtless, "Growing American Inequality" を参照。最近の報告としては，たとえば，R. W. Stevenson, "Income Gap Widens between Rich and Poor in 5 States and Narrows in 1," *New York Times,* April 24, 2002 がある。「イギリスでは……1977年にもっとも豊かな20％の稼ぎはもっとも貧しい20％の人びとの4倍でしかなかったのが，1991年には7倍にまでなっていた。賃金率がもっとも高い男性ともっとも低い男性のあいだのイギリスにおける格差は，現在，イギリスにおける賃金統計がはじめて体系的に収集された1880年代からみても最大になっている」（Frank and Cook, *The Winner-Take-All Society*）。Bornschier, "Changing Income Inequality in the Second Half of the 20th Century" も見よ。

(26) Cornia, *Liberalization, Globalization and Income Distribution,* pp. 1–2; Sarkar, "Are Poor Countries Coming Closer to the Rich?"

(27) UNDP, *Human Development Report,* 1997, p. 3.

(28) World Bank, *Knowledge for Development,* p. 25.

(29) Wade, "Winners and Losers."

(30) Walton, "Will Global Advance Include the World's Poor?" p. 4; Wade, "Winners and Losers."

(31) "Number of Millionaires Grows in 2002," *Bangkok Post,* June 13, 2003.「社会科学と

政治学は，豊かさではなく，貧困を社会の病的兆候と定義するが，これは非論理的である」(Sutcliffe, *100 Ways of Seeing an Unequal World,* p. 12)。

(32) World Bank, *A Better World for All.*

(33) エンロンが，この方程式にぴったりと当てはまる。「エンロン社が体現していたのは，デジタル技術，規制緩和，グローバル化が交錯するなかで育まれた，反道徳的に一攫千金を狙う文化であった。同社は，スピード，ペテン，新奇さ，尊大さという時代精神に便乗したのである。石油は，いかんともしがたいほどに冴えない商品であったが，デリヴァティヴは活況を呈していた。なかには工場や油田のようなハードの資産は，もはやデジタルな飛躍をする際の足かせでしかなく，そうした重荷を降ろし，評判とブランドの確立に集中するように，とアドヴァイスを受ける企業もあった」(Bill Keller, "Enron for Dummies," *New York Times,* January 26, 2002)。

(34) Bergesen and Bata, "Global and National Inequality."

(35) Atkinson, "Is Rising Inequality Inevitable?" p. 1.

(36) Mishra, "The Welfare of Nations," p. 324.

(37) Street, "The International Dimension."

(38) J. D. Sachs, "The Strategic Significance of Global Inequality," pp. 187 and 189.

(39) Wade, "Winners and Losers."

(40) 新しい封じ込めについては，Duffield, *Global Governance and the New Wars* および本書第6章を参照。

(41) Birdsall, "Life is Unfair."

(42) John Gray, "After Social Democracy and beyond Anglo-Saxon Capitalism," p. 42.

(43) Thorbecke and Charumlind, "Economic Inequality and its Socioeconomic Impact," p. 1480.

(44) Park and Brat, "A Global Kuznets Curve?" p. 106.

(45) Ibid., p. 128; World Bank, *The State in a Changing World.*

(46) Atkinson, "Is Rising Inequality Inevitable?"

(47) Smith, "Technology and the Modern World-System."

(48) Smith, "Technology, Commodity Chains and Global Inequality."

(49) Burkett, "Beyond the 'Information Rich and Poor'."

(50) Bhagwati, "Poverty and Reforms," p. 45.

(51) 世界銀行の『貧困削減戦略資料集 (*Poverty Reduction Strategy Sourcebook*)』のマクロ経済問題にかんする章は，「経済成長は貧困に影響を及ぼす単一のもっとも重要な要因であり，マクロ経済の安定は持続可能な高成長率にとって必要不可欠である」と指摘している。2001年の修正版は，「さらに，成長だけでは貧困削減という目的にとって十分とはいえない。漸進的な分配上の変化と結びついた成長が，分配を不変のままにとどめおく成長よりも貧困に大きな影響を及ぼすであろう」とつけ加えている。だが，これは，全体的なマクロ経済の安定と市場に友好な諸政策を条件としている (http://www.worldbank.org/poverty/strategies/sourctoc.htm)。

(52) Ehrenreich, *Fear of Falling; Nickel and Dimed.*

(53) Wade, "Winners and Losers"; Atkinson, "Is Rising Inequality Inevitable?"

(54) Cornia, *Liberalization, Globalization and Income Distribution.*

(55) Mishra, "North America," pp. 403-4.

(56) カーリン・ボウマンは，アメリカで経済的不平等にたいする関心が低下している，と指摘している。「今日，民主党の政治家たちは，多くの場合，かつての所得不平等の議論に代わるものとして，デジタル・デヴァイドについて語っている。この新しい定式は，給与やストック・オプションにたいする批判ほどに，ウォール街の同盟者や資金提供者をいらだたせはしないだろう」（Karlyn H. Bowman, "The Declining Political Potency of Economic Inequality," *Los Angeles Times,* June 13, 2000）。

(57) Johnson and Schaefer, "Congress Should Slash-or Kill-Foreign Welfare." ジェシー・ヘルム上院議員の用語を用いれば，「海外援助は，『外国へのネズミの通り穴』になりさがっている」（D, Bandow, "Shaping a New Foreign Aid Policy for Today's World," *USA Today* [2612], May 1996, p. 124）。アメリカの国内諸政策とグローバル化政策については，本書第 8 章以下を参照。

(58) Nederveen Pieterse, *Development Theory.*

(59) UNDP, *Human Development Report,* 1996, p. 17.

(60) Mishra, "North America," p. 485.

(61) A. Sen, *Inequality Reexamined.*

(62) Wilson, "Drawing Together Some Regional Perspectives on Poverty," p. 30.

(63) Bairoch, "Le bilan économique du colonialisme." スタヴィリアノスは，植民地主義時代の第三世界における工業能力の破壊と妨害にかんするいくつかのエピソードについて論じている（Stavrianos, *Global Rift*）。

(64) World Bank, *The World Bank Participation Sourcebook*; UNDP, *Poverty Report 2000.*

(65) 世界銀行の金融慣行については，たとえば Adams, "The World Bank's Finances" を参照。

(66) ポッゲは，サハラ以南のアフリカで民主主義への移行が実現できたのは資源の乏しい国だけである，との観察結果を示している（Pogge, "Priorities of Global Justice," pp. 19-21）。

(67) たとえば，Connell, "Class Formation on a World Scale" を参照。

(68) Skair, *The Transnational Capitalist Class*; Cox, "A Perspective on Globalization."

(69) *Sience & Society,* 2001-2002 に掲載された，Symposium on the Transnational Ruling Class Formation Thesis を参照。

(70) Wallerstein, *World Inequality.*

(71) Arrighi and Drangel, "The Stratification of the World Economy."

(72) Miller, "Poverty as a Cause of War."

(73) この研究課題は，本書で展開するには大きすぎる。こうしたテーマの大部分については，幅広い文献が存在することから，参考文献を示すだけで十分であると思われる。列挙した要点の順序でそれを示せば，たとえば，1）Hurrel and Woods, *Inequality, Globalization, and World Politics*; Harrod, "Global Realism"; Beitz, "Does Global

Inequality Matter?; 2) Wade and Veneroso, "The Asian Crisis"; 3) Wade, "The United States and the World Bank"; 4) McMichael, *Development and Social Change*; Chossudovsky, "Global Poverty in the Late 20th Century"; 5) Chossudovsky, *The Globalization of Poverty* がある。

(74) Ruggie, "Globalization and the Embedded Liberalism Compromise."

(75) Kapstein, "A Global Third Way"; Deacon et al., *Global Social Policy*; Nederveen Pieterse, *Global Futures* を参照。

(76) この箇所および以下の引用は，Rowe, "Strategies for Change," p. 224 からのものである。

(77) Rocamora, "Third World Revolutionary Projects and the End of the Cold War." また Foran, *The Future of Revolutions* も参照。

(78) 引用は 2 つとも，Buchanan, "Center and Periphery," p. 92.

(79) Lundgren, "When I Grow Up I Want a Trans Am."

(80) 「南アフリカで，それは『別々の展開』であった。またオーストラリアの場合には，『幅広い保護と強制的な抑留』であった」(Adel Horin, "Ruddock's Ugly World of Barbed Words and Wire," 2002, http://www.smh.com.au/news/specials/natl/woomera/index.html)。この参考文献は，ファザル・リズヴィ (Fazal Rizvi) の教示による。

(81) Sachs, "The Strategic Significance of Global Inequality," p. 97.

(82) Linklater, "The Evolving Spheres of International Justice."

(83) Pogge, "Priorities of Global Justice."

(84) Pogge, "Introduction," p. 14.

(85) Pogge, "Priorities of Global Justice," p. 9.

(86) Pogge, "Introduction," p. 3.

(87) UNDP, *Human Development Report,* 2003; Thorbecke and Chaumilind, "Economic Inequality and its Socioeconomic Impact," p. 1479; Edwards, "Poverty Reduction Strategies."

(88) Hedley, "The Information Age," p. 86 より。

(89) Gray, "After Social Democracy and beyond Anglo-Saxon Capitalism," p. 45.

第 6 章　紛　　争――労働，戦争，そして政治の技術

(1) Freidman, *The Lexus and the Olive Tree,* p. 248.

(2) 「環境戦争」は，「21 世紀の大戦争」となるかもしれない。「環境破壊を国際的な領土侵害と同一視することが，21 世紀の主要な外交政策上の論点のひとつとなるだろう」(Celente, *Trends 2000,* pp. 266 and 268)。Barnett, *Environmental Seculity*; Klare, *Resource Wars* も参照。

(3) たとえば，D. Campbell, "Breaking the Law is Big Business," *Guardian Weekly,* April 18, 1999 を参照。

(4) Celente, *Trends 2000,* pp. 291 and 292.

(5) *International Sociology* (Vol. 4, No. 4, 1999) と *European Journal of Social Theory* (Vol. 4, No. 1, 2001) の特別号は，戦争と社会理論の特集を行なっている。

(6) Chomsky, *The New Military Humanism.*

(7) McNeill, *The Pursuit of Power.*

(8) C. H. Gray, *Postmodern War,* p. 7.

(9) アメリカの軍事装備の調達において，車両の最大重量は，現在，M-1A2 エイブラムズ戦車のように，70 トンから 19 トンにまで引き下げられた（T. Ricks and R. Suro, "US Army to Cut Reliance on Big Tanks: Flexibility Demands that Heavy Armor Give Way to Wheeled Vehicles," *International Herald Tribune,* November 17, 2000）。

(10) Toffler and Toffler, *War and Anti-War,* p. 172.

(11) Ibid., p. 171.

(12) Carter, "Adapting US Defence to Future Needs," p. 110.

(13) Rumsfeld, "Transforming the Military."

(14) Laird and Mey, *The Revolution in Military Affairs.*

(15) T. Shanker, "New Top General Tells Legislators U.S. Will Probably Need a Larger Army," *New York Times,* July 30, 2003.

(16) Toffler and Toffler, *War and Anti-War,* pp. 102 and 177 からの引用。

(17) Roles and Missions Commission, *Joint Vision 2020.*

(18) Rathmell, "Mind Warriors at the Ready," p. 290. イラクでは，「大規模な情報戦略が，イラクにおける政治システムの主要な結節点を確定し，それらを崩壊させるために種々の手段が選択されることになるだろう」(ibid.)。ここで確定された主要な結節点には，メディア，教育システム，諜報機関，選り抜きの軍事部隊，支配エリートが含まれる。

(19) Toffler and Toffler, *War and Anti-War,* pp. 102 and 177.

(20) Myerly, *British Military Spectacle.*

(21) インテル社の CEO であるアンドリュー・S. グローヴ（Andrew S. Grove）は，*Only the Paranoid Survive*（1996）という著書を執筆している。あるインタヴューで彼は，「競争とは戦争である」と述べ，安全保障と「戦略上の変曲点」について語っている（K. Auletta, "Only the Fast Survive," *New Yorker,* October 20-27, 1997）。

(22) M. Hirsh, "Bush and the World."

(23) かくしてヨルダン川西岸（the West Bank）のイスラエルの軍司令部は，イスラエルによる「不釣合いなほどの武力の使用」という安全保障理事会の批判と，武力の使用が不十分であるとするイスラエル右翼の批判の板ばさみになっている。「もし私が持てる力のすべてを使用するつもりなら，パレスティナ自治区（Beit Jalla）を一掃するのはおそらく時間の問題であろう。そうすべきなのか。私は明らかにそうしたいとは思っていないのだ」とガンツ将軍は語っている。彼の懸念は，イスラエルには死をもたらさない武器などないことにある（W. A. Orme, "In West Bank, an Israeli General Faces the Paradox of Military Superiority," *International Herard Tribune,* November 18-19, 2000）。

(24) Pfc. I. Kindblade, "We Don't Feel Like Heroes Anymore," *The Oregonian,* August 5, 2003.

(25) たとえば，Galbraith, *The Anatomy of Power* を参照。

(26) Castells, *The Information Age.*

(27) Duffield, "Network War."

(28) Mulgan, *Politics in an Antipolitical Age*; idem, *Connexity.*

(29) Laclau and Muffe, *Hegemony and Socialist Strategy.*

(30) この点については，Nederveen Pieterse, *Empire and Emancipation,* Ch. 14 で論じておいた。

(31) Toffler and Toffler, *War and Anti-War,* p. 178.

(32) Ibid., pp. 177-8 and 185 で引用されているスチュアート・スレイド（Stuart Slade）の言葉。

(33) Arquilla and Ronfeldt, *Networks and Netwar.*

(34) Brzezinski, *The Grand Chessboard,* p. 210.

(35) McLaughlin et al., "Evolution in Democracy-War Dynamics" を参照。

(36) Toffler and Toffler, *War and Anti-War,* p. 181.

(37) Beely, "Islam as a Global Political Force."

(38) Schaeffer, *Understanding Globalization.*

(39) Sheptycki, "The Global Cops Cometh."

(40) Ohmae, *The Borderless World.* とくに地理学者はこの見解に意義を唱え，再－局所化と再－領土化について言及している（たとえば，N. Brenner, "Globalisation as Reterritorialisation" を参照）。

(41) Freedman, "The Changing Forms of Military Conflict," p. 48.

(42) たとえば，Chaliand and Rageau, *Strategic Atlas* を参照。

(43) Augé, *The War of Dreams.*

(44) Ben-Eliezer, *The Making of Israeli Militarism*; Margalit, *Views in Review.*

(45) Nandy, "The Fantastic India-Pakistan Battle"; Silva, *Political Violence and Its Cultural Constructions.*

(46) Booth, *Strategy and Ethnocentrism.*

(47) John Gray, "After Social Democracy and beyond Anglo-Saxon Capitalism," pp. 62-9.

(48) Dessler, "Constructivism within a Positivist Social Science," p. 124; Katzenstein, *The Culture of National Security.*

(49) Johnston, *Cultural Realism*; Der Derian and Shapiro, *International/Intertextual Relations.*

(50) Guéhenno, "The Impact of Globalisation on Strategy," p. 14.

(51) F. Zakaria, "The Arrogant Empire," *Newsweek,* March 24, 2003.

(52) 進化生物学の分野では，イデオロギー的な説得にたいする影響の受けやすさ，いいかえれば「原理化能力の欠如（indoctrinablity）」の起源は人類の過去にある，と論じられている（Eibl-Eibesfldt and Salter, *Indoctrinability, Warfare and Ideology*）。思考やイデオロギーのもつ影響力の役割が，多くの場合，過大評価され，記号やイメージの役割は過小評価されるのである。これにたいして，記号論的視座やラカン主義的な視座によれば，イデオロギーと言語そのものは，想像域，象徴，記号からなるより深い階層によって条件づけられ，またそうした階層を代行するものとされる。さらに，イメージや固定観念は，言説のなかに埋め込まれることによ

って意味を獲得するものだ，とする見方もある（Ryan, *Race and Ethnicity in Multi-Ethnic Schools*）。ラカン主義的な見解からすれば，言説や語りはイメージから生じ，イメージに群がるものであり，イメージは意識のより深い階層に固定し引きつけるものとしての役割を担っている。

(53) たとえば，Allen, *The Media of Conflict*; Carruthers, *The Media at War.*

(54) Freedman, "The Changing Forms of Military Conflict," p. 52.

(55) Myerly, *British Military Spectacle.*

(56) Lash and Urry, *Economies of Signs and Space.*

(57) Julier, *The Culture of Design.*

(58) Latour, "Technology is Society Made Durable"; Goonatilake, *Aborted Discovery.*

(59) M. Danner, "The Battlefield in the American Mind," *New York Times,* Octorber 16, 2001.

(60) Hitler, *Mein Kampf,* pp. 459–60; Earle, *Makers of Modern Strategy,* pp. 510–11 からの引用。

(61) P. M. Taylor, *War and Media*; Thussu, "Media Wars and Public Diplomacy."

(62) Lane, *Profits from Power* を参照。

(63) 重要だったのは，たんに技術上の優位性ばかりではなく（というのも植民地軍と現地の武装勢力の技術的な格差はそれほど大きくない場合が多かった），むしろ政治組織や軍事組織であったことは明らかである（Nederveen Pieterse, *Empire and Emancipation*）。

(64) "Mass Violence Is Not Inevitable," *UN Chronicle,* 1998, pp. 1 and 36–7.「冷戦終結後の 10 年間世界の紛争関連の殺戮のほぼ 90% が，突撃銃，マシンガン，ピストル，手榴弾のようなローテク兵器によるものであった」（"A Plague of Small Arms," *International Herald Tribune,* April 11, 2001）。

(65) Jentleson et al., "Foreign Military Intervention in Perspective."

(66) Freedman, "The Changing Forms of Military Conflict," p. 52.

(67) Ibid., p. 52.

(68) アダム・ロバーツの言を借りれば，「望むらくは，結果であって手段ではない」（Roberts, "Willing the End but not the Means"）。

(69) Summers, *On Strategy.* 朝鮮戦争もヴェトナム戦争も布告なき戦争であった。

(70) Freedman, "The Changing Forms of Military Conflict," p. 47.

(71) Falk, *Predatory Globalization,* p. 163; Ignatieff, *Virtual War.*

(72) マイク・デイヴィスが，ロサンジェルス，ベルファストそしてヨルダン川西岸の比較を行なっている（Davis, "LA"）。

(73) オランダにおける「スレブレニツァ症候群」については，Both, *From Indifference to Entrapment* で検討されている。

(74) Scott, *Seeing like a State.*

(75) Virilio, *War and Cinema.*

(76) Brown, *The Illusion of Control* を見よ。

(77) 格好の事例が，Sayigh, "Palestinian Security Capabilities" で論じられた，ヨルダン

川西岸およびガザ地区におけるパレスティナ自治政府である。

(78) 「国境線に沿って抑止に取りかかり，境界内部では強制に着手する。抑止は軍隊の職務であり，強制は警察の機能である」(Maynes, "Squandering Triumph," p. 21)。

(79) アイケンベリーは，ならず者国家とテロリズムの二重の封じ込め政策は，冷戦秩序の延長線上にあるとみなしている (Ikenberry, "The Myth of Post-Cold War Chaos")。

(80) Carter, "Adapting US Defence to Future Needs."

(81) R. Khalaf, "Gaza's Residents Dig In as Israel Tightens Noose," *Financial Times,* February 8, 2001.

(82) The National Security Strategy of the United States of America, 2002, p. ii.

(83) リモート・センシング能力は，従来，神のなせる業であった。数多くの神学上の論争は，こうした能力から生じるディレンマを解決しようとしてきた。いまや，人類は，この神々の殿堂に入りこんだのである。

(84) 安全保障理事会の西側の常任理事国であるアメリカ，イギリス，フランスだけで，世界の武器販売の80%を占めている (R. Norton-Taylor, "US Sells Half the World's Arms Exports," *Guardian Weekly,* October 20–27, 2000)。

(85) 構築主義を未来にも当てはめれば，これらの見方は，応用構築主義と呼べるものとなる。それは，ヘゲモニーと集団的構想力の諸パターンの組み合わせと，社会構築主義の構造改革的な潜在力を示している (Unger, *Social Theory*)。

(86) International Alert, the Prince of Wales International Business Leaders Forum and the Council on Economic Priorities の報告書 "The Business of Peace-The Private Sector as a Partner in Conflict Prevention and Resolution" (www.international-alert.org) を見よ。また，Alao, "Business and Conflict" も参照。

(87) Rivero, *The Myth of Development.*

(88) これは，国連憲章第7章の拡大解釈によって得られる。人道的介入の改革についても論じた，P. Taylor, "Options for the Reform of the International System for Humanitarian Assistance"; Nederveen Pieterse, *World Orders in the Making* を参照。

(89) Oberschall, "Shared Sovereignty."

(90) Sakamoto, "An Alternative to Global Marketization"; Beck, "The Terrorist Threat"; D. Hirsh, *Law against Genocide.*

(91) Ferencz, "Make Law not War."

(92) Sanchez, *The Arms Bazaar.*

(93) Fisher et al., *Working with Conflict.*

(94) Rupesinghe, *Conflict Transformation.*

第7章　北と南のグローバル化

(1) たとえば，Gopal, "Images of World Society" を参照。

(2) Nederveen Pieterse, *Globalization and Culture,* p. 30 を参照。

(3) Pipes, *The Hidden Hand.*

(4) Goudge, *The Whiteness of Power.*

(5) Nandy, "Shamans, Savages and the Wilderness."

(6) Kaplan, *The Ends of the Earth*; idem, *The Coming Anarchy.*

(7) Mandelbaum, "Is Major War Obsolete?," p. 20.

(8) Mandelbaum, "Learning to be Warless," p. 151.

(9) Weart, *Never at War,* p. 22.

(10) Schwartz, *Century's End,* p. 192.

(11) Boulding, *The Future,* p. 199.

(12) Stockton, "Defensive Development?" p. 147.

(13) たとえば，Berke et al., *Even Paranoids Have Enemies*; Spencer, "Microcybernetics as the Meta-Technology of Pure Control."

(14) Pearson, *Total War 2006.*

(15) Chua, *World on Fire.*

(16) O'Hagan and Fry, "The Future of World Politics"; Dessouki, "Globalization and the Two Spheres of Security."

(17) Adelaman and Suhrke, *Early Warning and Conflict Management*; Uvin, "Ethnicity and Power in Burundi and Rwanda" を参照。

(18) Maynes, "Squandering Triumph."

(19) Gilbert, "Soundtrack for an Uncivil Society," p. 6.

(20) 最新版は，Kagalitsky, *New Realism, New Barbarism* である。Hobsbawm, "Barbarism" も参照のこと。エスニシティの物象化もまたアメリカ保守派と共鳴している。Edward Ashbee, "The Politics of Paleoconservatism," *Society* 37, 3 (2000) を参照。

(21) より広い議論は，Nederveen Pieterse, "Deconstructing/Reconstructing Ethnicity" を参照。

(22) Maynes, "Squandering Triumph," p. 19.

(23) Rajasingham, "Militarization, Population Displacement, and the Hidden Economies of Armed Conflicts."

(24) Abrahamanian, "The US Media, Huntington and September 11."

(25) Mitchell, "McJihad."

(26) Tariq Ali, *A Clash of Fundamentalisms* や Achcar, *The Clash of Barbarisms* と同様，批判的な説明においてすら，解釈の母体は二元論のままである。

(27) Bodansky, *Bin Laden*; Orbach, "Usama Bin Ladin and Al-Qaida"; Cooley, *Unholy Wars*. 一般的な説明は，Johnson, *Blowback* である。

(28) Applebaum and Henderson, "The Hinge of History," p. 3.

(29) Peck and Tickell, "Searching for a New Institutional Fix," pp. 286-7.

第8章　超・超大国例外主義

(1) 接合の一例が，サウンダースによるアメリカの冷戦政策と文化政策の議論である (Saunders, *Who Paid the Piper*)。

(2) "The Peril of Too Much Power," *New York Times,* April 9, 2002.

(3) Galtung, "A Structural Theory of Imperialism."

(4) Tyrell, "American Exceptionalism in an Age of International History," p. 1031.

(5) Kammen, "The Problem of American Exceptionalism," p. 3; Appleby, "Recovering America's Historic Diversity" を参照。

(6) 歴史については，Tyrell, "American Exceptionalism in an Age of International History" を，労働については Davis, *Prisoners of the American Dream,* 人種については Frederickson, *The Black Image in the White Mind,* 政治については Lipset, *American Exceptionalism* を参照。

(7) Lipset, *American Exceptionalism,* p. 98.

(8) Kammen, "The Problem of American Exceptionalism"; R. Fantasia and K. Voss, "US: State of the Unions," *Le Monde Diplomatique,* June 2003.

(9) Kammen, "The Problem of American Exceptionalism," p. 7 からの引用。

(10) Ibid., pp. 38-9.

(11) Lipset, *American Exceptionalism,* p. 33.

(12) Kuttner, *The End of Laissez-Faire,* pp. 10-11.

(13) "Do As We Do, and Not As We Say," *New York Times,* July 20, 2001.

(14) Lipset, *American Exceptionalism,* p. 35.

(15) Nettl, "The State as a Conceptual Variable," Lipset, *American Exceptionalism,* p. 40 からの引用。

(16) 「立憲主義，つまり成文憲法が『その国の最高法規』を詳細に規定し，国民によって選ばれた立法府を含む統治権威に制限を加えるという考えは，アメリカの近代性のもっとも重要な要素のひとつとみなされなければならない……アメリカでは，合衆国憲法が，『一般的意志』の座を占め，それを象徴するものとなった」(Heideking, "The Pattern of American Modernity from the Revolution to the Civil War," p. 225)。

(17) Lipset, *American Exceptionalism,* p. 228 で引用されているジョン・ヘイリーの言葉。

(18) Ibid., p. 227; Hutton, *The World We're In,* p. 160.

(19) Lipset, *American Exceptionalism,* p. 42.

(20) Greider, *Who Will Tell the People?,* p. 11; Kuttner, *Everything for Sale* を参照。

(21) Lipset, *American Exceptionalism,* p. 225.

(22) Henwood, "Booming, Borrowing, and Consuming"; Henderson et al., *Calvert-Henderson Quality of Life Indicators* を参照。

(23) Klein, *No Logo.*

(24) Frank and Cook, *The Winner-Take-All Society.*

(25) Merton, *Social Theory and Social Structure.*

(26) Lipset, *American Exceptionalism,* pp. 84 and 88 からの引用。

(27) Ibid., pp. 37 and 228.

(28) Drinnon, *Facing West.*

(29) Zunz, *Why the American Century?*

(30) Albert, *Capitalism against Capitalism,* p. 29.

(31) Karsten, *The Military in America,* p. 457.

(32) 教育面で，「わが国は，OECD 29 カ国中 19 位にランクされる。2,800 万人のアメリカ人が，世界地図でアメリカがどこにあるのかさえわかっていない。……アメリカにおける教員の給料は，国民所得に占める比率でみて，なんと最低なのである」(Croose Parry, "Our World on the Threshold of the New Millennium," p. 13)。

(33) Sharp, "Real Geographies of the New World Order."

(34) J. Voeten, "De militaire musical-choreografie van '42nd Street'," *NRC Handelsblad,* Augst 25, 2000.

(35) Boggs, "Overview," p. 17.

(36) Melman, *The Permanent War Economy.*

(37) Caldicott, *The New Nuclear Danger.*

(38) Bellesiles, *Arming America.*

(39) Duclos, *The Werewolf Complex.*

(40) T. Egan, "Hard Time: Less Crime, More Criminals," *New York Times,* March 7, 1999.

(41) Hallinan, *Travels in a Prison Nation.*

(42) Albert, *Capitalism against Capitalism,* p. 47.

(43) Stavrianos, *Global Rift.*

(44) Nederveen Pieterse, "Continuities of Empire," in *Empire and Emancipation* を参照。

(45) Aguilera and Jackson, "The Cross-National Diversity of Corporate Governance."

(46) *http://www.cwfa.org/library/nation/2000-09*; Hirsen, *Law against Genocide* を参照。

(47) Reisman, "The United States and International Institutions," pp. 65 and 63.

(48) Ibid., pp. 65 and 75.「冷戦パラダイムは，グローバルな警察としてのアメリカであった。……冷戦後のパラダイムは，グローバルな検察官としてのアメリカとなっている」(W. Glaberson, "U.S. Leagal System becomes Global Arbiter," *New York Times,* June 21, 2001 で引用された G. J. ワレンス〔Wallance〕の発言)。だが，アメリカじたいの法的地位が問題である（Scheuerman, "The Twilight of Legality?")。

(49) Mead, *Special Providence.*

(50) Andréani, "The Disarray of US Non-Proliferation Policy," p. 59.

(51) Mamère and Warin, *Non merci.*

(52) Kuttner, *The End of Laissez-Faire,* p. 12.

(53) "The Peril of Too Much Power," *New York Times,* April 9, 2002.

(54) Lipset, *American Exceptionalism,* p. 267.

(55) Kaul et al., *Global Public Goods.*

訳　註

〔1〕 1988 年のブッシュによる大統領候補受託演説のなかで，アメリカにおけるヴォランタリズムの比喩として用いられた表現。

〔2〕 Joe はアメリカでもっともありふれた名前であり，Six Pack（6 本入りのビール）は平均的なアメリカ人男性が好むものである。Joe-Six-Pack は，「普通の男性」あるいは「目立たない人」を意味するスラング。

〔3〕 コネチカット州・ステップフォードは，アイラ・レヴィンのSF小説『ステップフォードの妻たち』の舞台となった街。

第9章 資本主義の多様性――エンロン以後のアジアとヨーロッパの対話

(1) たとえば，Hampdon-Turner and Trompenaars, *Seven Cultures of Capitalism*; Crouch and Streck, *Political Economy of Modern Capitalism*; Boyer, *The Seven Paradoxes of Capitalism*; Groenewegen, "Institutions of Capitalisms"; Dore, *Stock Market Capitalism/Welfare Capitalism*; Hall and Soskice, *Varieties of Capitalism*; Hodgson et al., *Capitalism in Evolution* を参照。

(2) Galtung, "Structure, Culture and Intellectual Style."

(3) Whitley, *Divergent Capitalisms*; Dore, *Stock Market Capitalism/Welfare Capitalism.*

(4) Nederveen Pieterse, *Globalization and Culture* で論じたように，同様のシナリオが，文化の変容や近代性にも当てはまる。

(5) Whitley, *Divergent Capitalisms.*

(6) 「……企業が特定の活動を他国に移転するのは，移転先の政治経済の制度的枠組みが当該の活動を追及することにたいして提供する優位性を手に入れるためであるといってよい。かくして企業は，労働コストを低下させるだけでなく，急速な技術革新にたいする制度的支援へのアクセスを確保するために，自己の活動の一部を自由市場経済に移転する可能性がある。このことは，日産がカリフォルニアに設計施設を移転し，ドイツ銀行がシカゴやロンドンで子会社を買収し，ドイツ系製薬会社がアメリカに研究所を開設する理由を説明するのに有効である。逆に，企業が他の活動を調整された市場経済に移すのは，移転先の制度的枠組みが提供する，品質管理，技能水準，そして漸進的な技術革新の能力へのアクセスを確保するためであるといってよい。実際，ゼネラル・モータースは，エンジン・プラントをスペインではなく，デュッセルドルフに配置している。この種の企業の動きは，時間の経過とともに，各国の制度的枠組みの違いを強化することになるだろう。というのも，特定の制度から利益を得るために自己の事業活動を移転させてきた企業は，当該の事業を内部にとどめ置こうとするからである」(Hall and Soskice, *Varieties of Capitalism,* p. 57)。

(7) Sansoucy, "La Bretagne et l'Investissement étranger."

(8) スーザン・ストレンジによれば，「アメリカは，そのヘゲモニー的権力の源泉――比類なき軍事能力，ドルの受容性によって，海外ですら自国通貨建てで借り入れを行ないうる能力，そして世界最大の単一の豊かな市場という後ろ盾――によって，程度の差こそあれ，他の諸国が経験してきたさまざまな脆弱性から自己を隔離してきた」。彼女は，「資本主義諸国の政府のあいだには，規制能力の非対称性が強まっており」，「アメリカ政府は，他の諸国で，企業や市場にたいするグローバルな権力を行使している」と指摘している (Strange, "The Future of Global Capitalism," p. 189)。

(9) 金融サーヴィスが，「これまで国際競争力の主要な焦点となってきた製造業部門に取って代わった（今日，アメリカン・オンラインの株式の5% もあれば，アメリカの全鉄鋼産業を買収することも可能であろう)」(Dore, *Stock Market Capital-*

ism/Welfare Capitalism, p. 3)。だが，これも，AOL が自己の収益を修正するまでの話である。

(10) K. Phillips, "The Cycles of Financial Scandal," *New York Times,* July 17, 2002.

(11) ステークホルダー（利害関係者）資本主義がひとつの対位旋律となるが，ニューレイバーによって骨抜きにされている（Dore, *Stock Market Capitalism/Welfare Capitalism*）。

(12) Pagano, "Information Technology and the 'Biodiversity' of Capitalism."

(13) R. Brenner, *The Boom and the Bubble* を見よ。

(14) Nederveen Pieterse, *Globalization and Culture.*

(15) 2003 年後半までに，これに含まれるようになったのは，エネルギー産業（エンロン，ディネナジー，ハリバートン，ファースト・エナジー），情報通信（テイコ，グローバル・クロッシング，ワールドコム，アデルフィア，AOL，タイムワーナー，クエスト），会計事務所（アンダーセン，KPMG），銀行（メリル・リンチ，シティ・グループ，CS ファースト・ボストン，JP モルガン・チェース，サロモン），投資信託ならびにイムクローン，シスコ，ゼロックス，K マート，マーサ・スチュアート・リビング・オムニメディア，ヘルス・サウス，ライト・エイド，テネット等々といった企業である。収入を再申告する企業がますます増える一方で，多くの国家や地方自治体が財政危機に直面している。

(16) Akerlof and Romer, "Looting," p. 2.

(17) J. Madrick, "Economic Scene," *New York Times,* July 11, 2002.

(18) J. Balzar, "Enron: A Scandal So Good that it Hurts," *Los Angels Times,* January 18, 2002.

(19) Phillips, *Wealth and Democracy.*

(20) L. Uchitelle, "Looking for Ways to Make Deregulation Keep its Promise," *New York Times,* July 28, 2002.

(21) Palast, *The Best Democracy Money Can Buy.*

(22) たとえば，Mitchell, "McJihad" を参照。

(23) これらは，*New York Times* のレポートから引用した。

(24) E. Irtani, "After Scandals, US Economic Model is Hard to Sell Abroad," *International Herald Tribune,* July 8, 2002.

(25) C. L. Mann, "Is the U.S. Current Account Deficit Sustainable?"

(26) Spannaus, "First Casualty of an Iraq War Will Be the U.S. Dollar."

(27) McKinnon, "The International Dollar Standard and Sustainability of the U.S. Current Account Deficit."

(28) M. Wolf, "An Unsustainable Black Hole," *Financial Times,* February 26, 2002. 外国人投資家が，アメリカ政府債務の 36% と企業債務の 18% を保有している。

(29) 『フォーブス』誌によれば，アメリカの目端の利く投資家は，現在，ドルの売り持ち（short）とユーロの買い持ち（long）のポジションをとっている。「バブル後，『アメリカ買い』は，突如として，リスクの高い選択肢とみなされるようになった」(R. Lenzner, "Greenback on its Back," *Forbes,* August 12, 2002)。

(30) "Sliding Dollar's Fate May Be Decide in Asia," *Wall Street Journal,* January 20, 2003.

2003年時点で，アジアの中央銀行は，他の通貨，とくにユーロや（9.11以後，価格の高騰した）金に資金を移しはじめた。500億ドル近い外貨準備を保有するロシア中央銀行と4,000億ドルの資産をもつ中国［人民］銀行は，同様の警告を発している。Spannaus, "First Casualty of an Iraq War Will Be the U.S. Dollar."

(31) "Asia Could Shape Fate of the Dollar," *Asian Wall Street Journal,* June 23, 2003.

(32) *Observer,* January 26, 2003, Spannaus, "First Casualty of an Iraq War Will Be the U.S. Dollar" より引用。

(33) A. Lieven, "The Empire strikes Back," *The Nation,* July 7, 2003.

(34) Dore, *Stock Market Capitalism/Welfare Capitalism,* p. 221.

(35) Ibid., p. 10.

(36) このことは，アメリカのGAAP（一般に認められた会計原則）からIAS（国際会計基準）への移行と関連している（P. Meller, "International Accounting Rules Urged on U.S.," *New York Times,* February 22, 2002）。

(37) Bello et al., *A Siamese Tragedy,* p. 248.

(38) Ibid.; Cuperus, "Social Justice and Globalization" を参照。

(39) Wade, "Japan, the World Bank and the Art of Paradigm Maintenance."

(40) White et al., "Welfare Orientalism and the Search for an East Asian Welfare Model."

(41) アジア－ヨーロッパ関係の制度的諸側面については，アジア－ヨーロッパ会合との関連で幅広く論じられている（Chirathivat et al., *Asia-Europe on the Eve of the 21st Century*; Manivannan, *Social Justice, Democracy and Alternative Politics*; Brennan et al., *ASEM Trading New Silk Routes, beyond Geopolitics and Geo-economics*）。

(42) Rüland, "The EU as Inter-regional Actor," pp. 47–8.

(43) "Human Security in a New World Disorder"; Tow et al., *Asia's Emerging Regional Order.*

(44) Nederveen Pieterese, *Development Theory,* Ch. 8 で論じてある。

(45) Rocamora, "Asia-Europe Economic Relations," p. 38.

(46) 「……これまではなはだしく欠けてきたのは，実行力ある超国家的協力のための包括的戦略であり，経済のグローバル化が機能するための世界的規模の社会的，金融的，生態学的基準を設定・実行することで，それに対処しうる戦略である」（Meyer, "Success and Limitations of Western Social Democracy," p. 57）。超国家的な社会政策については，Deacon et al., *Global Social Policy* を参照。

(47) 議論の幅をもっと広げたものに，Nederveeen Pieterse, "Many Doors to Multiculturalism" がある。

(48) Abdel-Malek, "Historical Initiative."

(49) Brzenzinski, *The Grand Chessboard.*

(50) A. G. Frank, "The Centrality of Central Asia," p. 51.

(51) Dosch, "The ASEAN-EU Relations."

(52) Wallerstein, "The Righteous War," *Commentary* 107, February 15, 2003, *http://fbc.binghamton.edu/commntr.htm.*

(53) M. Hirsh, "Bush and the World," p. 30.

(54) たとえば，Todd, *Après l'Empire* を参照。

訳　註

〔1〕 ここで「鏡」の比喩が用いられるのは，エンロン事件に象徴されるアメリカ型資本主義をルイス・キャロルの描く「鏡の国」になぞらえているからである。鏡の国では，対称や時間の逆転などを含めたさまざまな鏡が登場し，アリスは，鏡に映さないと読むことのできない鏡文字で書かれた『ジャバウォッキー』の詩と出会う。

〔2〕 マタイによる福音書にならい，レーガン元大統領が用いた，「アメリカ国民が帰るべき場所」の比喩的表現。

参考文献

Abdel-Malek, A. "Historical Initiative: The New 'Silk Road'." *Review* 17, 4 (1994): 451-99.

Abrahamanian, Ervand. "The US Media, Huntington and September 11." *Third World Quarterly* 24, 3 (2003): 529-44.

Achcar, G. *The Clash of Barbarisms: Sept 11 and the Making of the New World Disorder.* New York: Monthly Review Press, 2003〔ジルベール・アシュカル／湯川順夫訳『野蛮の衝突——なぜ21世紀は戦争とテロリズムの時代になったのか？』作品社，2004年〕.

Adams, Patricia. "The World Bank's Finances: An International Debt Crisis." In *Globalization and the South,* edited by C. Thomas and P. Wilkin. London: Macmillan, 1997, 163-83.

Adelman, H. and A. Suhrke. *Early Warning and Conflict Management,* study 2. *The International Response to Conflict and Genocide: Lessons from the Rwanda Experience.* Copenhagen: Steering Committee of the Joint Evaluation of Emergency Assistance to Rwanda, 1996.

Aguilera, R. and G. Jackson. "The Cross-National Diversity of Corporate Governance: Dimensions and Determinants." *Academy of Management Review* 28 (3) (2003).

Ahmed, Nafeez Mossadeq. *The War on Freedom: US Complicity in 9-11 and the New Imperialism.* Joshua Tree, CA: Tree of Life Books, 2003.

Akerlof, G. A. and P. M. Romer. "Looting: The Economic Underworld of Bankruptcy for Profit." *Brookings Papers on Economic Activity* 2 (1993): 1-74.

Alao, A. "Business and Conflict." *Conflict, Security & Development Group Bulletin* 11 (2001): 8-11.

Albert, M. *Capitalism against Capitalism.* London: Whurr, 1993〔ミシェル・アルベール／久水宏之監修・小池はるひ訳『資本主義対資本主義——21世紀への大論争』竹内書店新社，1992年〕.

Ali, Tariq. *A Clash of Fundamentalisms.* London: Verso, 2002.

Allen, T.(ed.). *The Media of Conflict: War Reporting and Representations of Ethnic Violence.* London: Zed, 1999.

Ambrose, S. E. *Rise to Globalism: American Foreign Policy since 1938.* 3rd rev. edn., Harmondsworth: Pelican, 1983.

Anderla, G., A. Dunning, and S. Forge. *Chaotics: An Agenda for Business and Society for the 21st Century.* London: Adamantine Press, 1997.

Andréani, G. "The Disarray of US Non-Proliferation Policy." *Survival* 41, 4 (1999-2000): 42-61.

Anonymous, "Mass Violence is not Inevitable." *UN Chronicle* 1 (1998): 36-7.

Applebaum, R. P. and J. Henderson. "The Hinge of History: Turbulence and Transformation in

the World Economy." *Competition & Change* 1, 1 (1995): 1-12.

Applebome, Peter. *Dixie Rising: How the South Is Shaping American Values, Politics and Culture.* New York: Times Books, 1996.

Appleby, Joyce. "Recovering America's Historic Diversity: Beyond Exceptionalism." *Journal of American History* 79 (1992): 419-31.

Arquilla, J. and D. Ronfeldt. *Networks and Netwars: The Future of Terror, Crime and Militancy.* Santa Monica, CA: Rand and National Defense Research Institute, 2001.

Arrighi, G. and J. Drangel. "The Stratification of the World Economy: An Exploration of the Semi-Peripheral Zone." *Review* 10 (1996): 9-74〔G. アリギ，J. ドランゲル／尹春志訳「世界経済の階層化――半周辺圏の探求」I. ウォーラーステイン編／山田鋭夫・原田多津男・尹春志訳『世界システム論の方法』藤原書店，2002 年，所収〕.

Atkinson, A. B. "Is Rising Inequality Inevitable? A Critique of the Transatlantic Consensus." Helsinki, UNU WIDER Annual Lectures #3, 1999.

Augé, M. *The War of Dreams: Studies in Ethno Fiction.* London: Pluto, 1999.

Babones, S. J. "Population and Sample Selection Effects in Measuring Internal Income Inequality." *Journal of World-Systems Research* 8, 1 (2002): 8-29.

Bacevich, A. J. *American Empire: The Realities and Consequences of US Diplomacy.* Cambridge, MA: Harvard University Press, 2002.

Bairoch, P. "Le bilan économique du colonialisme: mythes et réalites." In *History and Underdevelopment,* edited by L. Blussé, H. L Wesseling, and G. D. Winius. Leiden: Leiden University, 1980, 29-41.

Baran, P. *The Political Economy of Growth.* Harmondsworth: Penguin, 1973〔ポール・バラン／浅野栄一・高須賀義博訳『成長の経済学』東洋経済新報社，1975 年〕.

Barber, B. J. *Jihad vs. McWorld.* New York: Ballantine Books, 1996〔ベンジャミン・バーバー／鈴木主税訳『ジハード対マックワールド――市民社会の夢は終わったのか』三田出版会，1997 年〕.

Barnet, R. J. and J. Cavanagh. *Global Dreams: Imperial Corporations and the New World Order.* New York: Simon & Schuster, 1994.

Barnett, Jon. *The Meaning of Environmental Security: Environmental Politics and Policy in the New Security Era.* London: Zed, 2001.

Beck, U. "The Terrorist Threat: World Risk Society Revisited." *Theory, Culture & Society* 19, 4 (2003): 39-55.

Beeley, B. "Islam as a Global Political Force." In *Global Politics,* edited by A. G. McGrew, et al. Cambridge: Polity, 1992, pp. 293-311.

Begala, P. *It's Still the Economy, Stupid: George W. Bush, the GOP's CEO.* New York: Simon & Schuster, 2002.

Beinin, Joel. "Pro-Israel Hawks and the Second Gulf War." *Middle East Report,* April 6 (2003).

Beitz, C. R. "Does Global Inequality Matter?" *Metaphilosophy* 32, 1 (2001): 95-112.

Bellesiles, M. A. *Arming America: The Origins of a National Gun Culture.* New York: Random House, 2000.

Bello, W. *Deglobalization: Ideas for a New World Economy.* London: Zed, 2003〔ウォールデン・ベロー／戸田清訳『脱グローバル化――新しい世界経済体制の構築に向けて』明石書店，2004年〕.

Bello, W., S. Cunningham, and Li Kheng Po. *A Siamese Tragedy: Development and Disintegration in Modern Thailand.* London and Bangkok: Zed and Focus on the Global South, 1998.

Ben-Eliezer, U. *The Making of Israeli Militarism.* Bloomington: Indiana University Press, 1998.

Bergesen, A. J. and M. Bata. "Global and National Inequality: Are They Connected?" *Journal of World-Systems Research* 8, 1 (2002): 130–44.

Berke, J. H., S. Pierides, A. Sabbadini, and S. Schneider. *Even Paranoids Have Enemies: New Perspectives on Paranoia and Persecution.* London: Routledge, 1998.

Berkowitz, Bruce. *The New Face of War.* New York: Free Press, 2003.

Berman, Paul. *Terror and Liberalism.* New York: Norton, 2003.

Bhagwati, Jagdish. "Poverty and Reforms: Friends or Foes?" *Journal of International Affairs* 52, 1 (1998): 33–45.

Bhaghwati, Jagdish, and Hugh T. Patrick (eds.). *Aggressive Unilateralism: America's 301 Trade Policy and the World Trading System.* Ann Arbor: University of Michigan Press, 1990〔ジャグディシュ・バグワティ，ヒュー・パトリック編著／渡辺敏訳『スーパー301条――強まる「一方主義」の検証』サイマル出版会，1991年〕.

Birdsall, Nancy. "Life is Unfair: Inequality in the World." *Foreign Policy* 111 (Summer 1998): 73–94.

Blum, W. *Rogue State: A Guide to the World's Only Superpower.* London: Zed, 2001〔ウィリアム・ブルム／益岡賢訳『アメリカの国家犯罪全書』作品社，2003年〕.

Bodansky, Y. *Bin Laden.* New York: Forum, 2001〔ヨセフ・ボダンスキー／鈴木主税訳『ビンラディン――アメリカに宣戦布告した男』毎日新聞社，2001年〕.

Boggs, Carl. "Overview: Globalization and the New Militarism." *New Political Science* 24 (2002): 9–20.

Boot, M. *The Savage Wars of Peace: Small Wars and the Rise of American Power.* New York: Basic Books, 2002.

Booth, K. *Strategy and Ethnocentrism.* London: Croom Helm, 1979.

Bornschier, V. "Changing Income Inequality in the Second Half of the 20th Century." *Journal of World-Systems Research* 8, 1 (2002): 100–29.

Bosch, Juan. *Pentagonism: A Substitute for Imperialism.* New York: Grove, 1968.

Both, N. *From Indifference to Entrapment: the Netherlands and the Yugoslav Crisis, 1990–1995.* Amsterdam: Amsterdam University Press, 2000.

Boulding, K. E. and E. Boulding. *The Future: Images and Prosses.* London: Sage, 1995.

Boyer, Robert. *The Seven Paradoxes of Capitalism.* Paris: CEPREMAP # 9620, 1996.

Boyle, Francis A. *The Criminality of Nuclear Deterrence.* Atlanta, GA: Clarity Press, 2002.

Brennan, B., E. Heijmans, and P. Vervest (eds.). *ASEM Trading New Silk Routes, beyond Geopolitics and Geo-economics: Towards a New Relationship between Asia and Europe.* Amsterdam and Bangkok: Transnational Institute and Focus on the Global South, 1997.

Brenner, N. "Globalisation as Reterritorialisation: The Re-scaling of Urban Governance in the European Union." *Urban Studies* 36, 3 (1999): 431–51.

Brenner, Robert. *The Boom and the Bubble: The US in the World Economy.* London: Verso, 2002〔ロバート・ブレナー／石倉雅男・渡辺雅男訳『ブームとバブル――世界経済のなかのアメリカ』こぶし書房，2005年〕.

Brooks, S. and W. Wohlforth. "American Primacy in Perspective." *Foreign Affairs* 81, 4 (2002): 20–33〔ステファン・G. ブルックス，ウィリアム・C. ウォールフォース「アメリカの覇権という現実を直視せよ」『フォーリン・アフェアーズ日本語版』2002年8月号〕.

Brown, Seyom. *The Illusion of Control: Force and Foreign Policy in the 21st Century.* Washington, DC: The Brookings Institution, 2003.

Brzezinski, Zbigniew K. *The Grand Chessboard: American Primacy and Its Geostrategic Imperatives.* New York: Basic Books, 1997〔Z. ブレジンスキー／山岡洋一訳『ブレジンスキーの世界はこう動く――21世紀の地政戦略ゲーム』日本経済新聞社，1998年〕.

Buchanan, Keith. "Center and Periphery: Reflections on the Irrelevance of a Billion Human Beings." *Monthly Review* 37 (July-August, 1985): 86–97.

Burkett, I. "Beyond the 'Information Rich and Poor': Understandings of Inequality in Globalising Informational Economies." *Futures* 32, 7 (2000): 679–94.

Burtless, G. "Growing American Inequality: Sources and Remedies." In *Setting National Priorities: The 2000 Election and Beyond,* edited by H. J. Aaron and R. D. Reischauer. Washington, DC: Brookings Institution Press, 1999, 137–66.

Caldicott, Helen. *The New Nuclear Danger: George W. Bush's Military Industrial Complex.* New York: New Press, 2002.

Campbell, K. M. and C. J. Ward. "New Battle Stations?" *Foreign Affairs* 82, 5 (2003): 95–103〔カート・M. キャンベル，セレステ・ジョンソン・ワード「在外米戦力・基地見直しの利点と弊害――同盟国との入念な協議を心がけよ」『フォーリン・アフェアーズ日本語版』2003年9月号〕.

Carrier, James G. "Introduction." In *Meanings of the Market: The Free Market in Western Culture,* edited by James G. Carrier. Oxford: Berg, 1997, 1–67.

Carruthers, S. L. *The Media at War: Communication and Conflict in the 20th Century.* London: Macmillan, 1999.

Carter, A. B. "Adapting US Defence to Future Needs." *Survival* 41, 4 (1999–2000): 101–22.

Castells, M. *The Information Age: Economy, Society and Culture.* Oxford: Blackwell, 1996.

Celente, G. *Trends 2000.* New York: Warner Books, 1997〔ジェラルド・セレンティ／飯田雅美訳『文明の未来――政治経済からビジネスまで』日経BP社／日経BP出版センター，1998年〕.

Chaliand, G. and J.-P. Rageau. *Strategic Atlas: World Geopolitics.* Harmondsworth: Penguin, 1985.

Chalk, P. *Non-Military Security and Global Order: The Impact of Extremism, Violence and Chaos on National and International Security.* London: Macmillan, 2000.

Chirathivat, S., F. Knipping, P. H. Lassen, and Chia Siow Yue (eds.). *Asia-Europe on the Eve of*

the 21st Century. Bangkok: Centre for European Studies at Chulalongkorn University, and Singapore: Institute of Southeast Asian Studies, 2001.

Chomsky, Noam. *The New Military Humanism.* Cambridge, MA: South End Press, 1999〔ノーム・チョムスキー／益岡賢・大野裕・ステファニー・クープ訳『アメリカの「人道的」軍事主義──コソボの教訓』現代企画室，2002 年〕.

──. *Year 501: The Conquest Continues*. Cambridge, MA: South End Press, 1993.

Chossudovsky, M. "Global Poverty in the Late 20th Century." *Journal of International Affairs* 52, 1 (1998): 293-311.

Chossudovsky, M. *The Globalization of Poverty: Impacts of IMF and World Bank Reforms.* London: Zed, 1997〔ミシェル・チョスドフスキー／郭洋春訳『貧困の世界化』柘植書房新社，1999 年〕.

Chua, Amy. *World on Fire.* New York: Doubleday, 2003〔エイミー・チュア／久保恵美子訳『富の独裁者──驕る経済の覇者　飢える民族の反乱』光文社，2003 年〕.

Cockburn, Leslie. *Out of Control.* New York: Atlantic Monthly Press, 1987.

Cohen, J. and J. Rogers. "Can Egalitarianism Survive Internationalization?" Bonn: Max Planck Institute for the Study of Societies. Working Paper 97/2, 1997.

Confessore, N. "G. I. Woe." *The Washington Monthly* (March 2003): 35-42.

Connell, R. W. "Class Formation on a World Scale." *Review* 7 (3) (1984): 407-40.

Conniff, R. *The Natural History of the Rich: A Field Guide.* New York: Norton, 2002.

Connors, M. *The Race to the Intelligent State: Charting the Global Information Economy in the 21st Century.* Oxford: Capstone, 1997.

Cooley, J. *Unholy Wars: Afghanistan, America and International Terrorism.* London: Pluto, 1999〔ジョン・K. クーリー／平山健太郎監訳『非聖戦──CIA に育てられた反ソ連ゲリラはいかにしてアメリカに牙をむいたか』筑摩書房，2001 年〕.

Cornia, G. A. *Liberalization, Globalization and Income Distribution.* Helsinki: UNU Wider Working Paper 157, 1999.

Cox, R. W. "A Perspective on Globalization." In *Globalization: Critical Reflections,* edited by J. Mittelman. Boulder, CO: Lynne Rienner, 1996, 21-30.

Croose Parry, R.-M. "Our World on the Threshold of the New Millennium." *WFSF Futures Bulletin* 26, 1 (2000): 12-5.

Crouch, Colin, and Wolfgang Streeck (eds.). *Political Economy of Modern Capitalism: Mapping Convergence and Diversity.* London: Sage, 1997〔コーリン・クラウチ，ウォルフガング・ストリーク／山田鋭夫訳『現代の資本主義制度──グローバリズムと多様性』NTT 出版，2001 年〕.

Cummings, S. D. *The Dixiefication of America: The American Odyssey into the Conservative Economic Trap.* Westport, CT: Praeger, 1998.

Cuperus, R. "Social Justice and Globalization." In *Social Justice, Democracy and Alternative Politics,* edited by Manivannan, 2001, 91-106.

Davis, Mike. "LA: The Fire this Time." *Covert Action Information Bulletin* 41 (1992): 12-21.

──. *Prisoners of the American Dream.* London: Verso, 1986.

Deacon, B., M. Hulse, and P. Stubbs. *Global Social Policy.* London: Sage, 1998.

Denzin, N. K. and Y. S. Lincoln (eds.). *9/11 in American Culture.* Walnut Creek, CA: Altamira Press, 2003.

Der Derian, J. and M. J. Shapiro (eds.). *International/Intertextual Relations: Postmodern Readings of World Politics.* New York: Maxwell Macmillan International, 1989.

Dessler, D. "Constructivism within a Positivist Social Science." *Review of International Studies* 25, 1 (1999): 123-37.

Dessouki, A. E. H. "Globalization and the Two Spheres of Security." *Washington Quarterly* 16, 4 (1993): 109-17.

Dore, R. P. *Stock Market Capitalism/Welfare Capitalism: Japan and Germany versus the Anglo Saxons.* Oxford: Oxford University Press, 2000〔ロナルド・ドーア/藤井眞人訳『日本型資本主義と市場主義の衝突——日・独対アングロサクソン』東洋経済新報社, 2001年〕.

Dosch, J. "The ASEAN-EU Relations: An Emerging Pillar of the New International Order?" In *Asia-Europe on the Eve of the 21st Century,* edited by Chirathivat, et al. 2001, 57-72.

Doyle, M. *Empires.* Ithaca, NY: Cornell University Press, 1986.

Drinnon, R. *Facing West: The Metaphysics of Indian-Hating and Empire-Building.* Minneapolis: University of Minnesota Press, 1980.

Drury, Shadia B. *Leo Strauss and the American Right.* Houndmills: Macmillan, 1997.

Duclos, D. *The Werewolf Complex: America's Fascination with Violence.* Oxford: Berg, 1998.

Duffield, M. "Network War." *Conflict, Security & Development Group Bulletin* 11 (2001): 5-7.

——. *Global Governance and the New Wars: The Merging of Development and Security.* London: Zed, 2001.

Dumbrell, John. "Unilateralism and 'America First'? President George W. Bush's Foreign Policy." *The Political Quarterly* 73 (2002): 279-87.

Dyer, Joel. *The Perpetual Prisoner Machine: How America Profits from Crime.* Boulder, CO: Westview Press, 1999.

Earle, E. M. (ed.). *Makers of Modern Strategy.* Princeton, NJ: Princeton University Press (orig. edn. 1943), 1971〔エドワード・ミード・アール編/山田積昭ほか訳『新戦略の創始者——マキャベリーからヒットラーまで(上・下)』原書房, 1978年〕.

Editors. "More Security for Less Money." *The Bulletin of the Atomic Scientists* (Sep/Oct 1995): 34-9.

Edwards, Chris. "Poverty Reduction Strategies: Reality or Rhetoric?" The Hague, Institute of Social Studies seminar paper, 2001.

Ehrenreich, B. *Nickel and Dimed: On (Not) Getting by in America.* New York: Henry Holt, 2001〔バーバラ・エーレンライク/曽田和子訳『ニッケル・アンド・ダイムド——アメリカ下流社会の現実』東洋経済新報社, 2006年〕.

——. *Fear of Falling: The Inner Life of the Middle Class.* New York: Harper Perennial, 1990〔バーバラ・エーレンライク/中枝桂子訳『「中流」という階級』晶文社, 1995年〕.

Eibl-Eibesfeldt, I. and F. K. Salter (eds.). *Indoctrinability, Warfare and Ideology.* Oxford: Berg,

1999.
Embong, Abdul R. "Globalization and Transnational Class Relations: Some Problems of Conceptualization." *Third World Quarterly* 21, 6 (2000): 989-1000.
Falk, Richard. *Predatory Globalization.* Cambridge: Polity, 1999.
Farrell, T. "Culture and Military Power." *Review of International Studies* 24 (1998): 407-16.
Ferencz, B. B. "Make Law not War." *The World Today* 54, 6 (1998): 152-53.
Ferguson, N. *Empire: The Rise and Demise of the British World Order and the Lessons for Global Power.* New York: Basic Books, 2002.
Fieldhouse, D. K. *Economics and Empire 1830-1914.* London: Weidenfeld and Nicolson, 1973.
——. *The Theory of Capitalist Imperialism.* London: Longman, 1967.
——. *The Colonial Empires.* New York: Delacorte, 1965.
Fine, Ben. "Economics Imperialism and the New Development Economics as Kuhnian Paradigm Shift?" *World Development* 30, 12 (2002): 2057-70.
Finnegan, William. "The Economics of Empire: Notes on the Washington Consensus," *Harper's Magazine* 306 (May 2003): 41-54.
Firebaugh, G. "Empirics of World Income Inequality." *American Journal of Sociology* 104 (1999): 1597-630.
Fisher, S., D. I. Abdi, J. Ludin, R. Smith, and S. Williams. *Working with Conflict: Skills and Strategies for Action.* London: Zed, 2000.
Foran, J. (ed.). *The Future of Revolutions: Rethinking Radical Change in the Age of Globalization.* London: Zed, 2003.
Foster, K. *Fighting Fictions: War, Narrative and National Identity.* London: Pluto, 1999.
Frank, A. G. "The Centrality of Central Asia." *Bulletin of Concerned Asian Scholars* 24, 2 (1992): 50-74.
Frank, R. H. and P. J. Cook. *The Winner-Take-All Society.* New York: Free Press, 1995.
Frank, Tom. *One Market under God: Extreme Capitalism, Market Populism and the End of Economic Democracy.* New York: Doubleday, 2000.
Franklin, Jane (ed.). *Equality.* London: Institute for Public Policy Research, 1997.
Frederickson, G. M. *The Black Image in the White Mind: The Debate on African-American Character and Destiny, 1817-1914.* Middletown, CT: Wesleyan University Press, 1971.
Freedman, L. "The Changing Forms of Military Conflict." *Survival* 40, 4 (1998-99): 39-56.
Friedman, T. L. *The Lexus and the Olive Tree: Understanding Globalization.* 2nd edn. New York: Anchor Books, 2000〔トーマス・フリードマン／東江一紀・服部清美訳『レクサスとオリーブの木――グローバリゼーションの正体（上・下）』草思社，2000年〕.
Fukuyama, F. *The End of History and the Last Man.* New York: Free Press, 1992〔フランシス・フクヤマ／渡部昇一訳『歴史の終わり　新装新版（上・下）』三笠書房，2005年〕.
Furedi, F. *The New Ideology of Imperialism.* London: Pluto, 1994.
Galbraith, J. K. *The Anatomy of Power.* Boston: Houghton Mifflin, 1983〔J. K. ガルブレイ

ス／山本七平訳『権力の解剖――「条件づけ」の論理』日本経済新聞社，1984年〕.

――. *Annals of an Abiding Liberal*. New York: New American Library, 1979〔J. K. ガルブレイス／都留重人訳『ある自由主義者の肖像』（ガルブレイス著作集 8）ティビーエス・ブリタニカ，1980 年〕.

Galtung, J. "A Structural Theory of Imperialism." *Journal of Peace Research* 9, 2（1971）〔ヨハン・ガルトゥング／高柳先男・塩屋保・酒井由美子訳『構造的暴力と平和』中央大学出版部，1991 年，所収〕.

――. "Structure, Culture and Intellectual Style." *Social Science Information* 206, 6（1981）: 816-56〔ヨハン・ガルトゥング／矢澤修次郎・大重光太郎訳『グローバル化と知的様式――社会科学方法論についての七つのエッセー』東信堂，2004 年，所収〕.

Gaonkar, Dilip P. "On Alternative Modernities." *Public Culture* 11, 1（1999）: 1-18.

George, Susan. *How the Other Half Dies: The Real Reasons for World Hunger.* 2nd edn. Harmondsworth: Penguin, 1977〔スーザン・ジョージ／小南祐一郎・谷口真理子訳『なぜ世界の半分が飢えるのか？――食料危機の構造』朝日新聞社，1984 年〕.

Giddens, A. *The Consequences of Modernity.* Stanford, CA: Stanford University Press, 1990〔アンソニー・ギデンズ／松尾精文・小幡正敏訳『近代とはいかなる時代か？――モダニティの帰結』而立書房，1993 年〕.

Gilbert, J. "Soundtrack for an Uncivil Society: Rave Culture, the Criminal Justice Act and the Politics of Modernity." *New Formations* 31（1996）: 5-22.

Gilpin, R. *The Challenge of Global Capitalism: The World Economy in the 21st Century.* Princeton, NJ: Princeton University Press, 2000〔ロバート・ギルピン／古城佳子訳『グローバル資本主義――危機か繁栄か』東洋経済新報社，2001 年〕.

Glennon, M. J. "Why the Security Council Failed." *Foreign Affairs* 82, 3（2003）: 16-35〔マイケル・J. グレノン「単極構造世界と安保理の崩壊――安保理はなぜ死滅したか」『フォーリン・アフェアーズ日本語版』2003 年 5 月号〕.

Goldsmith, E. "Development as Colonialism." *World Affairs* 6, 2（2002）: 18-37.

Goonatilake, S. *Aborted Discovery: Science and Creativity in the Third World.* London: Zed, 1984〔スサンタ・グナティラカ／里深文彦・東玲子訳『自立するアジアの科学――「第世界意識」からの解放』御茶ノ水書房，1990 年〕.

Gopal, Sarvepalli. "Images of World Society: A Third World View." *Social Science Information Journal* 50, 3（1998）: 375-380（reprint of 1982）.

Goudge, P. *The Whiteness of Power: Racism in Third World Development and Aid.* London: Lawrence & Wishart, 2003.

Gray, C. H. *Postmodern War: The New Politics of Conflict.* New York: Guilford Press, 1997.

Gray, C. S. "Strategic Culture as Context: The First Generation of Theory Strikes Back." *Review of International Studies* 25, 1（1999）: 49-69.

Gray, John. "After Social Democracy and beyond Anglo-Saxon Capitalism." *New Perspectives Quarterly* 13, 4（1996）: 40-6.

Greider, W. *Who Will Tell the People? The Betrayal of American Democracy.* New York: Simon &

Schuster, 1992〔ウィリアム・グレーダー／中島健訳『アメリカ民主主義の裏切り──誰が民衆に語るのか』青土社，1994 年〕.

Gresh, A. "Crimes and Lies in 'Liberated' Iraq." *Le Monde Diplomatique*, May 2003.

Groenewegen, J. "Institutions of Capitalisms: American, European, and Japanese Systems Compared." *Journal of Economic Issues* 31, 2（1997）: 333–47.

Grossman, Lt. Col. D. *On Killing: The Psychological Cost of Learning to Kill in War and Society*. New York: Little, Brown, 1996〔デーヴ・グロスマン／安原和見訳『戦争における「人殺し」の心理学』筑摩学芸文庫，2004 年〕.

Grove, D. John（ed.）. *Global Inequality: Political and Socioeconomic Perspectives*. Boulder, CO: Westview Press, 1979.

Gruber, L. *Ruling the World: Power Politics and the Rise of Supranational Institutions*. Princeton, NJ: Princeton University Press, 2000.

Guéhenno, J.-M. "The Impact of Globalisation on Strategy." *Survival* 40, 4（1998–99）: 5–19.

Guyatt, N. *Another American Century? The United States and the World after 2000*. London: Zed, 2000〔ニコラス・ガイアット／増田恵里子訳『21 世紀もアメリカの世紀か？──グローバル化と国際社会』明石書店，2002 年〕.

Haass, R. N. "What to Do with American Primacy?" In *The Global Agenda: Issues and Perspectives*, edited by C. W. Kegley Jr and E. R. Wittkopf. 6th edn. New York: McGraw-Hill, 2001, 147–57.

Hajer, M. A. "Okologische Modernisierung als Sprachspiel." *Soziale Welt* 48（1997）: 107–32.

Halabi, Yakub. "Orientalism and US Democratization Policy in the Middle East." *International Studies* 36, 4（1999）: 375–92.

Hall, P. A. and D. Soskice（eds.）. *Varieties of Capitalism: The Institutional Foundations of Comparative Advantage*. Oxford: Oxford University Press, 2001.

Halliday, F. *The Second Cold War*. London: Verso, 1986〔フレッド・ハリディ／菊井礼次訳『現代国際政治の展開──第二次冷戦の史的背景』ミネルヴァ書房，1986 年〕.

Hallinan, J. T. *Going up the River: Travels in a Prison Nation*. New York: Random House, 2000.

Hammond, P. and E. S. Herman（eds.）. *Degraded Capability: The Media and the Kosovo Crisis*. London: Pluto, 2000.

Hampdon-Turner, C. and F. Trompenaars. *Seven Cultures of Capitalism*. New York: Doubleday, 1993〔C. ハムデン - ターナー，A. トロンペナールス／上原一男・若田部昌澄訳『七つの資本主義──現代企業の比較経営論』日本経済新聞社，1997 年〕.

Hardt, M. and A. Negri. *Empire*. Cambridge, MA: Harvard University Press, 2000〔マイケル・ハート，アントニオ・ネグリ／水嶋一憲ほか訳『帝国──グローバル化の世界秩序とマルチチュードの可能性』以文社，2003 年〕.

Harrod, J. "Global Realism: Unmasking Power in the International Political Economy." In *Critical Theory and World Politics*, edited by R. Wyn Jones. Boulder, CO: Lynne Rienner, 2001.

Harvey, D. "The 'New' Imperialism: Accumulation by Dispossession." In *Socialist Register: The New Imperial Challenge*, edited by L. Panitch and Colin Leys. London: Merlin Press, 2004,

63-87.

——. *The Condition of Postmodernity.* Oxford: Blackwell, 1989〔デヴィッド・ハーヴェイ／吉原直樹監訳『ポスト・モダニティの条件』青木書店，1999 年〕.

Hedley, R. A. "The Information Age: Apartheid, Cultural Imperialism, or Global Village?" *Social Science Computer Review* 17, 1 (2002): 78-87.

Heideking, J. "The Pattern of American Modernity from the Revolution to the Civil War." *Daedalus* 129, 1 (2000): 219-48.

Henderson, H. "Changing Paradigms and Indicators: Implementing Equitable, Sustainable and Participatory Development." In *Development: New Paradigms and Principles for the 21st Century,* edited by M. J. Griesgraber and B. G. Gunter. London: Pluto, 1996, 103-36.

Henderson, H. "Fighting Economism." *Futures* 28, 6-7 (1996): 580-83.

Henderson, H., J. Lickerman, and P. Flynn (eds.). *Calvert-Henderson Quality of Life Indicators.* Bethesda, MD: Calvert Group, 2000.

Henwood, D. "Booming, Borrowing, and Consuming: The US Economy in 1999." *Monthly Review* 51, 3 (1999).

Hersh, Seymour M. "Selective Intelligence." *New Yorker,* May 6, 2003.

Hervey, J. L. and L. S. Merkel. "A Record Current Account Deficit: Causes and Implications." *Economic Perspectives* 24, 4 (2000): 3-12.

Hinsch, W. "Global distributive justice." *Metaphilosophy* 32, 1-2 (2001): 58-78.

Hirsen, J. L. *The Coming Collision: Global Law vs. US Liberties.* Lafayette, LA: Huntington House, 1999.

Hirsh, D. *Law against Genocide: Cosmopolitan Trials.* London: Glasshouse Press, 2003.

Hirsh, M. "Bush and the World." *Foreign Affairs* 81, 5 (2002): 18-43〔マイケル・ハーシュ「ジョージ・W. ブッシュの世界像」『フォーリン・アフェアーズ日本語版』2002 年 9 月号〕.

Hitler, A. *Mein Kampf.* Translated by R. Manheim. Boston: Houghton Mifflin (orig. edn. 1925), 1971〔アドルフ・ヒトラー／平野一郎・将積茂訳『わが闘争（上・下）』角川文庫，1973 年〕.

Hobsbawm, E. J. "Barbarism: A User's Guide." *New Left Review* 206 (1994): 44-54〔エリック・ホブズボーム／原剛訳『ホブズボーム歴史論』ミネルヴァ書房，2001 年，所収〕.

Hodgson, G. M., M. Itoh, and N. Yokokawa (eds.). *Capitalism in Evolution: Global Contentions, East and West.* Cheltenham and Northampton, MA: Elgar, 2001〔G. M. ホジソンほか／横川信治・野口真・伊藤誠編『進化する資本主義』日本評論社，1999 年〕.

Hoffman, Bruce. "Lessons of 9/11." Santa Monica, CA: RAND Corporation, 2002.

Hoffman, S. *World Disorders: Troubled Peace in the Post-Cold War Era.* Lanham, MD: Rowman & Littlefield, 1998.

Horowitz, David. (ed.). *Corporations and Cold War.* New York: Monthly Review Press, 1970.

Howe, I. (ed.). *25 Years of Dissent: An American Tradition.* New York: Methuen, 1979.

"Human Security in a New World Disorder," *Asian Exchange* 17-18, 2-1 (2002).

Huntington, S. P. "The Lonely Superpower." *Foreign Affairs* 78, 2 (1999): 35-49〔サミュエル・ハンチントン「孤独な超大国」『フォーリン・アフェアーズ日本語版』1999年5月号〕.

——. *The Clash of Civilizations.* New York: Simon and Schuster, 1996〔サミュエル・ハンチントン／鈴木主税訳『文明の衝突』集英社，1998年〕.

Hurrell, A. "Global Inequality and International Institutions." *Metaphilosophy* 32, 1-2 (2001): 34-57.

Hurrell, A. and N. Woods. "Globalisation and Inequality." *Millennium* 24, 3 (1995): 447-70.

——. (eds.). *Inequality, Globalization, and World Politics.* Oxford: Oxford University Press, 1999.

Hutton, W. and A. Giddens (eds.). *Global Capitalism.* New York: New Press, 2000.

Hutton, Will. *The World We're In.* London: Little, Brown, 2002.

——. *The State We're In.* London: Jonathan Cape, 1995.

Ignatieff, M. *Virtual War.* London: Chatto & Windus, 2000〔マイケル・イグナティエフ／金田耕一訳『ヴァーチャル・ウォー——戦争とヒューマニズムの間』風行社，2003年〕.

Ikenberry, G. J. "The Myth of Post-Cold War Chaos." *Foreign Affairs* 75, 3 (1996): 79-91〔G. ジョン・アイケンベリー「冷戦の終焉と旧秩序の再発見」『フォーリン・アフェアーズ日本語版』1996年7月号〕.

——. "America's Imperial Ambition." *Foreign Affairs* 81, 5 (2002): 44-60〔G. ジョン・アイケンベリー「新帝国主義というアメリカの野望」『フォーリン・アフェアーズ日本語版』2002年10月号〕.

Jansson, David R. "Internal Orientalism in America: W. J. Cash's The Mind of the South and the Spatial Construction of American National Identity." *Political Geography* 22 (2003): 293-316.

Jentleson, B. W., A. E. Levite, and L. Berman. "Foreign Military Intervention in Perspective." In *Foreign Military Intervention: the Dynamics of Protracted Conflict,* edited by B. W. Jentleson, A. E. Levite, and L. Berman. New York: Columbia University Press, 1992.

Johnson, B. T. and B. D. Schaefer. "Congress Should Slash-or Kill-Foreign Welfare." *Human Events* 54, 22 (1998): 24-7.

Johnson, Chalmers. "American Militarism and Blowback: The Costs of Letting the Pentagon Dominate Foreign Policy." *New Political Science* 24, 1 (2002): 21-38.

——. *Blowback: The Costs and Consequences of American Empire.* New York: Henry Holt, 2000〔チャーマーズ・ジョンソン／鈴木主税訳『アメリカ帝国への報復』集英社，2000年〕.

Johnston, A. *Cultural Realism: Strategic Culture and Grand Strategy in Chinese History.* Princeton, NJ: Princeton University Press, 1995.

Jones, J. *American Work: Four Centuries of Black and White Labor.* New York: Norton, 1998.

Julier, Guy. *The Culture of Design.* London: Sage, 2000.

Kagan, D., G. Schmitt, and T. Donnelly. *Rebuilding America's Defenses: Strategies, Forces and Resources for a New Century.* Washington, DC: PNAC, 2000.

Kagan, R. *Of Paradise and Power: America and Europe in the New World Order.* New York: Knopf, 2003〔ロバート・ケーガン／山岡洋一訳『ネオコンの論理――アメリカ新保守主義世界の世界戦略』光文社，2003 年〕.

Kagarlitsky, B. *New Realism, New Barbarism: Socialist Theory in the Era of Globalization.* London: Pluto, 1999.

Kammen, M. "The Problem of American Exceptionalism: A Reconsideration." *American Quarterly* 45, 1 (1993): 1-43.

Kaplan, R. D. "Supremacy by Stealth: Ten Rules for Managing the World." *Atlantic Monthly,* July/August, 2003.

――. *Warrior Politics: Why Leadership Demands a Pagan Ethos.* New York: Random House, 2002.

――. *The Coming Anarchy: Shattering the Dreams of the Post Cold War.* New York: Random House, 2000.

――. *The Ends of the Earth.* New York: Random House, 1996.

Kapstein, E. B. "A Global Third Way." *World Policy Journal* 15, 4 (1998-99).

Karsten, P. (ed.). *The Military in America: From the Colonial Era to the Present.* 2nd edn. New York: Free Press, 1986.

Katzenstein, P. J. (ed.). *The Culture of National Security: Norms and Identity in World Politics.* New York: Columbia University Press, 1996.

Kaul, I., I. Grunberg, and M. A. Stern (eds.). *Global Public Goods: International Cooperation in the 21st Century.* New York: Oxford University Press, 1999〔インゲ・カール，マーク・A. スターン，イザベル・グルンベルグ／FASID 国際開発研究センター訳『地球公共財――グローバル時代の新しい課題』日本経済新聞社，1999 年〕.

Keegan, J. and A. Wheatcroft. *Zones of Conflict: An Atlas of Future Wars.* New York: Simon & Schuster, 1986.

Keohane, R. O. and H. V. Milner (eds.). *International and Domestic Politics.* Cambridge: Cambridge University Press, 1996.

Kindleberger, C. P. "International Public Goods without International Government." *American Economic Review* 76 (1) (1986): 1-13.

Klare, M. *Resource Wars.* New York: Henry Holt, 2001〔マイケル・T. クレア／斉藤裕一訳『世界資源戦争』廣済堂出版，2002 年〕.

Klein, Naomi. *No Logo.* London: Flamingo, 2000〔ナオミ・クライン／松島聖子訳『ブランドなんか，いらない――搾取で巨大化する大企業の非情』はまの出版，2001 年〕.

Kobrin, S. J. "The MAI and the Clash of Globalization." *Foreign Policy* (Fall 1998): 97-109.

Korten, David C. *When Corporations Rule the World.* London: Earthscan, 1995〔デヴィッド・コーテン／西川潤監訳『グローバル経済という怪物――人間不在の世界から市民社会の復権へ』シュプリンガー・フェアラーク東京，1997 年〕.

Krishna, S. "An Inarticulate Imperialism: Dubya, Afghanistan and the American Century." *Alternatives: Turkish Journal of International Relations* 1, 2 (2002).

Kristof, N. D. and S. WuDunn. *Thunder from the East: Portrait of a Rising Asia.* New York:

Knopf, 2000〔ニコラス・クリストフ，シェリル・ウーダン／田口佐紀子訳『アジアの雷鳴――日本はよみがえるか!?』集英社，2001年〕.

Kuttner, R. *Everything for Sale.* New York: Alfred Knopf, 1998.

Kuttner, R. *The End of Laissez-Faire: National Purpose and the Global Economy after the Cold War.* New York: Alfred Knopf, 1991〔ロバート・カトナー／佐和隆光・菊谷達弥訳『新ケインズ主義の時代――国際経済システムの再構築』日本経済新聞社，1993年〕.

Laclau, E. and C. Mouffe. *Hegemony and Socialist Strategy.* London: Verso, 1985〔エルンスト・ラクラウ，シャンタル・ムッフェ／山崎カヲル・石澤武訳『ポスト・マルクス主義と政治――根源的民主主義のために』大村書店，2000年〕.

Laird, R. F. and H. M. Mey. *The Revolution in Military Affairs: Allied Perspectives.* Washington, DC: National Defense University, McNair Paper 60, 1999.

Lane, F. C. *Profits from Power: Readings in Protection Rent and Violence Controlling Enterprises.* Albany: State University of New York Press, 1979.

Lash, S. and J. Urry. *Economies of Signs and Space.* London: Sage, 1994.

Latour, B. "Technology is Society Made Durable." In *A Sociology of Monsters: Essays on Power, Technology and Domination,* edited by J. Law. London: Routledge, 1991, 103–31.

Lefever, E. W. *America's Imperial Burden: Is the Past Prologue?* Boulder, CO: Westview, 1999.

Lewis, Anthony. "Bush and Iraq." *New York Review of Books,* November 7, 2002.

Lieven, Anatol. "The Push for War." *London Review of Books* 24, 19（October 3, 2002）.

Lind, M. *Made in Texas: George W. Bush and the Southern Takeover of American Politics.* New York: Basic Books, 2003〔マイケル・リンド／高濱賛訳・解説『アメリカの内戦』アスコム，2004年〕.

——. "The Israel Lobby." *Prospect,* April 2002.

Linklater, A. "The Evolving Spheres of International Justice." *International Affairs* 75, 3（1999）: 473–82.

Lipset, S. M. *American Exceptionalism: A Double-Edged Sword.* New York: Norton, 1996〔シーモア・M. リプセット／上坂昇・金重紘訳『アメリカ例外論――日欧とも異質な超大国の論理とは』明石書店，1999年〕.

Lundgren, Nancy. "When I Grow Up I Want a Trans Am: Children in Belize Talk about Themselves and the Impact of the World Capitalist System." *Dialectical Anthropology* 13, 3（1988）: 269–76.

Mallaby, S. "The Reluctant Imperialist." *Foreign Affairs* 81, 2（2002）: 2–7〔セバスチャン・マラビー「破綻国家問題に対処する国際機関の設立を」『フォーリン・アフェアーズ日本語版』2002年10月号〕.

Mamère, Noël, and O. Warin. *Non merci, Oncle Sam.* Paris: Ramsay, 1999.

Mandelbaum, M. "Is Major War Obsolete?" *Survival* 40, 4（1998–99）: 20–38.

——. "Learning to be Warless." *Survival* 41, 2（1999）: 149–52.

——. *The Ideas that Conquered the World: Peace, Democracy, and Free Markets in the Twenty-First Century.* New York: Public Affairs, 2002.

Manivannan, Ramu（ed.）. *Social Justice, Democracy and Alternative Politics: An Asian-European Dia-*

logue. Bangkok: Spirit in Education Movement and Friedrich Ebert Stiftung, 2001.

Mann, Catherine L. "Is the U.S. Current Account Deficit Sustainable?" *Finance and Development* 37, 1 (2000).

——. *Is the US Trade Deficit Sustainable?* Washington, DC: Institute for International Economics, 1999.

Mann, M. *The Sources of Social Power.* Cambridge: Cambridge University Press, 1986〔森本醇・君塚直隆訳『ソーシャル・パワー——社会的な〈力〉の世界歴史Ⅰ・Ⅱ』NTT出版，2002-2005年〕.

Manza, Jeff. "Race and the Underdevelopment of the American Welfare State." *Theory and Society* 29, 6 (2000): 819-32.

Manzo, Kate. "The 'New' Developmentalism: Political Liberalism and the Washington Consensus." In *The American Century: Consensus and Coercion in the Projection of American Power,* edited by D. Slater and P. Taylor. Oxford: Blackwell, 1999, 98-114.

Margalit, A. *Views in Review: Politics and Culture in the State of Israel.* New York: Farrar, Straus & Giroux, 1998.

Mastanduno, Michael. "Preserving the Unipolar Moment: Realist Theories and U.S. Grand Strategy after the Cold War." *International Security* 21, 4 (1997): 49-88.

Maynes, C. W. "Squandering Triumph." *Foreign Affairs* 78, 1 (1999): 15-22〔チャールズ・ウィリアム・メインズ「ポスト冷戦秩序の誤算」『フォーリン・アフェアーズ日本語版』1999年2月号〕.

McKinnon, R. "The International Dollar Standard and Sustainability of the U.S. Current Account Deficit." Brookings Panel on Economic Activity: Symposium on the U.S. Current Account, 2001.

McLaughlin, S., S. G. Mitchell, and H. Hegre. "Evolution in Democracy-War Dynamics." *The Journal of Conflict Resolution* 43, 6 (1999): 771-92.

McMichael, P. *Development and Social Change: A Global Perspective.* Thousand Oaks, CA: Pine Forge Press, 1996.

McNeill, W. *The Pursuit of Power.* Chicago: University of Chicago Press, 1982〔ウィリアム・H. マクニール／高橋均訳『戦争の世界史——技術と軍隊と社会』刀水書房，2002年〕.

Mead, W. R. *Special Providence: American Foreign Policy and How It Changed the World.* New York: Knopf, 2001.

Mearsheimer, John. *The Tragedy of Great Power Politics.* New York: Norton, 2002〔ジョン・J. ミアシャイマー／奥山真司訳『大国政治の悲劇——米中は必ず衝突する！』五月書房，2007年〕.

Melman, S. *The Permanent War Economy: American Capitalism in Decline.* New York: Simon and Schuster, 1974.

Merton, R. K. *Social Theory and Social Structure*. Glencoe, IL: Free Press, 1957〔ロバート・マートン／森東吾ほか訳『社会理論と社会構造』みすず書房，1961年〕.

Meunier, Sophie. "The French Exception." *Foreign Affairs* 79, 4 (2000): 104-16〔ソフィー・

ミュニエ「フランスの反米・反グローバル化路線の行方」『フォーリン・アフェアーズ日本語版』2000 年 9 月号〕.

Meyer, T. "Success and Limitations of Western Social Democracy." In *Social Justice, Democracy and Alternative Politics,* edited by Manivannan. Bangkok, 2001, 48–58.

Miller, M. "Poverty as a Cause of War." Cambridge: 50th Pugwash Conference on Science and *World Affairs,* 3–8 August, 2000.

Mills, C. Wright. *The Sociological Imagination.* Harmondsworth: Penguin (orig. edn. 1959), 1970〔C. ライト・ミルズ/鈴木広訳『社会学的想像力』紀伊國屋書店，1995 年〕.

Mishra, R. "North America: Poverty amidst Plenty." In *Poverty,* edited by E. Øyen, et al. Oslo: Scandinavian University Press, 1996, 453–93.

Mishra, R. "The Welfare of Nations." In *States against Markets: The Limits of Globalization,* edited by R. Boyer and D. Drache. London: Routledge, 1996, 316–33.

Mitchell, T. "McJihad: Islam in the US Global Order." *Social Text* 20, 4 (2002): 1–18.

——. "No Factories, No Problems: The Logic of Neo-liberalism in Egypt." *Review of African Political Economy* 82 (1999): 455–68.

Mohammadi, Ali, and Muhammad Absan. *Globalisation or Recolonization? The Muslim World in the 21st Century.* London: Ta-Ha Publishers, 2002.

Moore, Michael. *Stupid White Men and Other Sorry Excuses for the State of the Nation.* New York: HarperCollins, 2002〔マイケル・ムーア/松田和也訳『アホでマヌケなアメリカ白人』柏書房，2002 年〕.

Mulgan, G. *Connexity.* Rev. edn. London: Vintage, 1998.

——. *Politics in an Antipolitical Age.* Cambridge: Polity, 1994.

Myerly, S. H. *British Military Spectacle.* Cambridge, MA: Harvard University Press, 1996.

Nandy, A. "The Fantastic India-Pakistan Battle." *Futures* 29, 10 (1997): 909–18.

——. "Shamans, Savages and the Wilderness: On the Audibility of Dissent and the Future of Civilizations." *Alternatives* 14 (1989): 263–77.

Nederveen Pieterse, Jan. *Empire and Emancipation: Power and Liberation on a World Scale.* New York: Praeger, 1989.

——. "The History of a Metaphor: Christian Zionism and the Politics of Apocalypse." In *Christianity and Hegemony: Religion and Politics on the Frontiers of Social Change,* edited by J. Nederveen Pieterse. Oxford: Berg, 1992, 191–233.

——. "Deconstructing/Reconstructing Ethnicity." *Nations and Nationalism* 3, 3 (1997): 1–31.

——. "Hybrid Modernities: Melange Modernities in Asia." *Sociological Analysis* 1, 3 (1998): 75–86.

——. "Collective Action and Globalization." In *Globalization and Social Movements,* edited by P. Hamel, H. Lustiger-Thaler, J. Nederveen Pieterse, and S. Roseneil. London: Palgrave, 2001, 21–40.

——. *Development Theory: Deconstructions/Reconstruction.* London: Sage, 2001.

——. "Many Doors to Multiculturalism." In *Whither Multiculturalism? A Politics of Dissensus,* edited by B. Saunders and D. Haljan. Leuven: Leuven University Press, 2003, 21–34.

——. *Globalization and Culture: Global Melange.* Boulder, CO: Rowman & Littlefield, 2004.

——. (ed.). *World Orders in the Making: Humanitarian Intervention and Beyond.* London: Macmillan, 1998.

——. (ed.). *Global Futures: Shaping Globalization.* London: Zed, 2000.

Nettl, J. P. "The State as a Conceptual Variable." *World Politics* 20, 4 (1968): 559-92.

Novak, Mojca. "Concepts of Poverty." In *Poverty,* edited by Øyen, et al. 1996, 47-61.

Nye, Joseph S., Jr. "U.S. Power and Strategy after Iraq." *Foreign Affairs,* 82, 4 (2003): 60-73〔ジョセフ・S. ナイ「アメリカ帝国の虚構——ソフトパワーを損なう単独行動主義の弊害」『フォーリン・アフェアーズ日本語版』2003 年 7 月号〕.

——. *The Paradox of American Power: Why the World's Only Superpower Can't Go It Alone.* New York: Oxford University Press, 2002〔ジョセフ・ナイ，Jr／山岡洋一訳『アメリカへの警告——21 世紀国際政治のパワー・ゲーム』日本経済新聞社，2002 年〕.

O'Hagan, J. and G. Fry. "The Future of World Politics." In *Contending Images of World Politics,* edited by G. Fry and J. O'Hagan. London: Macmillan, 2000, pp. 245-61.

Oberschall, A. "Shared Sovereignty: Cooperative Institutions for Deeply Divided Societies." *Sociological Analysis* 2, 5 (1999): 71-7.

Ohmae, K. *The Borderless World: Power and Strategy in the Global Marketplace.* London: Harper Collins, 1992〔大前研一／田口統吾訳『ボーダレス・ワールド——日本語版』プレジデント社，1990 年〕.

Okita, Saburo. "Many Paths to Development." In *Facing the Challenge: Responses to the Report of the South Commission, The South Centre.* London: Zed, 1993, 272-81.

Orbach, B. "Usama Bin Ladin and Al-Qaida: Origins and Doctrines." *Middle East Review of International Affairs Journal* 5, 4 (2001): 1-7.

Øyen, E. "Poverty Research Rethought." In *Poverty,* edited by Øyen, et al. 1996, 3-17.

Øyen, E., S. M. Miller, and S. A. Samad (eds.). *Poverty: A Global Review: Handbook on International Poverty Research.* Oslo: Scandinavian University Press, 1996.

Pagano, U. "Information technology and the 'biodiversity' of capitalism." In *Capitalism in Evolution,* edited by Hodgson, et al. 2001.

Palast, G. *The Best Democracy Money Can Buy.* London: Pluto, 2002〔グレッグ・パラスト／貝塚泉・永峯涼訳『金で買えるアメリカ民主主義』角川書店，2004 年〕.

Pape, R. A. *Bombing to Win: Air Power and Coercion in War.* Ithaca, NY: Cornell University Press, 1996.

Parenti, Michael. *Against Empire.* San Francisco: City Lights Books, 1995.

Park, W. G. and D. A. Brat. "A Global Kuznets Curve?" *Kyklos* 48, 1 (1995): 105-31.

Patterson, T. E. *The Vanishing Voter: Public Involvement in an Age of Uncertainty.* New York: Alfred Knopf, 2002.

Peacewatch, *UN Chronicle* 1 (1998): 64-6.

Pearson, S. *Total War 2006: the Future History of Global Conflict.* London: Hodder and Stoughton, 1999〔サイモン・ピアソン／結城山和夫訳『総力戦』二見書房，2001 年〕.

Peck, J. and A. Tickell. "Searching for a New Institutional Fix: The *After*-Fordist Crisis and the

Global-Local Disorder." In *Post-Fordism,* edited by A. Amin. Oxford: Blackwell, 1994, 280–315.

Peters, R. *Fighting for the Future: Will America Triumph?* Mechanicsburg, PA: Stackpole Books, 1999.

Petras, James. *The Power of Israel in the United States*. Atlanta, GA: Clarity Press, 2006.

Petras, J. and H. Veltmeyer. *Globalization Unmasked: Imperialism in the 21st Century.* London: Zed, 2001.

Petras, J. and M. H. Morley. *Empire or Republic? American Global Power and Domestic Decay.* New York: Routledge, 1995.

Phillips, K. *Wealth and Democracy: A Political History of the American Rich.* New York: Broadway, 2002.

Pipes, D. *The Hidden Hand: Middle East Fears of Conspiracy.* London: Macmillan, 1996.

Pogge, T. "Introduction: Global Justice." *Metaphilosophy* 32, 1–2 (2001): 1–5.

Pogge, T. "Priorities of Global Justice." *Metaphilosophy* 32, 1–2 (2001): 6–24.

Porter, M. E. *The Competitive Advantage of Nations.* New York: Free Press, 1990〔マイケル・ポーター／土岐坤他訳『国の競争優位（上・下）』ダイヤモンド社，1992年〕.

――. "Pourquoi le capitalisme doit changer," *Alternatives Economiques* 206, September 2002.

Prestowitz, Clyde. *Rogue Nation.* New York: Basic Books, 2003〔クライド・プレストウィッツ／村上博美監訳『ならずもの国家アメリカ』講談社，2003年〕.

Priest, Dana. *The Mission: Waging War and Keeping Peace with America's Military.* New York: Norton, 2003〔デイナ・プリースト／中谷和男訳『終わりなきアメリカ帝国の戦争――戦争と平和を操る米軍の世界戦略』アスペクト，2003年〕.

Rajasingham, D. "Militarization, Population Displacement, and the Hidden Economies of Armed Conflicts: The Challenge to Peace Building." Colombo: unpublished paper, 1997.

Rampton, S. and J. Stauber. *Weapons of Mass Deception: The Uses of Propaganda in Bush's War on Iraq.* Los Angeles: J. P. Tarcher, 2003〔ジョン・ストーバー，シェルダン・ランプトン／神保哲生監訳『粉飾戦争――ブッシュ政権と幻の大量破壊兵器』インフォバーン，2004年〕.

Rathmell, A. "Mind Warriors at the Ready." *The World Today* 54, 11 (1998): 289–91.

Ravallion, M. "The Debate on Globalization, Poverty and Inequality: Why Measurement Matters." World Bank Policy Research Working Paper 3038, 2003.

Reich, R. B. *The Next American Frontier.* Harmondsworth: Penguin, 1983〔ロバート・ライシュ／竹村健一訳『ネクストフロンティア』三笠書房，1983年〕.

Reisman, W. M. "The United States and International Institutions." *Survival* 41, 4 (1999–2000): 62–80.

Rhodes, E. "The Imperial Logic of Bush's Liberal Agenda." *Survival* 45, 1 (2003): 131–54.

Rice, C. "Promoting the National Interest." *Foreign Affairs* 79, 1 (2000): 45–62〔コンドリーザ・ライス「国益に基づく国際主義を模索せよ」『フォーリン・アフェアーズ日本語版』2000年2月号〕.

Rich, P. B. (ed.). *Warlords in International Relations.* London: Macmillan, 1999.

Rivero, O. de. *The Myth of Development: The Non-Viable Economies of the 21st Century.* London: Zed, 2001〔オスワルド・デ・リベロ／梅原弘光訳『発展神話の仮面を剥ぐ――グローバル化は世界を豊かにするのか？』古今書院，2005 年〕.

Roberts, A. "Willing the End but not the Means." *The World Today* 55, 5 (1999): 8-12.

Rocamora, J. "Asia-Europe Economic Relations: Challenges to Progressive Solidarity." In *ASEM Trading,* edited by Brennan, et al. 1997, 37-47.

Rocamora, J. "Third World Revolutionary Projects and the End of the Cold War." In *Paradigms Lost: The Post-Cold War Era,* edited by C. Hartman and P. Villanova. London: Pluto, 1992, 75-86.

Roles and Missions Commission 2000. *Joint Vision 2020.* Washington, DC: Government Printing Office.

Rowe, E. Thomas. "Strategies for Change: A Classification of Proposals for Ending Inequality." In *Global Inequality,* edited by Grove, 1979, 221-36.

Rubin, James P. "Stumbling into War." *Foreign Affairs* 82, 5 (2003): 46-66〔ジェームズ・P. ルービン「外交の破綻と道徳的権限の崩壊――軍事力と外交のバランスを立て直せ」『フォーリン・アフェアーズ日本語版』2003 年 10 月号〕.

Ruggie, J. G. "Globalization and the Embedded Liberalism Compromise: The End of an Era?" Bonn: Max Planck Institute for the Study of Societies. Working Paper 97/1, 1997.

Ruiz, P. O. and R. Minguez. "Global Inequality and the Need for Compassion: Issues in Moral and Political Education." *Journal of Moral Education* 30, 2 (2001).

Rüland, J. "The EU as Inter-regional Actor: The Asia-Europe Meeting." In *Asia-Europe on the Eve of the 21st Century,* edited by Chirathivat, et al. 2001, 43-56.

Rumsfeld, Donald H. "Transforming the Military." *Foreign Affairs* 81, 3 (2002): 20-32〔ドナルド・H. ラムズフェルド「変化する任務，変貌する米軍」『フォーリン・アフェアーズ日本語版』2002 年 5 月号〕.

Rupert, M. *Producing Hegemony: The Politics of Mass Production and American Global Power.* Cambridge: Cambridge University Press, 1995.

Rupesinghe, K. (ed.). *Conflict Transformation.* New York: St Martin's Press, 1995.

Ryan, J. *Race and Ethnicity in Multi-Ethnic Schools.* Clevedon: Multilingual Matters, 1999.

Sachs, J. D. "The Strategic Significance of Global Inequality." *Washington Quarterly* 24, 3 (2001): 187-98.

Sachs, W. *Planet Dialectics: Explorations in Environment and Development.* London: Zed, 1999〔W. ザックス／川村久美子・村上章子訳『地球文明の未来学――脱開発のシナリオと私たちの実践』新評論，2003 年〕.

Safarian, A. E. and W. Dobson (eds.). *East Asian Capitalism: Diversity and Dynamism.* Toronto: University of Toronto Press, 1996.

Said, E. W. *Culture and Imperialism.* New York: Knopf, 1993〔エドワード・サイード／大橋洋一『文化と帝国主義（1・2）』みすず書房，2001 年〕.

Saighal, V. *Third Millennium Equipoise.* New Delhi: Lancer, 1998.

Sakamoto, Y. "An Alternative to Global Marketization: East Asian Regional Cooperation and

the Civic State" In *Global Futures,* edited by Nederveen Pieterse, 2000, 98–117.

Samad, Syed Abdus. "The Present Situation in Poverty Research." In *Poverty,* edited by Øyen, et al. 1996, 33–46.

Sanchez, O. A. *The Arms Bazaar.* New York: UNDP Office of Development Studies, 1995.

Sansoucy, L. "La Bretagne et l'Investissement étranger." Quimper: *Quest Atlantique,* 2002.

Santa Barbara, J. "Preventing War: The Role of the Global Citizen." *Peace Research Reviews* 14, 5 (1998): 1–13.

Sardar, Ziauddin, and Merryl Wyn Davies, *Why do People Hate America?* Cambridge: Icon Books Ltd, 2003〔ジアウッディン・サーダー，メリル・ウィン・デービス／浜田徹訳『反米の理由——なぜアメリカは嫌われるのか？』ネコ・パブリッシング，2003年〕.

Sarkar, Prabirjit. "Are Poor Countries Coming Closer to the Rich?" *Review* 22, 4 (1999): 387–406.

Saunders, Frances S. *Who Paid the Piper: The CIA and the Cultural Cold War.* London: Granta Books, 1998.

Sayigh, Yezid. "Palestinian Security Capabilities." *Bulletin of the Conflict, Security & Development Group* 8 (2000): 1–5.

Schaeffer, R. K. *Understanding Globalization.* Lanham, MD: Rowman & Littlefield, 1997.

Scheuerman, W. E. "The Twilight of Legality? Globalisation and American Democracy." *Global Society* 14, 1 (2000).

Schwartz, H. *Century's End: An Orientation Manual toward the Year 2000.* Rev. edn. New York: Doubleday, 1996.

Scott, J. C. *Seeing like a State.* New Haven, CT: Yale University Press, 1998.

Sen, A. *Inequality Reexamined.* Cambridge, MA: Harvard University Press, 1992〔アマルティア・セン／池本幸生・野上裕生・佐藤仁訳『不平等の再検討——潜在能力と自由』岩波書店，1999年〕.

Sen, G. *The Military Origins of Industrialisation and International Trade Rivalry.* London: Pinter (orig. edn. 1984), 1995.

Servan-Schreiber, J.-J. *Le Défi Américain.* Paris, 1967〔J.-J. セルバン－シュレベール／林信太郎・吉崎英男訳『アメリカの挑戦』タイムライフインターナショナル，1968年〕.

Sharp, Joanne P. "Reel Geographies of the New World Order: Patriotism, Masculinity, and Geopolitics in Post-Cold War American Movies." In *Rethinking Geopolitics,* edited by G. O. Tuathail and S. Dalby. London: Routledge, 1998, 152–69.

Sheptycki, J. W. E. "The Global Cops Cometh: Reflections on Transnationalization, Knowledge Work and Policing Subculture." *British Journal of Sociology* 49, 1 (1998): 57–74.

Siegel, F. F. *Troubled Journey: From Pearl Harbor to Ronald Reagan.* New York: Hill and Wang, 1984.

Silva, P. L. de. *Political Violence and Its Cultural Constructions: Representation and Narration in Times of War.* London: Macmillan, 2001.

Singer, P. W. *Corporate Warriors: The Rise of the Privatized Military Industry.* Ithaca, NY: Cornell University Press, 2003〔ピーター・ウォレン・シンガー／山崎淳訳『戦争請負会社』日本放送出版協会，2004 年〕.

Sklair, L. *The Transnational Capitalist Class.* Oxford: Blackwell, 2001.

Smith, D. A. "Technology and the Modern World-System: Some Reflections." *Science, Technology & Human Values* 18, 2 (1993): 186-96.

Smith, D. A. "Technology, Commodity Chains and Global Inequality: South Korea in the 1990s." *Review of International Political Economy* 4, 4 (1997): 734-62.

Soros, G. *On Globalization.* New York: Public Affairs, 2002〔ジョージ・ソロス／榊原英資監訳『グローバル・オープン・ソサエティ』ダイヤモンド社，2003 年〕.

——. *The Crisis of Global Capitalism.* New York: Public Affairs, 1998〔ジョージ・ソロス／大原進訳『グローバル資本主義の危機——「開かれた社会」を求めて』日本経済新聞社，1999 年〕.

Spannaus, E. "First Casualty of an Iraq War Will Be the U.S. Dollar." *Executive Intelligence Review,* February 7 (2003).

Spencer, G. "Microcybernetics as the Meta-Technology of Pure Control." In *Cyberfutures,* edited by Z. Sardar and J. Ravetz. London: Pluto, 1996, 61-76.

Spruyt, Hendrik. "Empires and Imperialism." In *Encyclopedia of Nationalism,* Vol. 1. New York: Academic Press, 2001, 237-49.

Stavrianos, L. S. *Global Rift: The Third World Comes of Age.* New York: Morrow, 1981.

Stiglitz, J. E. *Globalization and Its Discontents.* New York: Norton, 2002〔ジョセフ・スティグリッツ／鈴木主税訳『世界を不幸にしたグローバリズムの正体』徳間書店，2002 年〕.

Stockman, D. A. *The Triumph of Politics: How the Reagan Revolution Failed.* New York: Harper & Row, 1986〔デイヴィド・A. ストックマン／阿部司・根本政信訳『レーガノミックスの崩壊——レーガン大統領を支えた元高官の証言』サンケイ出版，1987 年〕.

Stockton, N. "Defensive Development? Re-examining the Role of the Military in Complex Political Emergencies." *Disasters: Journal of Disaster Studies and Management* 20, 2 (1996): 144-48.

Strange, S. "The Future of Global Capitalism; or, Will Divergence Persist Forever?" In *Political Economy of Modern Capitalism,* edited by Crouch and Streeck, 1997, 182-91.

Street, Brian. "The International Dimension." In *Text, Discourse and Context: Representations of Poverty in Britain,* edited by U. H. Meinhof and K. Richardson. London: Longman, 1994, 47-66〔J. C. キンケイド／一円光弥訳『イギリスにおける貧困と平等——社会保障と税制の研究』光生館，1987 年〕.

Summers, H. G., Jr. *On Strategy: The Vietnam War in Context.* Carlisle Barracks, PA: Strategic Studies Institute U.S. Army War College, 1981.

Sutcliffe, Bob. *100 Ways of Seeing an Unequal World.* London: Zed, 2001.

Taylor, P. "Options for the Reform of the International System for Humanitarian Assistance." In *The Politics of Humanitarian Intervention,* edited by J. Harriss. London: Pinter, 1995, 91-144.

Taylor, P. M. *War and Media: Propaganda and Persuasion in the Gulf War.* Manchester: Manchester University Press, 1992.

Thacker, S. C. "The High Politics of IMF Lending." *World Politics* 52 (1999): 38-75.

The Transnational Ruling Class Formation Thesis: A Symposium, *Science & Society* 65, 4 (2001-2002).

Thérien, J.-P. "Reinterpreting the Global Poverty Debate." New Orleans: International Studies Association conference paper, 2002.

Thomas, Clive. "Globalisation as Paradigm Shift: Response from the South." In *Globalisation, a Calculus of Inequality: Perspectives from the South,* edited by D. Benn and K. Hall. Kingston. Jamaica: Ian Randle, 2000, 8-22.

Thorbecke, E. and C. Charumilind. "Economic Inequality and its Socioeconomic Impact." *World Development* 30, 9 (2002): 1477-95.

Thussu, Daya K. "Media Wars and Public Diplomacy." *Javnost/The Public,* 7, 3 (2000): 5-17.

Tickell, A. and J. Peck. "Making Global Rules: Globalisation or Neoliberalisation?" In *Remaking the Global Economy: Economic-Geographical Perspectives,* edited by J. Peck and H. W.-C. Cheung. London: Sage, 2003.

Teivainen, Teivo. *Enter Economism, Exit Politics: Experts, Economic Policy and the Damage to Democracy.* London: Zed, 2002.

Todd, Emmanuel. *Après L'Empire: Essai sur la decomposition du système américain.* Paris: Gallimard, 2002〔エマニュエル・トッド／石崎晴己訳『帝国以後――アメリカ・システムの崩壊』藤原書店，2003年〕.

Toffler, A. and H. Toffler. *War and Anti-War.* New York: Warner Books, 1993.

Tomlinson, J. *Cultural Imperialism.* Baltimore, MD: Johns Hopkins University Press, 1991〔ジョン・トムリンソン／片岡信訳『文化帝国主義』青土社，1997年〕.

Tow, W. T., R. Thakur, and In-Taek Hyun (eds.). *Asia's Emerging Regional Order: Reconciling Traditional and Human Security.* Tokyo and New York: United Nations University Press, 2000.

Tyrell, I. "American Exceptionalism in an Age of International History." *The American Historical Review* 96 (1991): 1031-55.

UNDP. *Human Development Report.* New York: Oxford University Press, 1996, 1997, 1999, 2003〔UNDP『人間開発報告書 1996, 1997, 1999, 2003』国際協力出版会〕.

――. *Poverty Report 2000. Overcoming Human Poverty.* New York: UNDP, 2000.

Unger, R. M. *Social Theory.* Cambridge: Cambridge University Press, 1987.

Uvin, Peter. "Ethnicity and Power in Burundi and Rwanda: Different Paths to Mass Violence." *Comparative Politics* 31, 3 (1999): 253-72.

Virilio, P. *The Vision Machine.* Bloomington, IN: Indiana University Press, 1994.

Virilio, P. *War and Cinema: The Logistics of Perception.* London: Verso, 1989〔ポール・ヴィリリオ／石井直志・千葉文夫訳『戦争と映画――知覚の兵站術』平凡社，1999年〕.

Voss, Kim. *The Making of American Exceptionalism: The Knights of Labor and Class Formation in the Nineteenth Century.* Ithaca, NY: Cornell University Press, 1993.

Wade, R. "The United States and the World Bank: The Fight over People and Ideas." *Review of International Political Economy* 9, 2 (2002): 201–29.

——. "Japan, the World Bank and the Art of Paradigm Maintenance: The East Asian Miracle in Political Perspective." *New Left Review* 217 (1996): 3–36.

Wade, R. and F. Veneroso. "The Asian Crisis: The High Debt Model versus the Wall Street-Treasury-IMF Complex." *New Left Review* 228 (1998): 3–24.

Wallace, W. "Europe, the Necessary Partner." *Foreign Affairs* 80, 3 (2001): 16–34〔ウィリアム・ウォレス「米欧対立の行方」『フォーリン・アフェアーズ日本語版』2001年8月号〕.

Wallerstein, I. *The Decline of American Power.* New York: New Press, 2003〔イマニュエル・ウォーラーステイン／山下範久訳『脱商品化の時代——アメリカン・パワーの衰退と来るべき世界』藤原書店，2004年〕.

——. (ed.). *World Inequality: Origins and Perspectives on the World System.* Montreal: Black Rose Books, 1975.

Walter, A. "Do They Really Rule the World?" *New Political Economy* 3, 2 (1998): 288–92.

Walton, M. "Will Global Advance Include the World's Poor?" Broadway, England: Aspen Institute, International Peace and Security Program, 1997.

Weart, S. R. *Never at War: Why Democracies Will not Fight One Another.* New Haven, CT: Yale University Press, 1998.

White, Gordon, and Roger Goodman. "Welfare Orientalism and the Search for an East Asian Welfare Model." In *The East Asian Welfare Model,* edited by R. Goodman, G. White, and Huck-ju Kwon. London: Routledge, 1998, 3–24.

Whitley, R. *Divergent Capitalisms: The Social Structuring and Change of Business Systems.* Oxford: Oxford University Press, 1999.

Williams, W. A. *Empire as a Way of Life.* New York: Oxford University Press, 1980.

——. *The Tragedy of American Diplomacy.* New York: Delta, 1962〔ウィリアム・A. ウィリアムズ／高橋章ほか訳『アメリカ外交の悲劇』御茶ノ水書房，1986年〕.

Williamson, J. "What Washington Means by Policy Reform." In *Latin American Adjustment: How Much Has Happened?* edited by J. Williamson. Washington, DC: Institute for International Economics, 1990.

Wilson, F. "Drawing Together Some Regional Perspectives on Poverty." In *Poverty,* edited by Øyen, et al. 1996, 18–32.

Wood, Philip J. "The Rise of the Prison-Industrial Complex in the United States." In *Capitalist Punishment: Prison Privatization and Human Rights,* edited by A. Coyle, A. Campbell, and R. Neufeld. Atlanta, GA and London: Clarity Press and Zed, 2003, 16–29.

Woodward, Bob. *Bush at War.* New York: Simon & Schuster, 2002〔ボブ・ウッドワード／伏見威蕃訳『ブッシュの戦争』日本経済新聞社，2003年〕.

World Bank. *A Better World for All.* Washington, DC: World Bank, 2000.

——. *Knowledge for Development: World Development Report 1999.* New York: Oxford University Press, 1999〔世界銀行／海外経済協力基金開発問題研究会訳『世界開発報告

1998/99――開発における知識と情報』東洋経済新報社，1999 年〕.

――. *The State in a Changing World: World Development Report 1997.* New York: Oxford University Press, 1997〔世界銀行／海外経済協力基金開発問題研究会訳『世界開発報告 1997――開発における国家の役割』東洋経済新報社，1997 年〕.

――. *The World Bank Participation Sourcebook.* Washington, DC: World Bank, 1996.

Zinn, Howard. *Howard Zinn on War.* New York: Seven Stories Press, 2001.

――. *The Southern Mystique.* New York: Knopf, 1964.

Zoellick, R. B. "Congress and the Making of US Foreign Policy." *Survival* 41, 4 (1999-2000): 20-41.

Zunz, Olivier. *Why the American Century?* Chicago: University of Chicago Press, 1998〔オリヴィエ・ザンズ／有賀貞・西崎文子訳『アメリカの世紀――それはいかにして創られたか？』刀水書房，2005 年〕.

グローバル化か帝国か

2007年7月20日　初版第1刷発行

ヤン・ネーデルフェーン・ピーテルス
原田太津男・尹春志 訳
発行所　財団法人 法政大学出版局
〒102-0073 東京都千代田区九段北3-2-7
電話03(5214)5540／振替00160-6-95814
製版・印刷　平文社／製本　鈴木製本所

Printed in Japan

ISBN978-4-588-62207-6

著者

ヤン・ネーデルフェーン・ピーテルス（Jan Nederveen Pieterse）
オランダのアムステルダム大学，ガーナのケープ・コースト大学，ニューヨーク州立大学ビンガムトン校教授を歴任，ドイツ，日本，インドその他で招待教授として滞在した経験をもつ。現在，イリノイ大学アーバナ・シャンペーン校社会学教授（グローバル社会学）。研究の関心は，グローバル化，開発研究，間文化研究（intercultural studies）におよぶ。世界芸術科学アカデミー（the World Academy of Art and Science）会員。
著書として，*Ethnicities and Global Multiculture: Pants for an Octopus*（Rowman & Littlefield, 2007）; *Globalization and Culture: Global Melange*（Rowman & Littlefield, 2003; 2nd edn 2007）; *Development Theory: Deconstructions/Reconstructions*（Sage, 2001; 2nd edn 2007）; *Empire and Emancipation: Power and Liberation on a World Scale*（Praeger, 1989; Pluto, 1990）; *Racism and Stereotyping for Beginners*（Dutch, 1994）ほか多数。

訳者

原田太津男（はらだ たつお）
1964年生まれ。1987年，同志社大学法学部政治学科卒業。1995年，大阪市立大学経済学研究科後期博士課程単位取得退学。現在，中部大学国際関係学部教授。専攻：世界経済論。著書：（共著）『憎悪から和解へ』（京都大学学術出版会，2000年），『貧困緩和・解消の国際政治経済学』（築地書館，2005年）など。訳書：（共訳）I. ウォーラステイン『脱＝社会科学』（藤原書店，1993年），S. サッセン『グローバル空間の政治経済学』（岩波書店，2004年）など。

尹春志（ゆん ちゅんじ）
1967年生まれ。1991年京都大学経済学部卒業。1997年京都大学大学院経済学研究科博士課程単位取得退学。現在，山口大学経済学部准教授。専攻：世界経済論。著書：*Japan and East Asian Integration*（LIT Verlag, 2005）など。訳書：（共訳）I. ウォーラステインほか『世界システム論の方法』（藤原書店，2002年），S. サッセン『グローバル空間の政治経済学』（岩波書店，2004年）など。